CB039050

DIÁRIOS DE UM REI EXILADO

LANDMARK

Alejandro Maciel

Diários de um Rei Exilado

A Saga da Fuga para o Brasil da
Família Real Portuguesa nos
Diários de D. João VI

LANDMARK

São Paulo, Brasil
2005

Título original: *El rey profugo: Cuaderno de bitácora del rey Juan VI de Portugal*

Copyright do texto original em espanhol © 2005 by Manuel Alejandro Maciel
Copyright da tradução © 2005 by FJ & F Editora Ltda - Editora Landmark

Todos os direitos reservados para esta edição à Editora Landmark - FJ & F Editora Ltda.

Tradução: Tony Figueira
Revisão: Luciana Salgado

Diagramação e projeto gráfico: Landmark
Ilustração: Gregorio Miguel Pencieri
Capa: Cláudio Gianfardoni

Impressão e acabamento: Editora e Gráfica Vida & Consciência
Fotolitos: Pró-texto Prepress Bureau

Dados Internacionais de Catalogação na Publicação (CIP)
(Câmara Brasileira do Livro, CBL, São Paulo, Brasil)

MACIEL, Alejandro.
    Diários de um rei exilado / Alejandro Maciel;
ilustrações Gregório Miguel Pencieri; tradução de Tony
Figueira - São Paulo : Landmark, 2005.

ISBN 85 88781 18 2

Título original: *El rey profugo: cuaderno de bitácora del rey Juan VI de Portugal*

    1. Brasil - História - D. João VI, 1808-1821 - Ficção 2. Corte
portuguesa - Transmigração para o Brasil - Ficção 3. Ficção histórica I.
Pencieri, Gregorio Miguel. II. Título

05-1800   CDD: 869.93081

Índices para catálogo sistemático:

1. Ficção histórica : Literatura brasileira   869.93081

EDITORA LANDMARK
FJ & F Editora Ltda.
Rua Alfredo Pujol, 285 - 12° andar - Santana
02017-010 - São Paulo - SP
Tel.: +55 (11) 6950-9095/ 6976-1115 - Fax: +55 (11) 6973-3249
Email: editora@editoralandmark.com.br
www.editoralandmark.com.br

Impresso no Brasil
Printed in Brazil
2005

Primeira Parte

Capítulo 1
A Fé das Atas e a Má Fé dos Atos

Eu, João Maria José Francisco Xavier de Paula Luís António Domingos Rafael, Regente de Portugal, escrevo ao porvir tão incerto como o destino desta travessia iniciada em meio a uma nevasca.

Inicia-se a viagem comigo e a despeito de mim. Agora que as intrigas da Corte cortaram-se sozinhas, iniciarei a minha própria viagem, recolhido de frio no castelo de proa da fragata *Príncipe Real*. Flutuando pela maré oceânica que cruza o espaço farei a minha própria expedição através dos tempos enquanto no prédio aquático, perfurante, a quilha vai deixando um sulco que o horizonte apaga, depois o deixando liso e plano. Plano e liso como se nada nem ninguém tivesse passado. E passou um Rei.

*Alea, jacta est**

> * *"A sorte está lançada" não queimando naus como Ernani;
> o Grande César preferiu atravessar um rio sem naves:
> eqüestre, hasteando as bandeiras de suas vitórias gaélicas,
> entrou na velha terra de seus antepassados tomando posse
> do passado com um olho no futuro. O tempo, que a todos
> nos faz perder a razão, a ele se lhe acrescentou. Coisas do
> tempo, que toma seus caprichos, como todos.*

Iniciei a travessia do Rubicão para separar a civilização que me levou da barbárie, que deixo às minhas costas, cheia de espíritos miseráveis sonhando grandes coisas feitas com rapinas e intrigas. Sei que estou fazendo a história porque agora sou o eixo sobre o qual giram os acontecimentos. O cabrito selvagem ficou atrás com a sua comparsa. Antes que as canas, as folhas do loureiro de sua coroa se avantajassem sobre a frente do despótico Napoleão, que encheu de parentes as Cortes européias. Um irmão aqui, um tio lá, um primo acolá, os tronos ficaram com a boa parte do leão.

Levou-me a aristocracia para enxertá-la nas novas terras, já que estas da Europa, de tantos tumultos, envelheceram. Vejo a estivação "da estrela" cada vez mais enrugada e áspera, como se fosse feita de argamassa cinzenta que tivesse se dobrado, encabritada por obra e graça de tanta cavalgada, indo e vindo desde os tempos geológicos, ofendendo e vingando; vingando e atropelando.

Assim a deixaram: antiga, senil, pele de Tisífone*, azeda, cansada de bater às portas da justiça para que atenda a traição.

> ** Essas antigas Erínias se aposentaram tratando de resolver os embaraços da minha linhagem. Aves de rapina como aves de bico enganchado e Braganças sem calções encheram sepulcros e túmulos luxuosos com sangue azul, impregnando as águas do Sadista com vícios sádicos.*

Já me advertiu o Almirante sobre certo declínio magnético que ele supõe ser produzido por alguns picos almenados que existem perto de Canudos, no sertão do Brasil. Algumas imantações extravagantes têm esses cumes, devido a que, segundo diz o Almirante, há rios tortuosos obstruídos entre rochas e terra compactada que sobem a ladeira, na estação chuvosa, indo de encontro às leis físicas. As águas saltitantes curam as alucinações, especialmente as do rio Bendego, que na sua época de escala eleva seu próprio leito como um salmão à época do desovamento.

Em Portugal nunca tivemos um prodígio assim, nem sequer uma montanha capaz de mover em contrapeso a prolongada cauda de um riacho, mas no Brasil tudo é maravilhoso; suspeito que poderia ter sido o Paraíso Terreno que perderam os nossos pais Adão e Eva e agora resgatarei lutando num batalhão de mil anjos armados com espadas flamejantes se for necessário. O Brasil é meu. O que era o Éden de Adão e o perderam os judeus de tanta curiosidade na intimidade sagrada. Devolverei a Árvore do Bem e do Mal levando a maçã da discórdia política ao Paraíso recuperado.

Esse monte magnético me causa obsessão, penso nele continuamente, o imagino imantado, cingindo a si mesmo. Bem que poderia ser o restante da Torre de Babel, lutando ainda para alcançar os céus, para elevar as criaturas das misérias do destino humano até os pés de Deus. "Ação é tudo o que vence a razão" dizia o cordobês Sêneca. Muito tempo a política e a fé estiveram amigados; já é hora de divorciar a contemplação e a ação. Talvez essa montanha mágica de Canudos, que é capaz de mudar o curso de um rio, me sirva de Jordão para batizar uma nova forma de poder em um mundo gasto pela servidão das massas*.

"A miséria produz gente miserável", me disse em seu leito de morte o fiscal Adolfo Bioy Casares.

O que é o Brasil hoje, que está deixando de ser colônia para ser sede de sedição? Os mulatos quiseram fundar sua própria "República dos Palmares" entre os riscos de Alagoas, fugindo da guerra contra os holandeses e das fazendas para altear num imenso motim levantino e erguendo-se contra a autoridade pública. Subversivo a não poder mais, que tivemos que sufocar à força de canhões. O Brasil sempre foi fiel aos seus donos. E isso está correto, é uma forma de acatar as leis que são bem tristes cópias materiais das eternas leis naturais, e ajudam a por as coisas em seu devido lugar. Cada coisa tem um lugar neste mundo, transpassá-lo é tarefa insana, retorná-las ao seu leito exato é o trabalho do poder. Quanto à administração do Estado, não há tarefa mais fácil neste complicado mundo de aparências: basta continuar seguindo escrupulosamente o Manual de Procedimentos Administrativos; cada minúcia burocrática está devidamente consagrada nesse conjunto de governos.

Terras americanas que eram fantásticas[N.A.] agora serão terras reais. Com decretos, tratados de paz e amizade, contas de aluguel, correspondência oficial, diários de chancelaria e partes de guerras, documentaremos a fé dum novo reino. Agora sim, a história e seu escrivão. E sabe-se que toda história é sofrimento.

Cada qual faça o seu trabalho, que Deus fará o dele, como dizia o falecido Gottfried Wilhem Leibniz.

Laissez-faire, sussurra-me no meu ouvido o meu empregado de mesa, José Agostinho de Sousa, segundo conde de Linhares*, leitor fervoroso de folhetos progressistas prematuros do pragmatismo saxônio.

*Não é feio o segundo conde de Linhares: alto, magro, porém solidamente munido de músculos que vêm do tórax

---

N. A.: As descrições que o perfeito Euclides da Cunha faz dela em seu relato: "Se desenterram as montanhas. Manifesta-se a região diamantina na Bahia, revivendo por completo a de Minas, como um desdobramento ou uma prolongação; porque é a mesma formação mineira que rasga os lençóis de argila e eleva-se com contornos silvestres iguais nos canteiros que irradiam desde a Tomba. Está-se em pleno agreste como o chamam os habitantes: pequenos arbustos sem quase se arraigarem sobre a terra escassa, de ramagens emaranhadas, de onde irrompem isolados galhos endurecidos e silenciosos, dando ao conjunto a aparência duma orla do deserto. E o sertão daquele aspecto inóspito vai sendo desenhado lenta e impressionantemente..." (*Os sertões*, 'A terra').

ao pescoço, e do pescoço às mandíbulas, outorgando-lhe certa tensão contínua ao rosto triangular terminado numa barbicha partida em dois, como a dos enganadores profissionais. Tem a boca larga, pronta a sorrir plenamente; nariz reto e olhos entreabertos e brilhantes.

Um conde sempre esconde, e se não esconde alguma coisa, não é conde. O muito ruim merecia ser agitador de *les brasnus* em alguma ruazinha estreita empedrada de Saintes ou de Marselha, catequizando putas e marinheiros. Algum dia tramará um atentado contra mim; o vejo, inexperiente, miúdo e insignificante, com apenas vinte anos e já agachado sob uma mesa, arrumando as peças e engrenagens de algum artefato fatal que soltará o gatilho à meia-noite, fazendo seu trabalho sobre mim para que tudo pareça um acidente. Amanhã o executarei sem falta. Sobre o travesseiro, do lado que deveria usar Carlota Joaquina*, exilada do leito, dormiu o memorando fuzilador. Embarquei Carlota Joaquina na fragata *Rainha de Portugal* com o restante da minha prole desestruturada. Viajam comigo na fragata real somente Mãezinha e meu filho Pedro, o mulato, não nascido de parto normal, fruto de uma cesárea sem César. Apesar de ter vindo de sangue Bragança, quem sabe...

* Para falar de minha real esposa, a curvada Carlota Joaquina, mais brava que mil soldados de cavalaria, não basta uma nota. Todos os volumes da "Suma Teológica" de algum consentidor não bastariam para retratar sequer ligeiramente uma personalidade tão contraditória. Basta apenas dizer que deu à luz um Miguel loiro e um Pedro mulato; e que Caim e Abel eram íntimos camaradas do lado dos meus cães agressivos.

Com respeito ao conde-empregado de mesa de Linhares, não pode queixar-se, pois já viveu os seus vinte anos; considerando todos os não nascidos, que mal vêem a luz e já estão pagando pedágio a Caronte**, poderia sentir-se agradecido por ter chegado aos vinte, o tal pilantra.

** Quando queria fazer-me dormir, a governanta Idalina me contava as andanças do barqueiro Caronte, navegando pelo Estige, fazendo cruzar as almas, aliviadas do corpo, mas pesadas com tantos pecados, até a outra margem da morte. Quem sabe até onde nos arrastam a loucura dos outros!

Madrugarei as intenções do trapaceiro anarquista. Ordenarei ao pelotão: "deixai o pequeno fazer seu trabalho. Deixai passar as balas". E assim se fará a vontade do subversivo contra a sua própria pessoa, já que passa o dia parolando na minha orelha seu *Laissez faire, laissez passer*. Tomará seu remédio: remontando-nos à causa final do finado Aristóteles, ele mesmo será o que emitiu a ordem do seu suicídio, digamos assim. E de uma vez por todas lavemos as mãos na vasilha do nobre Pilatos, *qui tollis peccata mundi* *. O poder não admite mornos de coração.

> * *"Que tira os pecados do mundo". Nunca compreendi cabalmente esse trocadilho divino e a dúvida que estava no fundo pulou quando meu conde-servidor de mesa, que é um fanático e veemente sacristão dos iluministas, perguntou-me: Como é possível que um pai que esteja em seus direitos faça matar o seu único filho para perdoar alguns crimes da vizinhança? Desde quando um crime limpa outro crime? Não sei porque tive a idéia de responder: Acontece que depois ressuscitou, disse, num estalo rápido. Nunca morreu, corrigiu o relapso e herege. Com a mesma voz sutil com que a serpente começou a desvirtuar Eva de seu catecismo silogístico. Deus é mortal, não é verdade? Bem, Cristo é Deus segundo o declara aos quatro cantos a Igreja. Portanto, é imortal. Quem morreu na cruz então? Obliquamente lhe fiz ver que, seguindo esse mesmo caminho, ele chegaria rapidamente ao seu próprio Gólgota. A última coisa que me faltava era um secretário sectário que me sujasse perante a Cúria.*

A epidemia epitética de confusões e golpes de repente fez crer à massa de gente que um mero servente também pode fazer história.

Hoje, não há quem não acredite ser um Richelieu, um Cromwell ou um reformador político à altura do barão de Montesquieu.

Não compreenderam que a mão oculta acomoda esses tantos no melhor dos mundos possíveis, unicamente se cada um faz o que lhe diz respeito: o rei sendo rei, apesar de o invadirem as multidões revoltadas de *le peuple* com o chifre de Junot[N.A.] na cabeça, e o servo levando bandejas e limpando móveis, que para isso nasceu.

N. A.: Andoche Junot (1771-1813), militar francês e duque de Abrantes desde 1809. Napoleão Bonaparte o promoveu de sargento a general e duque de Abrantes depois de comandar a primeira invasão a Portugal. Junot já estivera no país como embaixador, em 1805, com sua esposa Laura Junot, duquesa de Abrantes e escritora de umas *Memórias* que retratam a época. Foi derrotado pelo exército anglo-português na batalha de Roliça. Depois, foi governador de Ilíria durante a campanha napoleônica à Rússia. Acabou se suicidando.

Ao escrever, fundo o meu feudo. Com palavras governamos os homens, porque a linguagem é o fundamento do poder, e quanto mais perdurarem as palavras, mais força terão seu poder: escrevo.

Escrevo. Talvez será o protocolo do meu reinado ultramarino, longe dos importunos do Corsário. Toda escritura está inventando constantemente um leitor. Dez, cem ou mil, como eram os olhos de Argos Panoptes*. Assim, um só fato se repete incansavelmente, de um em um, de dez em cem, de cem em mil. Pouco interessa o número. Inventar é investir. "Agora que me lês, me crias" dizia um velho tutor por meio de cartas enigmáticas, que recentemente, montado nessa maré insolente, cheia de toda a solidão, começo a entender. E não era caluniador o conto. À medida que as palavras iam juramentando um certo sentido, a mente confundia o escrito com o escritor. E ambos estavam em silêncio quando me falavam.

*Sou mais modesto, com dois olhos me conformo: para o
que tem que ser visto...*

Também te convido, ledor, e talvez, leitor.

Façamos a história antes que *les sans-culottes*, com suas canções revolucionárias, venham arrebatá-la para transformá-la num breve conto. A bússola agora sinaliza o rumo dos acontecimentos que depois serão registrados e reescritos; minha história é feita pondo-se a maré de intermediária. É um borrão e conta nova nos saldos do mundo.

Não tem jeito: impossível descansar nesta viagem. Quando fecho as pálpebras por um segundo, bisbilhota ao meu ouvido o conde-camareiro de mesa, como um inseto zumbidor.

Na embarcação *Ribatejo*, descobriu-se um prodígio, S. M. Não me diga! Mais um? Vêm duas siamesas assombrosas, Esila e Caríbdis.

Como? Por acaso não proibi embarcar fenômenos e monstros fabulosos quando saímos de Lisboa? Não ordenei que se jogassem ao monte Taigueto da Estrela a todos os coxos, encurvados, cegos, tolhidos, deformados, macrocéfalos, fendidos em dois, aleijados, loucos e mutilados de qualquer espécie?

E como se executa essa ordem sinistra?, pergunta o mui canalha*

*As mordidas mais venenosas são as do caluniador, entre
os animais selvagens, e as do adulador, entre os animais
domésticos: Diógenes já o havia dito. E era cínico.*

Asseguro que está claramente indicado no Manual de Procedimentos Administrativos, passo a passo. Fundaremos um reinado: deixaremos as fezes à Europa com a escória de seu imperador nascido num recipiente abandonado numa ilha perdida, no meio de pedras".

São filhas da Marquesa de Aveiro, S. M.! A mãe não iria abandonar as gêmeas só por estarem se enxerindo nas casas sem serem convidadas, diz – defende – adverte* o bem malandro e contestador conde; depois acrescenta, entusiasmado: Vissem o inteligente que são! A que olha o nascente adverte sobre o vindouro, enquanto seu par, colocado ao poente, adivinha o passado, já que estão grudadas pelas costas.

> ** Como os monstros, as palavras também precisavam estar enxeridas; há situações difíceis de descrever porque apenas um termo sujo não basta para precisar uma atitude humana. Que pensarias, leitor, se somente estivesse escrito "diz"? Pensarias que o fraudulento do conde limitou-se a falar, mas já tereis notado que não só falou, também disse coisas, com seu discurso se interpôs entre o que ele considera justiça e meu poder real: respaldou a decisão da mãe teratológica e ao mesmo tempo me preveniu sobre as futuras conseqüências dos meus decretos secretos. Evidentemente, tem os miolos ganhos para a causa contrária e perdidos para a vida ordeira do Estado. Farei-o memorizar na íntegra o Manual de Procedimentos Administrativos. Não há como as regras para endireitar a verdade.*

E se depois as giramos, é ao contrário: a que profetizava, depois descobre a história tal como foi. Sabe o que predisse Esila quando viu o amanhecer num dos compartimentos da proa? A terra aonde vamos é puro fogo. A mãe, a Marquesa de Aveiro, que já entende como funcionam as vidências, virou-a. E o que vês, filha, no passado?, perguntou-lhe enquanto a donzela, encostada contra a amurada, colocava os olhos no crepúsculo marinho. A terra de onde viemos e puro sangue, respondeu a menina duplicada. Caríbdis dormia atrás e percebe-se como a coitada se esforçava em levar tão pesada cruz de carne e ossos se arrastando atrás, como sombra. Porque essa é outra condição, S. M. jamais verá acordadas as duas, uma dorme enquanto a outra vela. Há quem diga que as adivinhações da vigilante não são mais do que os sonhos da que dorme. O doutor Vitalio di Siena as examinou. Diz que os dois corpos compartilham uma única matriz, mas o restante está separado".

Digo eu, sábia Majestade, pede-me, pondo cara de intrigado, já que os sexos estão separados e cada uma pode copular por conta própria; em caso de gravidez, de quem será a criatura? Que elas adivinhem, respondo. Não é esse o seu labor? Não sei. Só sei que nada sei, conclui o tal desprezível, e escapa pela escotilha.

Fundarei o Brasil.

O que farei agora? Uma colônia, antes de tudo.

Massas que obedecem a um poder satélite, sem determinação própria: autômatos, como os mecanismos que articulam na oficina de física do professor Spallanzi de Nuremberg e seu seguidor Coppelius*. Manadas humanas, rebanhos surrados, incapazes de mudar uma ponta da História, pois um milhão dessas almas desalmadas não têm mais força do que a do meu punho.

> * *Segundo a confirmação de E. T. A. Hoffmann em seus "Contes fantastiques".*

Torcerei para sempre o destino do Brasil. Se ontem foi potência, amanhã será ato. Uma vez que pise o solo selvagem, farei retroceder a pré-história até a última caverna neolítica que ache nas rochas de Goiás ou entre as serras Grande e de Atanásio de Acarú. Ou entre o solo dos tabuleiros de Geremoabo. Ou por lá: pelo Poço de Cima. Alguma caverna perdida pelo finado Platão albergará a mitologia amazônica para dar lugar à criação do novo Brasil *ex-nihilo*** que desde seu nascimento já não se reconhecerá nas sombras chinesas do paganismo social dos nômades selvagens, projetando ao fundo cavernário suas figuras teatrais. Tribos inteiras esperaram o dedo civilizador. Enquanto isso, o que fizeram? Nada. Pintaram a cara com unções de uma variante da cor preta e encheram as cabeças de penas para pisotear a terra ao ritmo dos tambores, como faziam nossos tataravôs do período neolítico. Desde que saíram das águas do carbonífero não têm feito mais do que coçar as axilas e retirar lêndeas, esperando que os deuses lhes sejam propícios.

> * *Também Deus, segundo Santo Agostinho, teve que fazer o mundo a partir do nada. Não sei onde enfiou a evidência de Parmênides: "do nada, nada" que desmente.*

Bárbaros. Nômades. Redutores de cabeça com a mente encolhida pelo sol tropical. Maus selvagens, que nem Jean-Jacques quis como bons vizinhos da sua aldeia de Bossey.* Fundar é fundir. O restante é confundir. Confundir as explicações de que havia ou não, se foi ou não foi, me disse não me disse, e histórias de comadres intrometidas nos pilares de um povo. Que peso da verdade poderá suportar uma nação cujo alicerce são falatórios de gentalhas sem linhagem nem identidade? Quem poderá acreditar seriamente numa sociedade de indígenas que nem sequer sabem fabricar um lenço para cobrir-se o rabo? Às vezes é melhor escolher o mal menor e salvar a maioria. O bem de uns sempre significa o sofrimento de outros, escolher quem, em cada caso, é a razão do poder pelo poder da razão. A final de contas, quem não sabe que toda história é sofrimento? Levo o progresso enquanto a Europa volta à rusticidade e esse mal é o bem que transfiro.

> *Sempre me foi divertido pensar em um liberal reacionário. Rousseau é um livre pensador racionalista que desconfia da razão. Se a civilização corrompe o homem, o que nos propõe o cândido de Genebra? Voltar à Idade do Bronze? À Idade Média? Lá, a História não retrocede, Jean-Jacques. Isso eu sei, nesse momento em que avanço, obrigado pela tua Razão, que decapitou um rei para coroar um imperador demente.*

Fundarei o Brasil. A Coroa será a minha coroa.

Viajo em companhia de milhões de anos de estudos de toda coisa que é capaz de conhecer a mente humana. Viajo fingindo. Enchi as bodegas da fragata com os cem mil volumes mais preciosos da Biblioteca Real da Ajuda. Desço e consulto, subo ao convés com o que descobri para colocá-lo à intempérie. Nada melhor do que a luz da verdade para vencer a ignorância, dizia o mestre frei Manuel do Cenáculo. Sim, a verdade faz-se de luz, ao sol a exponho. No álibi da agitação marinha volto a ler o vindouro: o poder do cabrito selvagem se tornará fatalmente cúmplice. Mais cedo ou mais tarde o carnaval terminará em páscoa russa. "Quem não sabe ocultar, não sabe reinar" escreveu o dissoluto Maquiavel, não sem razão, ao príncipe sem princípios Lorenzo de Médici.

Desde que assumi a Regência de Portugal, decidi fingir algum grau de retardamento, que os idiotas aceitaram sem términos. Faço de conta que não entendo quando me detalham créditos, empréstimos, gastos, balanços, dívidas, méritos e deveres. Obrigo constantemente ao confidente a reiterar suas prestações de contas; diante da menor variação, cheiro a trapaça e se a falta é grave cobro-lhe com a vida a diferença. Sete administradores já foram fuzilados secretamente, sem fazer muita ostentação de decência. Sem baru-lhos, com um bilhete em que figura o negócio sujo, a fraude ou o desfalque comprovados, envio o fulano ao Tribunal de Radamanto, Eaco e Minos a render a última prestação na pátria de Hades*. Ao final, o visconde Caetano Moniz García de Évora teve que ser submetido à tortura para conseguirmos a confissão. Homem valente e enganador, o visconde negou os cargos cultiva-dos pacientemente durante três anos pelo Fiscal de Contas do Estado. Ne-gou ter assinado o que assinou, mas a letra trai qualquer convicção e não sabe distinguir se é boa ou má fé. Os documentos acumularam-se um a um ao lado do réu, formando uma pilha que nunca diminuía. Bem, dom Caetano, disse-lhe, quando a coluna de calúnias que o Fiscal amontoa à sua direita ultrapassar a linha da sua cabeça, algo me diz que terá de ser feito algum corte. Ou descartamos a verdade, ou cortamos sua cabeça. Que!?, pulou do seu assento, esticando o pescoço para facilitar mais fio à meada da Parca**.

> * *Poderia ser dito que antes que Hades raptasse Perséfone para levá-la ao Tártaro, onde se levantam os álamos negros, eu já tinha enviado clientes aos juízes do inferno. A Radamantis, alguns escravos asiáticos; a Eaco, meus anárquicos funcionários ladrões, e como ainda não havia escolhido o Juiz para a América, aos rebeldes do Brasil, mandei-os com uma carta de aviso para Minos.*

> ** *Aos porcos as Parcas: por que dividem uma tarefa tão simples como medir o destino humano? Cloto, que está sempre se adiantando, reduz o instrumento de fiar enrolan-do fios para continuar nossos suspiros; Láquesis é a única que vive no presente contínuo, tem a medida exata da nossa vida marcada na sua vara avarenta; finalmente Átropos, que vive do passado, afrouxa as tesouras funestas que de um golpe cortam o fio vital: vai-se nosso último suspiro, e adeus para sempre. Não obstante, cultivar com tanto afinco o hábito do óbito, elas vivem felizes porque são imortais, como poderia morrer a morte?*

Um olho se desviou rumo à porção de folhas rentáveis, e o outro, na minha direção, como suplicando. Mas se apressava em ser maior ainda e voltava-lhe o pescoço acreditando poder prolongar a fibra de Cloto, a Parca cujo olhar ausente está sempre voltado para o presente. Não queria que se cortasse o fio da meada de seu destino. Propus-lhe um truque: conservar sua cabeça entregando a do seu filho menor, um brilhante e destacado estudante na Academia Real. Como!? Voltou a pular e a dizer o visconde vesgo. Sim, é meu filho predileto!, não tem culpa alguma. Então, ajudei-o raciocinando ao seu lado, já que o estiramento jugular seguramente dificultava o fluxo e refluxo dos pensamentos. Deus também ofereceu o seu filho, inocente de toda a maldade, para purgar os pecados mundanos. Ofereço-lhe o mesmo negócio. Por favor, Majestade! Implorou, como se eu fosse o Sagrado Coração da Igreja do Divino Redentor de Lisboa. Prometo devolver centésimo por centésimo de tudo o que falta, se é preciso, com a minha vida! Justamente, dom Caetano, é isso mesmo o que venho lhe proponho à uma hora.

O algoz carrasco o decapitou enquanto ele rezava: "e livra-nos do mal". Eu o livrei do seu próprio mal, segundo seus rogos.

Na escuridão da bodega, ao resguardo do salitre, posso ler os silogismos do macedônio, as perguntas infalíveis do velho Sócrates, as vias e nervos que descobriu Andreas Vesalius nos cadáveres, as distintas propriedades dos vegetais segundo Dioscórides Anazarbeo, o livro de Copérnico sobre as revoluções dos corpos celestes que trouxe mais de uma revolução aos corpos humanos. À luz de uma lua imensa, e à da vasilha que me acompanha, os versos de Camões, Francisco Quevedo, Petrarca, Virgílio e Dante conseguem que esse inferno da travessia tenha a música do céu.

Cuidado com o que assina, S.M., advertiu-me o Secretário da Fazenda do Estado, Luís de Vasconcelos e Souza. "Assino o que confirmo. Além do que", lhe esclareço, conheço cada minúcia do Manual de Procedimentos Administrativos como se fosse o catecismo reformado de Trento.

Tudo bem, reconhece meu Ministro, mas as contas, S.M., são como uma delicada malha de aço que estreita o passo dos invasores, mas aprisiona para sempre os dispendiosos. Note – com todo o respeito que merece sua ilustríssima pessoa – como concluiu seu padrinho, o finado dom Luís XVI da França*, me aclara o mesquinho Secretário da Fazenda, fazendo contas até dos contos que circulam por aí, abertos pela *canaille* carolíngia. Reservado como um jansenista, conta histórias alheias, mas dele não larga fiança, nem há quem o surpreenda na tarefa de pôr chave dupla ao sepulcro do *sire*.

> * *Engana-se, Luís de Vasconcelos e Souza; meu real padrinho foi Luís XV, não Luís XVI, o relojoeiro, cuja cabeça rodou sem que tivesse ciência que lhe avisasse quando o cirurgião José Guillotin afiava a máquina infame. Meu real*

> *padrinho dom Luís XV faleceu tranqüilamente de varíola*
> *em seu leito de Versalhes em 1744; basta-se dizer que*
> *quatro mulheres choraram aquele dia: sua esposa, a*
> *anódina María Lescynska; Jeanne Becu, condessa Du*
> *Barry; a duquesa de Châtearoux e a inefável Jeanne-*
> *Antoinette Poisson, marquesa de Pompadour: "quando o*
> *forte / encheu de fragâncias, / a firme e pomposa / rosa*
> *Pompadour". Darío dirá: dirá Deus.*

Não se pode gastar mais do que se arrecada S.M., me cochicha, como quem quer justificar um crime que não cometeu.

"Avareza é viver sem nada por querer tudo", como bem sabia o visconde Caetano, e eu teria de lembrar-lhe, mas nem 'bulhufas' entenderia o dom Luís. Suas mãos finas e ossudas como tentáculos de múmia surgem entre os papéis de um caderno desprezível buscando meus "Deveres" sempre mais acumulados do que os meus "Méritos", que nunca existem em demasia. Eu diria que até uma dama de bordel sabe que não se pode gastar mais do que se ganha, e asseguro-lhe como ao passar, antes de assinar a estimativa de gastos vencidos, me deixas estupefato. Benze-se às escondidas, o miserável Secretário do Estado em estado de sigilo. Homem de comunhão diária, dizem as más línguas, dom Luís jamais pronuncia uma provocação nem uma sátira. Aprendeu a arte da solenidade na Corte castelhana quando foi embaixador, e desde então guarda sua castidade como se eu estivesse-lhe exigindo, dizem as boas línguas, "como os ouros do meu tesouro". O gastado, ao passar, comento-o. Arranha sua cruz, o misericordioso Vasconcelos. Apesar de miserável, Vasconcelos origina-se de "ciúmes vascos" pelas heranças reais? afirmou, não perguntou, como mostra o tom agudo rumo ao final da frase.

Vai-se o Secretário do Estado com seu estado de mau humor. O contabilista mostrou-lhe balanços deploráveis nessa desgraçada colheita 1807. Com um governo em xeque-mate, teve que encher de provisões a frota para cruzar a Corte pelo Atlântico. Gastos com mantimentos irromperam como se as embarcações tivessem sido abandonadas desde os tempos de meu ancestral Henrique, o Navegante.

As embarcações, S.M. precisam de reparos, advertiu então o engenheiro Xavier Alves de Faria, homem aguado e fofo, porém feroz na hora de subtrair o lucro; o almirante do Estaleiro Real sempre fala esfregando as mãos.

Começando por uma bela calafetação. Por uma junta escorregam gotas de baba, quase invisíveis sob o furo que deixou o tabaco que untou os lábios de uma cor castanha suja antes da sua retirada. Faz falta providenciar algumas velas, o cordão do galeão principal, todo o empecilho defensivo, tosse o astuto, tornando oca a mão para encurtar o bafo de seus pulmões fumarentos.

Quando peço precisões, o tal avarento estende uma interminável trança de arsenais, coletes, espingardas, aljavas, lanças, paus com pontas de ferro, sem falar na artilharia e suas realidades químicas.

Esse mundo de espertos nos faz inexperientes.

Até a genitália tive que vestir com panos novos. Confiscaram meus lençóis e mantas para remendar as velas de quadras e velas desfiadas. O vestido de noiva de Mãezinha, branco imaculado, feito da melhor seda de cetim e tecido debruado com ouro de Lucca, acabou hasteado nas velas triangulares no gurupés. Penso em fundar novamente a história, apesar de ver que o Secretário do Estado de Marinha e de Conquistas me apressa.

Andoche Junot tem as tropas napoleônicas fazendo exercícios imaginários esperando a ordem de invadir Lisboa, Senhor.

Que continue imaginando, o pretenso a duque de Abrantes; que use a cabeça para algo mais do que para tocá-la com triplos chifres emplumados; apesar de lhe dar bastante trabalho os chifres que sua esposa lhe renova a cada verão, quando descansa na Picardia, a pícara descarada.

Está espreitando, Senhor, espera a ordem de Bonaparte para iniciar a invasão a Lisboa.

Custe o que custar, busquem um lugar seguro para trasladar o Arquivo Real, sem ele não sairei de Portugal, ordeno.

Nem as ratazanas puderam ficar entre o convés e a quilha: os porões encontram-se cheios de tratados e impressos antigos, S.M.! queixa-se o desprezível Joel Monzón, gaditano metido a cigano. Chupa continuamente ar entre os dentes que lhe faltam na boca afiada, sempre que se propõe a responder aquilo que não lhe perguntam. Os braços carnudos se eriçam com pequenos vulcões nos poros dos pelos, e as veias invadem sua cara enrijecida de sangue quando me exige submissão. Carregou sobre os lombos, indo e vindo como uma formiga, milhares e milhares de volumes da Biblioteca Real de Ajuda e ainda não aprendeu que, sem mim, a história não sai do lugar. Nem eu daria um passo adiante sem os documentos oficiais. A carga do passado é o peso do futuro, se não estiver bem resguardada. Durante a travessia checarei um a um todos decretos e ofícios. Posso adulterar a história real com a história dos adultérios reais.

Conclusão do primeiro capítulo.

Vem a mim o ansioso conde-camareiro de mesa trazendo um cumprimento
intrigante com a comida que dispõe na mesa enquanto me adverte,
lendo de rabo de olho a nota: pergunta por vós um tal de Alejandro
Maciel.
Que bom!, respondo não dando muita importância ao assunto, e o que mais?
O conde-camareiro de mesa fica perplexo por um instante, meche as pálpe-
bras como se alguma coisa ali lhe estivesse incomodando e me olhan-
do de maneira fixa, voltando à inconveniência de um assunto chato.
O que lhe respondo, Majestade?
Que eu não pergunto por ele nem o conheço; e aqui, o único que faz as
perguntas sou eu. Dispense-o e que vá embora.
Estamos em alto mar, S.M.!
Melhor!, digo eu, mais fácil então será o seu trabalho; o levará até a ponte da
proa, lhe dará um empurrão e homem ao mar!, que vá conversar com
Netuno esse tal fulano.
Se eu fosse o senhor, humildemente digo, o receberia.
Se eu fosse vós, não responderia com naturalidade, por que deveria receber
um desconhecido que seguramente a única coisa que procura é fazer
com que eu perca o meu tempo com o pouco que me deixaram dele?
Veio de longe somente para entrevistá-lo, Majestade. Imagine todo o tempo
que perdeu seu próximo ao fazer uma viagem desde a Argentina exclusivamente para conhecê-lo.
Como? Fez uma viagem? Como me achou no mar oceânico?
Embarcou em Lisboa na embarcação *Belém* quando saíamos; pouco a pouco
se aproximou à Fragata Real até que a invadiu nesta madrugada, e
depois pediu-me a audiência.
Diga que não poderá. O rei está surdo, diga. A audiência não lhe dará muito
proveito. Onde fica esse lugar que citou?
Argentina?, quer esclarecer e aclamar o conde-servente de mesa quando
dou sinais a ele para que diminua o tom da voz, para que não ache o
forasteiro que lhe damos importância demais na sua vida. Minha

ajuda desaparece como uma rata ágil e memorável que busca em ziguezague apesar de não saber o que busca.

Enquanto diluo debaixo da língua umas cerejas ao *chantilly*, volta com um mapa e o estende o quanto pode, quadriculado segundo a mania do senhor Mercador como se fosse um lote de fazenda ou uma torta doce de figos. Muito bom esse creme que inventaram os francos, deveriam dedicar mais tempo à cozinha e menos à doidice de querer misturar constantemente idéias com política.

Argentina está na América do Sul, abaixo do nosso Brasil – proclama, enquanto aponta traços na carta o cretino do meu secretário, apropriando-se indevidamente do passo do nosso destino, como se o destino fosse propriedade de alguém.

Isso é a Argentina?, minimizou ao perceber que se tratava nada mais e nada menos que de um lugar que tem mais mapa do que país em si; gente com fama de utópicos porque pensam constantemente que são europeus exilados no meio de uma extremidade semidesértica, cheia de selvagens minados de piolhos.

Talvez amanhã o receba, ou na semana que vem, qualquer dia, mas hoje não, consenti, mais para tranqüilizar o meu secretário do que ao incógnito argentino que me persegue por terra e alto mar.

Por alguma coisa S.M. é um verdadeiro chefe de Estado, agradece o conde-camareiro de mesa.

Um homem de Estado por cujos erros deve pagar todo um povo, corrijo-o. Toda mentira tem certa inocência que nasce da boa fé.

Capítulo 2
A História da História

Voltar atrás quando a embarcação avança. À proa, rumo ao Brasil, desde o tombadilho do castelo de popa, reviso os documentos, faço uma viagem para trás, procuro um universo inverso. "História é a reconstrução que fazem os vivos da vida dos mortos", dizia o acadêmico Olimpio Batista da Silva, mexendo de um lado a outro o pé esquerdo. Quando não eram suas hidropisias, eram as câimbras que o detonavam. No estio, me resfrio. Cada inverno incubava todas as pestes que o céu manda. O acadêmico Batista sempre tem dores e como bem dizem os monteses: "homem enfermo, homem eterno", vá pelos valentes noventa anos arrastando o mal e as desgraças que outros tomam uma só vez. Gosto do Batista da Silva. Até nos seus males é bom. Tem a franqueza dos desesperançados, pois há vinte anos pensa que amanhã ou depois será finado e fala com a conformidade da morte, apesar de conversar com o rei.

História?, perguntou-me uma vez como quem escuta pela primeira vez uma língua estranha. A memória do povo e a memória de cada um iniciam com um conto de fadas. Quando e como nasceu Portugal?

Os lusitanos, sugiro.

Nome romano de um mito grego, cita e depois tosse suavemente para avisar que qualquer contrariedade poderia minar sua imortalidade avariada. Vejo o céu límpido e lembro os versos de Camões, mas o velhaco continua.

Até que no mil e cem Afonso VI não atestou a favor de sua filha Tereza, éramos como um potreiro de Castela, cheio de cabras e bois. Temos um passado pecuário.

Cristo também nasceu numa manjedoura, respondo.
Então, reflete Dom Olimpio Batista da Silva, nossa sorte não tem por quê ser pior. Ele chegou até Deus, dizem.

Agora que reviro os grandes rolos do Arquivo Oficial, Dom Olímpio Batista me segue sussurrando na orelha como se fosse uma canção de berço: o historiador é um ser insaciável; quer saber como tudo aconteceu; busca lições revirando catacumbas e ossarias. Como não pode seguir as almas para interpelá-las, retêm os ossos.

Como fundar um novo reino com velhas ruínas? Lisboa apagar-se-á pouco a pouco e ao mesmo tempo os rastros de toda sua desgraçada história de crimes e traições. Sabe-se que a história é sofrimento. O Brasil está virgem desses atropelos. Para que arrastar até lá os documentos do infortúnio? Melhor será reescrever tudo de cabo a rabo, reatar o contado sem crédito no passado.

Vai-se indo Joel Monzón fazendo caretas que os espelhos* do camarote capitular me devolvem; quem acredita em mim encomenda-se ao Diabo: vejo pelos espelhos que franze a testa e nega duas vezes. A Cristo negaram três, levo uma de vantagem. O auxiliar** entendeu, levanta os ombros como resignado à minha falta de bom senso. Sempre há uma corrente de solidariedade entre os imbecis contra os interesses de qualquer inteligência. É como um pacto sem acordo. Logo aprenderão que não há maior loucura que se levar muito a sério.

> *Já no Palácio Real fiz com que se colocassem seis espelhos dissimulados pelos cantos e nas paredes inferiores em cada sala de reunião, enfocando diversos ângulos dos meus visitantes e servidores. O homem - dizia o canônico Francisco de São Luís, bispo de Coimbra - é convexo, e é inútil procurar entendê-lo, olhando-o apenas através de uma face, seja de frente ou de perfil.*

> ** *Diego Inácio de Alcântara, homem vigoroso e forte, apesar de ser um pouco cretino para meu gosto, o ajudante, jactou-se alguma vez de não mandar seus filhos à escola "para perder tempo lá que me falta aqui" arrazoava o asno tolo. Tive que lembrar de Cristo e dizer "Pai, perdoai-o, porque não sabe o que faz".*

Justo quando me dirijo à cabine de mando encontro o conde-camareiro de mesa, recostado contra uma arma cujo cabo de bronze, ao sol, parece de ouro.

Majestade!, clama eufórico sacudindo um papel imundo que tem em suas mãos, quero que veja algo urgente.

O senhor sempre anda apressado, digo - comento - olhando ao vento. Onde está o Almirante, meu caro secretário?

Não o sei dizê-lo, S.M.

Deveria saber. Busque-o urgentemente. Quero conhecer nosso rumo. Vamos ao Brasil, me explica como se eu fosse um débil mental. Abre o olhão e pergunta: o que mais quer saber? Não sabe o que eu soube nos sonhos; no rumo avistei um feroz perigo.

Não me assuste! pula enrugando sua mão fina contra a jaqueta; com muita freqüência esquece que ele é meu servente e me dá ordens ocultas. Por que tenho que esquivar seus medos? E os meus, quem os dissipa?

Busque urgentemente o Almirante Real, ou pelo menos o capitão. Que foi?, insiste.

Nada e tudo. Nos pesadelos alguém nos adverte e se diverte ao mesmo tempo; sonhei que as embarcações erravam o rumo, um erro milimétrico no sextante e em vez de no Brasil, íamos parar no Mar Cantábrico, e o pior, às costas do Charente Marítimo. O *"Pays Saintonge"*, como toda a França, tem gente bárbara de rosto áspero. Ouviu algo a respeito da ilha de Oléron?

Não S.M., minhas viagens foram sempre aos bretões.

Faz bem, ali não há grandes perigos a não ser nós mesmos; mais no Oléron aguardam cautelosamente os náufragos. Esses selvagens acendem fogueiras nas noites de tempestade e os navios, achando que são faróis, se aproximam à beira rochosa e encalham; então os assalta uma turba de mareantes e assassinam a pauladas a todos os tripulantes, destroçando os restos humanos e jogando-os ao mar como alimentos de sardinhas e merluzas.*

> ** Numa dessas cruzadas criminais de pirataria terrestre, uma mãe, em meio à confusão noturna, assassinou sem querer o seu próprio filho e o atirou ao mar. Não dormiu a noite inteira buscando-o até que o amanhecer disse-lhe a verdade: na praia apareceu nadando o pacote que ela mesma tinha furado com dez facadas nas costas. Espero que pelo menos tenha aprendido que o crime é seu próprio castigo, assim como a virtude é em si mesma o prêmio. Desde então, aquele lugar denomina-se "Praia dos Lamentos" mas, como toda lamentação, chegou tarde. Quantas vezes não daríamos meia vida em troca de um minuto do passado para corrigir um erro? Mas o tempo não conhece tréguas.*

Sem responder, como se estivesse resignado a ser manjar de bacalhaus, me estende a página em que claramente distingo um conjunto de nomes tribais. Agora registra escravos? Pergunto, dando a entender que outras coisas mais importantes me reclamam, como falar com o Almirante para salvar-nos do cajado dos austeros.

Não, S.M., acontece que na *Vasco da Gama* oito negras robustas libertas têm sido violadas contra a natureza por um desses suspeitos.

Leio a listagem: figuram sete nomes.

Conhece o Manual de Procedimentos Administrativos?, inquiro.

Poderia dizê-lo código a código, página a página e inciso por inciso, Majestade, clama o condenado, mas em nenhum lugar figuram normas sobre negras violentadas pelo reto. Aqui está o registro com os nomes dos imputados, diz o leigo em leis.

E o que tenho eu a ver com isso? Pela cabine vejo aparecer a cabeça do segundo oficial do barco, suada e avermelhada.

Acontece que o comissário quer saber o que fazer com eles, S.M. As negras não se decidem, acusam os sete de baciada.

O grande sete, então!, divida as sete negras em outros barcos e tragam-me aqui os suspeitos!, ordeno, e o conde-camareiro de mesa sai, soltando fumaça. Tal como o imaginava, o segundo oficial também vem me consultar. Perdão, santidade, me cumprimenta.

Nem sou santo nem o serei, me conformo com ser Majestade, replico, tratando de acelerar o assunto.

Perdão, Majestade, nos porões já tenho três desmaiados e um até solta espuma pela boca devido ao calor que emana das caldeiras da cozinha. Deve ser o caldeirão do diabo, então, digo mais para mim que para o segundo oficial.

Não sei, Alteza. O dia todo remanejando as cargas, malas e tesouros da Corte, carregando carvão, a sala sufocada: não há homem que resista. Quer que faça vir um dos desfalecidos?

Nem se atreva!, essa gente cheira a morcego constantemente nas axilas. Deleitam-se na imundície, luzem lampiões de cascão como se fossem troféus e com o mundo de micróbios que descobriram os acadêmicos ultimamente observando uma gota de água*, quem sabe quantos mundos imundos arrastam essa gente com sua sarna impregnada!

> * *Para malograr meus dias, lá por volta de 1676 o holandês Antoni von Leeuwenhoek armou um tubo provido de duas lentes, usando e abusando dos esboços nos quais havia deixado anotados, um século antes, num emaranhado de papéis, um tal Zacharias Janssen. Bastou a este espiar através dos cristais uma gota de água de um inocente floreiro para descobrir animais minúsculos, porém*

fantasmagóricos, como se viessem em patrulhas desde o
Pandemonium, a capital do inferno segundo o velho poeta
cego John Milton.

Tudo bem, S.M., mas, como continuo o trabalho com tantos ajudantes deteriorados...?

Não se complique, oficial, o tranqüilizo. Tenho sete voluntários que deram conta de oito negras à contramão, poderão sem dúvida com seu inferno de calor.

À distância, entre o bramido das ondas, vêm pedaços das rezas e louvores entoados pelas irmãs devotas, que viajam em sua própria embarcação-catedral.

Perguntei ao cônego José Agostinho de Macedo – diz aquele eremita agostinho – por que a música de suas missas não parece submissa? Melodias perturbadoras, mais apropriadas a um bordel de muros altos, irrompem de repente no meio de um "Agnus Dei" cheio de confusão, em um transe eucarístico.

Quem canta, reza duas vezes, diz o embriagado solitário.

O rodar de sua batina sussurra.

Esse salmo soa profano, disse; como a voz da Gafforini entoando algum hino de rameira babilônica numa ópera do mestre Haendel.

As capelas musicais, alega o cônego, se inspiram também nas melodias das óperas profanas porque é sabido que toda música é sagrada, já que é a voz de Deus, segundo dizem os poetas latinos, S.M.

O que dizem?

Que a música é a única sensualidade que nunca cai no vício.

Como continue tal nas igrejas, os vícios serão os ofícios.

Mudam os tempos, S.M., e a Igreja tem o santo dever de acompanhar o caminho do homem; a juventude reclama a felicidade na adoração.

Sua juventude procura a diversão, o romance alegre e a farra; um dia teremos que dançar tarantelas no meio de uma reza fervorosa se seguirmos a marcha do mundo. A Igreja, santo varão, precisa manter-se idêntica no meio de tantas mudanças e não seguir o barulho como se fosse uma rameira.

Que Deus não o permita!, benze-se o cônego.

Deus já proibiu o que teve que proibir no Sinai, relembro a vós; está em nós permiti-lo sendo permissivos, santo varão.

Usar a música para descanso dos plebeus e diversão de vilões! Era o que faltava. Que busquem seu barulho nas corridas de touros, nas romarias ou nas efemérides. Não faltará ocasião para o bom ladrão de hospedagens.

"A música é a mais sagrada das artes, porque não precisa de olhos, que são os sentidos mais impostores e falsários", me dizia o velho mestre de harmonia, João Cordeiro da Soto, enquanto seus dedos miúdos iam perseguindo pelo teclado do órgão uma fuga de Bach. Devemos seguir essas ondulações que o divino Sebastian apontou como ao passar no pentagrama, dizia. O artista tem que estar com Deus na sua obra: presente em todas as partes, mas visível em nenhuma. O véu tênue das cataratas lhe cegava os olhos, sei que não via o que seguia nos traços heterogêneos do papel ocre postado sobre o púlpito. Via o mesmo Bach com uma vara fina de cedro desenhando no ar a música à qual se aferrava no teclado como quem sente que é a única esperança e a única verdade. Deixei sozinho o mestre de harmonia, procurando não fazer barulho ao abandonar o átrio, mas a fuga seguiu-me. Já errante no mar, a fuga foge comigo. Levarei a arte de Bach dessa Europa desolada pelo ressoar das cavalarias do Corsário.

No que terminou a revolução fracassada!, digo incomodado, olhando o ventre oblíquo do mar. Decapitaram um rei para enaltecer o filho de um pleitista provinciano como imperador. A "Revolução" virou o pobre contra o nobre, mas isso não tornou nobre o pobre e sim pobre ao nobre.

Quando quero saber quem tenho à frente uso o método que chamo "chegar ao vazio" perguntando primeiro ingenuamente a respeito de algum assunto de Estado; quando me respondem, faço outra pergunta mais precisa, depois outra e outra, abandonando a árvore – por assim dizer – para me deter nas folhas uma a uma até que o meu interlocutor não tenha respostas; situação à qual denomino "o vazio" porque a partir desse ponto não é possível manter um diálogo útil sem cair no precipício das ambigüidades onde as palavras podem querer dizer qualquer coisa e acabam não dizendo nada. Considero que toda pessoa de bem tem a obrigação de estar a par do que acontece no governo das coisas que, para o seu bem ou seu mal, lhe afetam sempre. Meu método simples serve para indicar quem são os lobos e quem são as ovelhas nesse redil revirado do Estado.

Observo o mar desde a cobertura enquanto se aproxima pela ponte principal o acadêmico monsenhor Justo da Cruz Saraiva, superior beneditino que nem ora nem obra, caminhando lentamente como quem vai seguro rumo ao capelão cardinalício*.

* Que nunca preciso de urgências.... basta ser monsenhor e sobreviver trinta anos, em algum momento cairá na tríade eterna que se alterna para colocar o chapéu vermelho tão cobiçado por ser o escalão anterior ao do papa. Nem o trono

de São Pedro está livre da vigilância dos ambiciosos pelo poder. Dante traçou o terceiro sótão do oitavo círculo do Inferno para esses simoníacos, incluindo o papa Nicolau III Orsini, e pré-apoderou outro sótão a Bonifácio VIII, o qual faleceu recentemente em 1303. Ali purgam a eterna pena:

"Fora da linha o pecador jogava
as pernas e os pés virados pra cima,
e os demais, a terra os ocultava:
ambas as plantas queimavam chamas vivas
com tanta força que no mesmo instante
soltaria uma corda comprimida.
E um gritou: Já chegou, Bonifácio?
Já está aqui? A conta feita mentiu,
pensei que chegarias mais devagar.
Tão logo te saciaste do ouro,
que roubaste da Divina Esposa,
a quem menosprezaste seus tesouros?
Dante, Divina Commedia, Inferno, Canto XIX:

A "Divina Esposa" é a Igreja, belo matrimônio!

Tem "em mente", segundo me disse, escrever as crônicas da Ordem Beneditina à qual pertence e se debate entre um "sim" ou um "não" por ninharias ou tagarelices de escórias que acha nos velhos pergaminhos, copiados até o último pelos monges entediados durante dez séculos** de tanto amassar os assentos das carteiras do monastério.

** Entre as invasões bárbaras depois da morte do imperador Teodósio no ano 395 e a queda de Constantinopla no poder dos turcos no ano de 1453, passaram-se mais de mil anos. Essa Idade Média tão sombreada pela multidão de caluniadores que cultivou o Iluminismo serviu à causa do poder mais do que os milhões de anos que viveram a manada humana que saiu das cavernas. Primeiro, a Igreja ficou com o despojo de Roma e teve que organizar com o punho do compadre Carlos Magno os alicerces de uma nova civilização. O rebanho humano acreditou que o poder vinha de Deus visto que o comandava o papado. Os frades

*dançando quaresmas e os reis, a catecismos e penitência
total, que "Paris bem que vale uma missa".
Conhecerá o cunhado Henrique IV que teve que dormir três
dias na Neve de Canosa antes que Gregório VII anulasse a
sua excomunhão.*

A História – disse o ilustre – tem o dever de expor os fatos tal como aconteceram.

O problema, querido superior, é que não estivemos lá.

Tal como foram registrados então S.M.; jaz a verdade nos documentos.

O senhor mesmo me disse que tropeça à toa com as palavras contraditórias em suas crônicas beneditinas: umas dizem "sim" e no parágrafo seguinte renegam como perjúrios.

O mar avança e quebra em mil pedaços contra o enfeite da proa. Como lágrimas, os jatos apagam a cara da figura humana umedecendo sua cabeleira virginal.

Não deveríamos, disse o superior acadêmico com delicadeza; sabe que ele é quem não deveria dar ordens a um rei, odiar nem amar o passado, se não tratar de compreendê-lo.

Compreendê-lo: comprar e vendê-lo, e entre as duas operações contábeis está a taxa, meu querido supremo. Como saberemos se o árbitro é idôneo? E se acontecesse de ser um sagaz que subtrai da moral o que soma ao aprovado? Unicamente a História Sagrada é moralizadora; mas a história humana apenas poderia ser exemplo – diz monsenhor.

Não sei se a História Sagrada serve de catecismo, insisto, enquanto monsenhor, fazendo-se de desentendido, olha a lonjura aquática deixando um espaço no tempo que minha intuição confisca. A história do Cristianismo não é mais do que uma longa luta pelo poder. Por que Pedro e Paulo viajaram a Roma quando o Cristo colocou um pé fora da Palestina durante seu ministério? Os apóstolos sabiam que em Roma estava o poder, e lá foram disputá-lo, meu querido monsenhor. Depois clamaram contra as perseguições. Perguntou-se seriamente alguma vez quem perseguiu a quem? Cala o monsenhor. Suspende do seu hábito comprido um rosário de quinze mistérios que arranha entre frase e frase com o polegar delicado dos plumíferos escritores. Certo indescritível cheiro aromatizado foge-lhe das axilas quando gesticula uma afirmação que tende a ser charada.

A história humana não é mais que um conjunto de dados verificados, aponta abrindo o indicador e o polegar para abarcar um espaço pequeno de ar luminoso onde acredita ter encerrado seu conceito. Um círculo de vento, uma bolha onde capturou a verdade.

Atos, monsenhor? Do passado somente nos restam escritos, ossos dos acontecimentos roídos pelos escribas, passado feito de palavras. Existe algo mais enganoso que as palavras?

Dados selecionados.
Documentos.
Arquivos.
Índices.
Padrões.
Legados.

Milhares, milhões de palavras enfileiradas querendo testemunhar o que já não é, e, às vezes, nem sequer foi. Expurgarei o passado dessa carga ignominiosa, queimando o que não serve. A rebarba e a escória, à Gehena!, tal como faz seu Deus com as atividades perversas.

Não pode se cometer uma travessura assim!

Por quê? Sou a cabeça coroada do Estado e tudo o que pensa uma coroa é legal; é meu dever afastar os maus pensamentos e as antigas tentações. Fiz açoitar o cronista real até sangrar o nervo porque escreveu que a rainha consorte Carlota Joaquina dorme em outro palácio. O que interessa ao futuro com quem me deito ou não?

Apartemos a História Sagrada – pede, ou melhor, roga, o acadêmico Saraiva – porque não foi escrita por homens; vamos à nossa humilde história de Portugal.

Que não foi escrita por Deus, advirto.

Contém dados preciosos.

Melhor seriam dados precisos, corrijo.

Melhor seria guardá-los todos, S.M.

Para quê?

Com todo o meu respeito, S.M., para selecioná-los, escolher os que dão sentido à história.

É o que penso fazer, se por acaso a história tem algum sentido, retiro o que disse; cultivar o campo e cortar o joio.

Quer salvar os documentos e os custos reais de qualquer maneira. Tornou-se redentor de papéis, o beneditino.

Entra em estado de transe acadêmico. Acredita presidir uma assembléia de eruditos debatendo problemas vagos em vez de acrescentar pacientemente as palavras que faltam para fechar o humilde "A" do *Dicionário de Língua Portuguesa* que procuram recopilar os meus acadêmicos há uns vinte anos. Já tem gente que não fala no país por medo de errar, não havendo dicionário de consulta. Até o presidente do Hospício de Mudos e Surdos me exige o glossário separando o indicador do anular da mão direita como se fosse maçom, para indicar que seria mais cômodo um texto em dois volumes, segundo a tradução do meu mordomo que em alguma época foi mudo. O primeiro volume, abrangerá da letra "A" à "G", propus ao acadêmico Saraiva; o segundo começará com as palavras que iniciam com "H" e fechará com a última "Z", como se supõe. Um momento, disse meu mordomo. Em que volume figurarão as palavras que não têm princípio? As palavras imorais irão num apêndice separadas do restante, ordeno. Veremos se alguém, buscando uma virtude, tropeça com alguma sacanagem e muda o rumo. Mas eu em seu lugar teria muita paciência, os ilustres acadêmicos ainda não conseguiram atravessar a rua que separa a letra "A" da "B". É tão difícil cultivar palavras, monsenhor Saraiva?* Cada uma tem sua história por trás, S.M.

> ** Se, por volta de 1500, o poeta Fernando de Oliveira e João de Barros já havia publicado suas "Gramáticas" onde figuram as leis do idioma, não sei porque agora, entrando em 1800, meus soberbos acadêmicos não podem recrutar os termos um a um em ordem alfabética. Alegam intermináveis razões de índole filológica, que é como dizer "não" com uma linguagem mais confusa e pegajosa. Propus-lhes enfileirar simplesmente palavras, sem atribuir-lhes nenhum significado, e que as pessoas as escolham segundo suas reais necessidades. Afinal, Deus deixou ao homem/Adão a interminável tarefa de batizar as coisas deste mundo. O pai/Adão dizia - em cândida língua semítica - "te chamarás louro" e desde aquele dia os coitados não podiam trocar de nome. Já estavam condenados à louridade quo ad vitam, que é como dizer para sempre, já que a louridade é imortal. Morrem os louros, mas a louridade continua.*

Imaginava um palavreado assim:
Nep
nepalês, sa..
nepentáceo, a.

nepente.

nepote. (Passamos de "nepotismo" e "nepotista": as pessoas não são tontas, saberão como estender o domínio dos termos. Jamais teríamos suficientes vidas se figurassem todos os derivados de uma só palavra em qualquer dicionário).

netuno.

nereida.

neural... e assim sucessivamente.

Não seria uma extravagância contar com um palavreado semelhante? Depois, pouco a pouco, cada um irá anotando ao lado do termo o que este significa. Nada de conceitos firmes se não unicamente simples intuições.... para mim, "perverso" viria a ser um amplo tabernáculo de lenço branco para cultivar rosas híbridas nos climas tórridos. Para monsenhor Saraiva resultará ser alguma virtude teológica. O cozinheiro lhe indicará alguma noção relacionada com as carnes brancas. A cada dez anos revisaríamos as edições e aquelas acepções que mais pontos obtivessem a seu favor ficariam como candidatas para as definições definitivas. Não seria a perfeita linguagem criada pelo povo?

Ah é?, e o senhor, que não pode seguir a história das palavras, quer aconselhar-me a mim as palavras da história?

Estás ai, leitor? Não corrijas minha ortografia: sei o que escrevo. É a única coisa que sei desde que o mar me sitia pelos quatro horizontes.Leitor leigo é apropriado e verdadeiro para o que quero expressar; leitor é o ilegítimo: invenções de gramáticos, palavras degeneradas no altar da eufonia como se de sua mesma colheita não brotassem os frutos das dissonâncias, quem inventou o "mais que perfeito" e a "ortografia"? Péssima mania acadêmica essa de distorcer os declives naturais do terreno invisível da fala, querendo fazer mapas e mensuras com a topologia dos dicionários, isso quando não estão ociosos discutindo ninharias.

Voltemos ao assunto da língua que é o que nos interessa, leitor. Encomendei ao presidente da Academia de Ciências de Lisboa (encargo que parece mais do que um cargo, parece um cargo de poucos encargos) a escrita de um Dicionário da Língua Portuguesa, mas os letrados não passaram da letra "A", seguramente cuidando suas costas das definições de "Bastardo", "Brejeiro" e "Bígamo" que os retratará de corpo inteiro na próxima consoante. Não sabe, Sua Majestade, Alteza, o trabalhoso que é procurar as palavras, dizia o presbítero acadêmico José Correia da Serra, descendo com os olhos as pálpebras enrugadas como testemunho do seu intenso desgaste. Temos que persegui-las por caminhos intrínsecos. Quando S.M., Alteza, está buscando uma, tromba com outra, inesperadamente. E os espaços vão-se enchendo. Já tenho a "L" completa e a "A" continua com vagas, sempre falta um termo, perde-se um arcaísmo nos assuntos complicados da história e nós, lingüísticos, andamos como detetives atrás dos foragidos, errantes. As palavras são assim, dizia o velho sagaz e escorpião. Alagava com a boca e matava com o rabo. Poderia esperar sentado pelos séculos dos séculos que os altercadores acadêmicos passariam na letra "A", enquanto nas seções de lingüística e filologia desperdiçavam as horas copiando e traduzindo as obras infames dos liberais nascidos de Paris depois da derrubada da Bastilha.

Certamente terá semeado todas as entradas para a letra "L" o velho arteiro; seus muitos vícios bastariam para espigar dez semeados dele, começando por "luxúria", "lascívia", "ladino", "lazarento", "laxante", "lenitivo", "ludibriador", "libertino", "liposo", "lúbrico", "ludibrio", "lubrificante" e terminando por "lupanar" que é onde o presbítero começa sempre sua história.

Em que seções meus acadêmicos perdem as palavras que seguem? Reunidos ao redor da mesa redonda da Academia das Ciências como espíritas, conspiram traduzindo e distorcendo com termos intermináveis tanto quanto apareçam delírios de bretões e gascões pelas fronteiras. Ainda não acabaram de propagar a Rousseau e seu Contrato quando Diderot e Voltaire lhes assavam os miolos, um roendo o alicerce do Estado e o outro fazendo notas do que o Deus Nosso Senhor disse com todo um repertorio de blasfêmias, ofensas, atos hereges e ditos injuriosos.

Se Deus está no seu lugar não há coisa que se mexa no mundo, mas tinham que vir discutir os revolucionários iluministas com os iluminados. Poderá saber mais teologia o sagaz Voltaire que o próprio Jesus Cristo?

Pode-se discutir com Deus, mas de igual pra igual, não escrevendo panfletos para leitura da plebe que sempre termina distorcendo o sentido dos sonetos.

Eu guardaria todos os documentos S.M., me diz – recomenda o reitor beneditino, monsenhor Justo da Cruz Saraiva.

Como se estivesse ouvindo-o novamente, zumbindo na minha orelha as frases endossadas. Lembra-se de César, Senhor? Caio Júlio César. Cruzou o rio para entrar em território romano sem licenciar suas tropas como ordenava a lei, dia onze de janeiro do ano quarenta e nove antes de Cristo às nove da noite. Com César atravessou Roma e a civilização. Não foi a primeira nem a última vez que cruzou o rio, Senhor. Mas, mesmo que o tenha atravessado antes ou depois tem o mesmo valor que se o atravessássemos agora vós ou eu: nenhuma importância, Senhor. Unicamente a travessia de Caio Julio César do onze de janeiro foi histórica porque teve conseqüências para o futuro que perduram até os nossos dias. César teve Suetônio, Tito Lívio e Plutarco. E o mesmo César foi tão afortunado que além de fazer a história, a escreveu em seus "Comentários das guerras civis". Bem se sabe que os copistas do passado não se contentavam em apenas recolher dados, também os valorizavam. Pesam nas balanças iníquas dos seus interesses. Esquecem alguns e enaltecem outros. A história não nos oferece o passado, mas somente a idéia que formou o seu rastreador. E as idéias, meu caro, são exatamente como foram cunhadas por Lutero, apenas rameiras vulgares: hoje estão comigo, amanhã contigo, às sextas-feiras, com outro*. Por isso quero estar alerta, revistando as contas reais para que outro não as transforme em contos reais. Por outro lado, que hoje eu atravesse, e não daqui a um ano, a maré oceânica, sim, tem importância: fundarei um Brasil que hoje está afundado e confuso.

> ** E por que não desconfiaria das idéias quem afixou uma lista de noventa e cinco delas, denunciando os horrores do Catolicismo à porta da igreja de Wittemberg, produzindo uma descomunal confusão?*

O historiador também fabrica a História, monsenhor.
Então, quem fez o passado, Senhor?

Conclusão do segundo capítulo.

Quando sai o monsenhor volta o afligido conde-camareiro de mesa com o semblante próprio de algum calendário eclesiástico que traz entre as mangas.

Como andam as negras que foram sodomizadas pelos sete?, inquiro. É preciso ver como acende imediatamente o olhar do tal depravado, meu próprio secretário um pervertido. Menos mal que esta viagem acalmou meus baixos instintos: poder-se-ia transformar num vesgo de tanto espiar sem resultados.

Distribuí as oito negras em diferentes barcos tal como S.M. havia-me ordenado; e os suspeitos estão assando no inferno dos porões para onde o Senhor os comissionou. Eu diria que tudo está no seu devido lugar, menos o forasteiro argentino que insiste em conseguir uma audiência real custe o que custar.

Outra vez esse assunto?, não lhe dei ordens para que o dispensasse?

S.M. me disse que talvez amanhã o receberia, ou na outra semana! Já esqueceu das suas palavras?

Que pouco humanitários somos com nossos superiores. Ao rei não lhe é permitido o esquecimento, e a Deus não se lhe permite pecar. Assim vamos, enquanto entre vós abundam as fugas e nós dois (Deus e eu) nos perdoamos. Lindo negócio.

Insiste todos os dias, S.M., diz que precisa entrevistá-lo para fazer uma reportagem ou algo parecido.

Uma reportagem?, por acaso me confundiu com um cantor de música popular?

Além do mais, o argentino diz que, aconteça o que acontecer, continuará escrevendo e se S.M. não percebe o perigo de uma escritura sem o fundamento da verdade. Uma seqüência de palavras cozidas com a imaginação, que se sabe muito bem que é fraudulenta.

Palavreado inofensivo!, que ofensa poderia vir de um simples relato ausente?

Eu lhe disse a mesma coisa, S.M. mas o argentino não engole. Diz que com simples palavras está escrita a Bíblia e no entanto....

Não comparará suas redações com as Escrituras Sagradas, esse argentino!

Quem ele pensa que é? Paulo de Tarso?

Não, ele diz que não lhe parecem tão santas, que Deus aprendeu um grego qualquer para escrever ou inspirar o Novo Testamento, que escrevendo em grego, até Caritón de Afrodisias* e Xenofonte de Éfeso** superam em estilo aos copistas e escribas de Deus com seus Tessalonicenses, Gálatas e Hebreus. Do Apocalipse opina que, como novela de ficção científica, está tão cheia de inutilidades e pleonasmos que não é ciência nem ficção; e como a teologia é tão pobre que o catecismo dos jansenistas parece o cúmulo Teológico ao seu lado.

> ** Caritón escreveu "Quereas e Calirroe" que no capítulo (livro) VI, que transcorre na bíblica Babilônia, introduz o que será usual na novela moderna: a visão múltipla de um mesmo fenômeno, o comentário de vários personagens a respeito de um mesmo fato: se fosse justo que Calirroe se casasse com Quereas, seu primeiro marido, ou com Dionísio, quem a comprou de uns piratas que a venderam como escrava.*

> *** Xenofonte de Éfeso escreveu a novela Habrócomes e Antia. Apesar dos nomes parecerem um tanto cacofônicos e o título, bastante metonímico; e apesar do caráter sumário próprio do epítome que sobreviveu ao rebaixamento original da estrutura de "Habrócomes" frente a "Quereas", os estudiosos concordam que o estilo literário de ambas é muito rico e elaborado. Foram escritas entre os séculos I e II d.C, data que coincide aproximadamente com a escritura do Novo Testamento, cujos livros em grego são muito mais pobres, estilisticamente.*

Vejo por onde vem sua simpatia com o argentino pelo qual advoga!, descubro ao voltar a rever as idéias confusas do conde. Não os une o amor mas sim o espanto, deve ser por isso que se entendem tanto. Junta de apóstatas. E o que quer comigo? Escrever sua história, S.M.

Como?, o argentino herege quer ser o meu biógrafo?

Já é. Escreveu um primeiro volume que se intitula "El rey profúgo" sobre esta viagem, seguido de um segundo volume "Don Juan de Brasil" e há um terceiro onde finda a sua vida, "El rey repatriado". O receberá?

Chame o Almirante, rápido, ordeno sem contestação.

Que nova infâmia se está tecendo por minhas costas? Não conformados com as desventuras que exumou de Bocage o cretino de Marcos Portugal para cantar minha fuga, agora um argentino perdido no espaço aquático, errante no barco fantasma, quer imprimir quem sabe quantas imposturas sob o meu nome.

Chega o Almirante, se enquadra como convém, olha à distância esperando minha ordem.

Prenda o estrangeiro no calabouço da última bodega!, ordeno. Que passe a pão e água até que a inspiração fuja dele. Quando estiver totalmente regenerado do vicio abominável da escrita, hábito de vadios, obrigue-o a trabalhar na sala de máquinas, que aprenda um oficio útil já que se dispôs a fazer uma viagem tão longa.

Majestade, não pode fazer isso!, intercede o conde-camareiro.

Tranque-o de imediato!

Capítulo 3
Canto de Sereias

Aves branquíssimas planam rumo à estribeira relando de vez em quando as cordas da vela do mastro maior e as escalas de gato do arvoredo. Duas mulatas que cochicham faz tempo enquanto moem casca de grãos num pilar, dizem que são anjos destinados a vigiar as pessoas. Vivem fazendo caretas litúrgicas e se benzendo entre uma moenda e outra com a intenção peregrina de enganar a Deus e aos seus espias voadores disfarçados de aves.

Acho sobre a minha mesa um volante que deixou voando o conde-camareiro antes de se perder como ratazana pelas andanças sem rumo das recâmaras, coberturas e camarotes. Prossegue com a sua campanha proselitista a favor dos iluministas ilustrados, o caro iletrado. O volante foi impresso na França, que a julgar pelo que vejo deve ser a nova Alemanha do Atlântico, onde dezenas de gascões imprimem os novos-testamentos-iluminados de Rousseau, Voltaire, Diderot, do barão da Brede, D'Alambert e milhares de textos e panfletos que saem percorrendo o mundo para pervertê-lo, todos ornamentados na luxúria entintada de Bordeaux.

Conta o vagabundo genebrino certa "iluminação" que lhe sobreveio quando ia visitar o líder Diderot, preso em Vincennes* vá lá saber por quais delitos comuns contra o comum. Descansando debaixo de uma árvore que encontrou no caminho, se entreteve meia hora chorando sem dar-se conta, diz, e em vez de cair-lhe uma centelha sobre a cabeça, ou uma bela maçã como ao compadre Isaac**, caiu-lhe uma "iluminação" ao iluminista. "O homem é naturalmente bom e somente por meio de suas instituições é que os homens viram malvados", diz o perverso genebrino, como se as instituições fossem obras das fadas. E continua, o bem astuto, respondendo uma carta nada mais nada menos que ao arcebispo de Paris, monsenhor Christophe de Beaumont, outro grandíssimo intrigante, que lançou maldições e cobras ao ler o "Emílio".

* Na verdade foi pela "Carta sobre os cegos", verdadeiro informativo relacionado com o mundo da escuridão, que as

*autoridades não consentiram sob este forte argumento:
Como pode um 'iluminista' escrever sobre as trevas, sombras e penúrias?*

** *Newton, obviamente.*

O astuto Rousseau insiste:

"o homem é bom por natureza, monsenhor don arcebispo Christophe,
o homem ama a ordem e a justiça; não há nele nenhuma maldade
original.*** Porque tanto o coração humano como os primeiros movimentos da natureza são sempre retos. Fiz ver que a única paixão que
nasce com o homem é inocente: o amor por si mesmo é em si mesmo
indiferente ao bem e ao mal; só torna-se bom ou mau acidentalmente
segundo as circunstâncias em que se desenvolve. Demonstrei que todos os vícios imputados ao coração humano não são naturais em abso-
luto. Dito de outro modo: sendo naturalmente bom o homem, os homens tornam-se maus na sociedade".

*** *Christophe de Beaumont, arcebispo de Paris, terá se
mexido na sua cadeira sacerdotal perguntando-lhe e pergun-
tando-se: e então, o que fazemos com a maçã do tataravô
Adão, com sua víbora falante e intrigante e sua árvore da
ciência sem consciência? Apesar de que roubar frutas não
seja um pecado muito original, Gênesis diz: Vox Dei.*

Se o amor a si mesmo parece inocente ao genebrino é porque não terá
topado com algum egocêntrico com mania de grandeza: essas gentalhas primeiro pensam que é seu e somente seu o berço no qual nasceram, depois se
apoderam do dormitório, para invadir a casa, o município, a cidade, a província, a nação e se ninguém impedir, terão o mundo nas mãos, cuja única habi-
lidade consiste no furto. Não conhece a origem da propriedade privada de
um Jean-Jacques. Estude-a antes de educar o Emílio.

De que forma a sociedade torna malvadas as pessoas, Jean-Jacques?
Que eu saiba, todas as raças do planeta, em todos os países e continentes
são naturalmente gregárias; não há lugar no mundo povoado por eremitas
naturais. Até macho e fêmea se encontram para formar uma sociedade,
apesar de que, às vezes, o excesso de cortesia e amabilidade no varão amplia
a empresa a dois, três e quatro mulheres; para não falar dos sultões e seu

agregado de concubinas. E nem o que dizer das mulheres bárbaras e polígamas. E agora, o estimado Jean-Jacques descobriu que o homem se corrompe naturalmente ao unir-se aos demais; isso é o mesmo que dizer que os peixes* foram criados para viver isoladamente, mas por excesso de corrupção vêm em exércitos às redes de pesca, e que as gruas voavam originalmente separadas mas que de repente resolveram violar sua natureza e começaram a formar bandos bandidos. Não encha o saco, Jean-Jacques! Cada animal tem seus próprios instintos e está claro que o do homem, como disse o finado Aristóteles, é o de ser social**.

*A comparação está arrebatada de Voltaire nos seus
"Escritos sobre a guerra".*

**É da maior credibilidade a tese de Thomas Hobbes, um argumento ditado pelo medo que inspirou a vida inteira do mentor de sir William Cavendish. Dizem que a sua mãe deu à luz ao ver aproximar-se a frota da Armada da Espanha do porto de Westport, em Abril de 1588. O terror espanhol evolveu o menino Hobbes que acabou aderindo à idéia de um pacto social conferindo o poder a um soberano para proteger o rebanho humano da guerra de todos contra todos; das ameaças externas e internas. Thomas teve que demolir primeiro a definição de Aristóteles do homem como "animal social e racional". Não é o instinto gregário que reúne os homens (dizia o anglicano) se não o terror gregário de ver-se ameaçado constantemente pelos próprios vizinhos o que cria o artifício do pacto social. Discutir com o macedônio tornou-se moda na França, pátria de todas as refutações e reprovações dos pensamentos que circulam por suas ruas, abonadas pelos italianos, principalmente Galileu e seu telescópio contando luas em cada planeta.*

Vem a mim o acadêmico Arsênio Montes-Tideiro, astrofísico que não poucas vezes tropeçou na terra por andar sempre olhando o céu. Não sei que estranha rixa terá a Astronomia e o sabão, a certeza é que a sujeira que está na capa do acadêmico a torna pegajosa e barulhenta como se fosse de borracha. Trato de manter uma asséptica distância dele, já que uma virada inocente dessa capa prodigiosa poderia ocasionar uma epidemia esparramando micróbios a torto e a direito.

Bonito dia, S.M., cumprimenta com amabilidade. Olha-me com inquietação, esperando algum sinal no meu semblante sempre imperturbável com o fim de acalmar ministros apavorados como o meu Secretário da Fazenda, pressentindo continuamente a quebra financeira.

Dispõe de um minuto, S.M.?, pergunta.

Sim, mas não é meu e sim do Estado, lhe empresto com a condição de devolução em bom estado.

Quem tem um minuto, tem uma hora, continua o astrônomo, porque o tempo é contínuo como o espaço.

Não estou tão certo disso, digo, tratando de pousar sobre a cobertura flutuante os pensamentos etéreos do acadêmico que deveriam bater frente à contundência do relógio.

Eu sim, S.M., se empolga. Note que descobrimos com os telescópios que há um corpo solar no centro e ao redor dos planetas orbitando como satélites. E o que nos dizia o velho Demócrito de Abdera há mais de vinte séculos? Que toda a matéria não era mais que somas de minúsculos átomos com um centro e satélites girando ao redor. Percebe, S.M., quão o infinitamente pequeno e o infinitamente imenso são feitos da mesma maneira? Não será nosso espírito o sol humano, e o corpo que arrastamos, o satélite?

Tendo dito isso, retira-se sem ter usado seu tempo para a petição que tinha em mente.

Diz o cardeal presidente, o coxo e rancoroso Dom Silvestre Manrique, que buscou um ex-frade da ex-Arcádia Lusitana, o escrivão Manuel de Figueiredo e Silva.

Homem astuto e um tanto alcoólico, o tal goza buscando continuamente por um contra o outro. Algo maltratado pela tuberculose que o acometeu quando era bem pequeno, Dom Silvestre manca da perna esquerda e ao caminhar balança inclinando a corcunda que trata de ocultar agregando golas e encaixes ao colarinho de suas roupas. Sempre anda com um bastão de prata lavrada, presente de um primo que foi porta-voz em Chuquisaca.

O escrivão Silva, o dessa "Arcádia", anuncia com ênfase duvidosa ao mencionar a academia, quer vê-lo um instante, Excelência. Que entre.

A Arcádia converteu-se num lixeiro quando os líricos e rimadores se engalfinharam a trombadas por causa de certo desacordo de ordem artística. Os cânones da poética antiga, dizem que dizia um árcade na seção alvoroçada, nos revelam a arte como imitação da natureza para produzir algum ensino. O que nos pode ensinar a natureza a não ser maldades?, pulou do pódio o tinteiro Reis Quita.

Expôs uma seqüência de danos que as bestas causam umas às outras guiadas pelo instinto natural. A sala se encheu de bocejos de tigres, pássaros que rapinam indefesas crias de gazelas, hienas que entre risadas estraçalham a um animal vivo. A arte deve imitar semelhante crueldade? Não. Deveria imitar o prazer que produz uma paisagem, segundo a regra do classicismo greco-romano. Ordem, clareza e veracidade. Devemos procurar o prazer? Por acaso somos epicúreos? Mofou-se outro árcade. Palavra vai, palavra vem, armou-se a confusão. Onde lá saltava uma cadeira aqui golpeava um ombro de homem. A briga acadêmica degenerou em alvoroço de baixos fundos. Os licenciados converteram-se em licenciosos. Os doutores, em pugilistas.

Estruturas lexicais alatinadas. Voa uma porta.

Os modelos: a epopéia, a tragédia e a ode. O suporte gruda nas persianas. Pela estética, perdeu-se a ética.

Venha a nós o ex-congregado, Dom Manuel de Figueiredo e Silva, resoluto e delicado idoso de conversa sempre ágil, irônica, nervosa.

Na Academia de Humanas declarou-se a guerra dos poetas, S.M., me cumprimenta.

De cabeça branca, o cabelo desfiado voa com o vento formando-se de uma consistência translúcida, ao famoso ex-congregado.

O reino tiraria mais proveito enviando-os à frente de batalha, a lutar contra a milícia francesa, pagando-lhes um salário para abonar suas disputas, Dom Manuel.

Não se respeitam mais os registros estéticos, Senhor.

E explica com superficialidade de gestos que odes, epopéias e tragédias exigem nobreza (retorce a mão esquerda *hamletianamente*, como quem fala pesando uma caveira invisível). Que comédia e sátira admitem familiaridade (agita as mãos como se fosse um napolitano no comércio vendendo merluzas); e tanto o texto confessional como a epístola, a novela e o sermão se nutrem de naturalidade (achata as palmas palpando uma reta no ar). Enquanto a graça fica reservada à poesia anacreôntica e o apólogo erótico (oferece um cumprimento gentil). Se não fosse pela monotonia desse horizonte interminável de águas e mais águas ao qual condenou-me o Corso, eu já pensaria em odes anacreônticas e sermões pulando sobre as cadeiras das mulatas.

O que tem a ver cânones clássicos com a confusão e a gritaria?, pergunto, apesar de saber a resposta.

Os árcades, me diz Dom Manuel de Figueiredo, abusando da normativa do *Art Poétique* de Boileau, têm-se afrancesado de um modo escandaloso, S.M., e quem hoje por hoje se diz francês, se diz inimigo. Em transes bucólicos, como quem não quer a coisa, corroem o fundamento da monarquia com cantos pastoris. O sangue azul cheira a estrume!, exagera um pouco Dom Manuel, batendo o ar com os dedos levantados. Cheira mais a urina, a repreensão e o vistoso manual do Manuel. Estaria esfregando miudezas antes do alvará?, ou o horto antes da sua contundência?, não estará espalhando germes tóxicos com tanto mexer de mãos?

Já não restam marquesas nem condes escritores, S.M.! Temos que ler panfletos e composições poéticas escritos por idílicos pastores, que não passam de lobos disfarçados de carneiros. Nada mais e nada menos que a célebre poetisa dona Leonor de Almeida, marquesa de Alorna, assina suas odes com o criptônimo de "Alcipe". Por acaso merece esse nome de meretriz agrária quem está destinada a ser um monumento das letras portuguesas? E tudo por seguir o gosto francês, que é como dizer aderir à revolução.

Corrijo: motim, alvoroço, farra. Uma verdadeira revolução se faz com gente de classe diante de um pronunciamento. Como poderia fazer uma revolução a gentalha proletária cujo único bem é seu mal? Os despojados não podem dar ordens: nasceram para obedecer.

Desde que o mundo é mundo há uma minoria que manda e uma maioria que obedece. Essa equação nunca teve incógnitas. Os amos escrevem as leis com amor para que os servos a sirvam sem rancor. Na França os rebeldes quiseram suplantar os termos e acabaram remexendo os princípios. Fundaram uma nova geração dominante, sem as virtudes de uma ilustração que possa temperar os vícios humanos naturais. Não saem da carniça. Gente sem classe comanda todo tipo de gente e o barulho acaba de começar.

Tudo bem, admite Dom Manuel de Figueiredo vendo que seu sermão literário tropeçou com a política, pedra incômoda no sapato das boas pessoas que nesses tempos mancam da perna direita. Unicamente os sinistros mantêm-se firmes.

O Almanaque das Musas parece um padrão rural, continua Dom Manuel, com tanto Lereno, Jânio, Elmiro Taguideu e Filinto Elíseos. Às quartas-feiras, no palácio do conde Pombal, foram à confissão, S.M.; reuniões passaram a ser quermesses, quem não joga baralho, está na folia com as cortesãs e Tália, muda, aposta sua lira na rifa. O que era o farol alexandrino das artes transformou-se num prostíbulo jactancioso com casa de jogos ilegais anexa. Mas não vim me queixar, S.M., mas sim convidá-lo à estréia de uma ópera a bordo.

Ópera?, por acaso querem me levar à demência com seus cantos fantasmagóricos? penso, não digo, relembrando o infortúnio de Mãezinha durante o espetáculo-desfalecimento de Orfeu e Eurídice. Nem pense isso

54

S.M.; que resgatamos um precioso texto de Manuel Barbosa du Bocage (Q.E.P.D.) ao qual Marcos Portugal acrescentou melodias infinitas.

E como se intitula a paródia?

Não, longe de ser paródia da realidade a acalca como uma mão à outra: idêntica apesar de levemente ao contrário. "O Rei Fugitivo"* é seu título. Ah, muito bem, parabenizou para animar a confissão. Continua Dom Manuel de Figueiredo: o rei está sitiado na obra, e decide fugir pelo mar.

> ***Mal nome para o assunto. Eu não fujo de ninguém: viajo a fundar um reino do lado de lá dos mares, aventura que jamais ousou coroa alguma. Atravesso o líquido para por o cimento sólido à pedra fundamental do Brasil. Logo veremos o que não é capaz de fazer uma cabeça na América quando sinte o peso da coroa cingindo-a de poder. O que não pode o poder!, como dizia Mãezinha.*

Que loucuras estão tramando, Dom Manuel? Como poderia predizer o finado Bocage morto há dez anos que Junot sitiaria Lisboa e eu teria que fugir atravessando o mar?

A arte, S.M., sempre se adianta aos fatos. A História os atrasa. Cada qual à sua maneira negocia com o tempo.

E retira-se o astuto velhinho cheio de cãs porém impetuoso, efusivo e ousado, deixando-me com três palmos de focinhos cheirando minha própria farsa.

À noite sonho com a ópera ímpia. Um tenor algo anêmico entoa partituras encarnando minha fofa metade, Carlota Joaquina. Na seqüência, sai um barítono barrigudo e andrógeno fazendo papel de rei. Nem sendo eu me reconheço no apólogo marinho preparado por du Bocage com música de Marcos Portugal. No sonho, a verdade parece um conto. No conto, a verdade parece um sonho. E estando na verdade, não é possível sonhar, resta apenas contar. É preciso refundir a história portuguesa. Não sei se foi em sonhos ou ao entardecer mas o conde-camareiro anunciou-me outro dos seus agouros. Diz a siamesa Esila que desde que partimos todos os partos são felizes; os infantes já não choram ao sair ao mundo: nascem rindo. Que é sinal de bom presságio essa benção dos neonatos e das puerperais.

Terão a oportunidade de chorar: é a única coisa que passa por minha cabeça ainda a ser coroada.

Mãezinha Maria, a rainha sem governo, naufraga na insanidade. Montou um perucão laceado com miniaturas de labores em coques e prendedores, com seu robusto encaixe de delicadezas no peitoral, porque está convencida de ser a ressurreição encarnada de Inês de Castro. Assim se nomeia e passeia com a mesma dignidade que uma finada, convencida, como se não pisasse o solo com seu salto de pele. "Bem que vós poderíeis revirar-vos na ossaria, velho intrigante, pois não penso morrer pelo simples vício de dar-vos desgostos", grita aos quatro cantos, apostrofando o fantasma do sogro de Inês, Afonso IV, cujas cinzas desapareceram comidas por larvas mortuárias dos tempos medievais. Clama e reclama Mãezinha a partir de seu leito com conversas insolentes a um marinheiro de ombros flexíveis e barba grossa a quem, em seu delírio, confunde com Pedro, o Justiceiro.

Mãezinha mistura as épocas. Fala desde o presente ao século XIV como se conversasse com sua comadre. A virtude dos desajuizados consiste em ter esquecido definitivamente quem são. A safadeza da sensatez é de signo contrário: constantemente nos diz quão miseráveis somos em nossa carne e em nosso destino.

Tenho mexido eu mesmo no túmulo do velho defunto buscando o bíblico "viestes do pó e ao pó voltarás" com o que Deus amaldiçoou ao pai Adão; mas de Afonso IV somente ficou uma mancha cor ocre no fundo da cripta de pedra. Como o esverdeamento no cobre, o velho perverso expandiu-se pelo declive do leito rochoso, escorregando mais uma vez para tramar intrigas no mar de gusanos que jantaram quando seus olhos se fecharam pela última vez para dormir o sono sem sonhos.

A embarcação desliza como o corpo das mulatas sobre os lençóis de seda. Cortei um enxoval especialmente confeccionado com a mais fina das sedas orientais, de cor pérola, na recâmara norte, ao resguardo da rainha, para meus encontros com a Mulata. Vem do sangue essa paixão pela carne proibida, vício que trepa pelas bordas enfeitadas do meu escudo heráldico e faz relinchar o capacete coroado que o timbra, rugindo nos campos de três lises para que toda minha nobreza se afunde nas baixas por todos conhecidos. Não me digam que não.

Enquanto a quilha finca a água salgada seguindo as flechas da rosa náutica, minha viagem segue o curso contrário. Pelos ramos da árvore genealógica da linhagem treparei galho por galho através dos séculos até chegar à raiz, e se for preciso, à semente que a fez brotar na terra. Às vezes penso que essa semente pode ter sido semeada pela governanta Idalina, que tem mais anos do que a memória de alguém. Era velha quando Mãezinha balançava em seu berço, aprisionada entre encaixes de bruxas. A governanta Idalina diz que cantava ao seu ouvido, quase sussurrando:

> *"Estavas, linda Inês, posta em sossego,*
> *e teus anos colhendo doce fruto,*
> *Naquele engano de alma, ledo e cego*
> *que a Fortuna não deixa durar muito"*

Que fizeste com o tempo, governanta Idalina? Em eras napoleônicas, versos de Camões? Nos tempos do rei Luís, Lusíadas?

Continua sendo a única música que acalma a tempestade dos meus pesadelos; quando acordo em meio à sufocação, o serviço de câmara adormecido ordena às minhas costas: "Busquem a velha bruxa", e vem governanta Idalina, leve como se já não fosse, como um vapor que flutua, a cantar, sussurrar na garganta da orelha esquerda "por aí vá direto ao coração".

> *"Nos saudosos campos de Mondego,*
> *de teus formosos olhos nunca enxutos,*
> *aos montes ensinando e às ervinhas*
> *O nome que no peito escrito tinhas".*

Quantos anos tem a governanta Idalina? Às vezes parece que a morte se esquece de alguns seres insignificantes que de tão anônimos se fazem imortais. Enfeitiçou-me a viagem, governanta. Sei que em algum camarote isolado dos demais, nos resquícios da última bodega, viaja nossa adivinha.

As Corte de Europa estão atestadas de adivinhos, bruxos de ciclos calípicos, magos e alquimistas. Nossa Adivinha apareceu numa cova de Trás-os-Montes da qual emanavam fluídos desde uma greta da terra. Dizem as más línguas que esteve ali antes dos tempos de Virgílio e escapou de uma metamorfose ocultando-se na cova mágica. A cada espirro da abertura a fulana entrava em transes e arranhava aqui e acolá algum fio do porvir, quase sempre de luto. Não sei que graça achava nas desgraças. Mãezinha a fez trazer ao palácio uma noite do ano da sedição francesa, com a esperança de adiantar-se aos acontecimentos, e antes que a Adivinha pudesse vaticinar-lhe o terror de Marat, Danton e Robespierre, nosso cônsul em Paris foi decapitado pela *canaille* agitada. A vidente ficou morando numa cela da Torre das Tormentas do Palácio da Ajuda. Por acerto da física, nosso engenheiro Joaquim Priaz conseguiu instalar um sistema de tubulações pelas quais circulava fumaça de ervas escaldadas nas fornalhas da cozinha para que a Vidente pudesse profetizar usando o vapor à vontade, fechando os olhos e abrindo as válvulas proporcionadas pelo engenheiro. Não poucas vezes o mordomo Dom Madigo me ofereceu os serviços do futuro.

Não, obrigado; prefiro lidar com o passado que tem mais azar que o dia de amanhã, disse-lhe.

Por alguma razão que não consigo entender, a governanta Idalina se incomodou em transbordar a Adivinha à nossa *Príncipe Real* em vez de viajar em outro barco. E ali vai o futuro fechado numa cela da última bodega; que mulher não é capaz de antecipar a vida?, perguntei à governanta Idalina quando a Vidente abordava ao *Príncipe Real*, toda de branco, a cara coberta em que seus olhos velhos viajam antes que o vexame da *canaille* nos desnude em alguma rua para a matança.

Eu não te prometo nada, leitor. Um morto, por monarca que fosse, tem sempre as mãos vazias. Ao esfriar um cadáver os urubus já repartem as roupas como fizeram os soldados romanos com a túnica do Cristo. Quero buscar o equívoco, o mórbido, a causa "Renascentista" na qual nasceu a degeneração da minha geração. Eu sou um reino. O Estado está em mim, vagueando agora pela maré oceânica porque os gerundivos do barco pirata invadiram as terras, me desterrando.

O mar jaz ruminando placidamente nesta manhã. Não há pássaros neste céu límpido, cheio de sol.

Ao inclinar-se à vela da qual pendem a secar meus lençóis, aproveitando o sol esplêndido, me encontro frente a frente com o conde-camareiro, que vem desesperado apesar de eu parecer um tanto enganoso no semblante vulnerável de sua pressa. Alguma coisa esconde o condenado conde. Sem deixar de vê-lo de rabo de olho, bocejo.

Diz o marinheiro Antoine que avistou sereias a partir das coifas, S.M.

Não serão talvez a tontura das alturas misturado com o rum caribenho o que faz com que o francês veja maravilhas?

Não, S.M. Disse que viu duas mulheres carnudas, a pele branquíssima e acetinada como vossa camisa real, brincando e rindo as duas entre as ondas.

Que me avise quando vir dez; e faça-o descer com urgência.

Nega-se, S.M. Está enroscado entre os instrumentos como uma tarântula em sua teia, regozijando-se com os mamilos das ninfas que diz que o apontam a um dedo de distância um do outro e não tira o binóculo da aguada onde estão as nereidas, S.M.

Grita lamentos nas alturas o masturbador francês hipnotizado pelos tubarões que vê nadar onde não há nada. Acodem em tropel os marinheiros, que sim, que não, que eu também vi sereias e peixes-homem. E polvos imensos. E outro que não, que disse isso porque perdeu a razão. Com razão dizia o compadre Herber:[N.A.] "Os criados trocam boatos enquanto os senhores trocam idéias".

Sereias. Só faltava essa! Se pelo menos tivessem avistado as "mulheres de Cipango com duas bocas".

O conde-camareiro esconde um livro na casaca. Ordeno descer ao macaco alucinador do mastro da embarcação, para ver se no meio de sua alucinação se joga ao mar para mamar. Quando o conde levanta a mão para indicar a descida, rela sem querer a borda do clandestino livreto encadernado, que se aborrece em esconder, e enrosca-se-lhe a manga ao tal.

O que lê o meu destacado escudeiro?

Jean-Jacques Rousseau, S.M., diz – reconhece – admite.

Estamos de parabéns, se até a servidão se ilustra com os enciclopedistas! E o que diz o genebrino gerundivo, comparsa de Voltaire?

Afastaram-se S.M., já não opinam o mesmo.

Não me diga. E qual é o motivo da disputa?

Voltaire sempre disse que as artes e as ciências aperfeiçoarão o homem através dos tempos. Rousseau opina totalmente o contrário. Escreveu que nascendo o homem em estado selvagem e inocente, a cultura foi a causa da maldade, da desigualdade e da corrupção humana. Jean-Jacques desconfia da civilização, S.M., diz que prefere mil vezes morar na selva com orangotangos do que se aventurar a atravessar uma rua de Tarbes à meia-noite.

Faz bem, respondi, os primatas são menos perigosos que os gascões. Afinal de contas, não se sabe de nenhum que tenha decapitado o seu rei.

[N.A.] Refere-se a Herber Spencer, mas S.M. delira: jamais poderia ter conhecido em 1807 quem nasceu em 1820; em *Estudo da Sociologia* Spencer escreveu: "Se quisermos avaliar de maneira aproximada o nível mental de alguém, o melhor é atender à proporção entre as generalidades e os comentários pessoais na sua conversa, em que medida simples verdades a respeito de indivíduos são substituídas por verdades derivadas de muitas experiências de pessoas ou coisas" (*Op. cit.* Cap 2). O verdadeiro método indutivo aplicado à manada humana.

Conclusão do terceiro capítulo

Carta do argentino confinado na prisão da última bodega.

Excelentíssima Majestade:

A escuridão à qual me condenou tem melhorado muito a clareza das minhas idéias. Estou condenado a escrever desde as primeiras letras, que seguramente também serão as últimas. Com isso lhe digo amavelmente que, aconteça o que acontecer, jamais poderei abandonar o vil oficio, como S.M. tão adequadamente chama a essa doentia forma da forca. Vadiagem. Se não me engano foi o finado Hobbes (Q.E.P.D) quem se propôs a tarefa de espoliar a política de toda sua mitologia para filtrar tudo o que restava de razão ao final da operação. Rejeitou as idéias antigas de um poder delegado por Deus aos governantes como simples fábulas dos tempos obscuros. Não é Deus e sim a sociedade humana quem outorga poder ao rei, como proteção contra as injustiças que tramam constantemente os mais fortes contra os mais fracos; confere-se o poder para garantir a convivência humana; o Estado é responsável por equilibrar a disparidade de forças por meio da lei. Por isso, a sociedade precisa delegar o conjunto de mandatos em um poder que a princípio se concentrou em uma só pessoa, o rei. Posteriormente nós, homens, entendemos que caímos em uma armadilha: quem nos garantia que o rei não atenderá a seus próprios interesses antes que os da comunidade? E então, pensamos em um corpo colegiado no qual estivessem representados todos os setores da sociedade, e nasceu a idéia da república, com poderes separados e autônomos. A monarquia é instintiva, a república é reflexiva, S.M. E, segundo poderá ler, o senhor conhece as poucas leis que segue a História no seu curso. Um delas é que vai do passado ao futuro, nunca o contrário. Isso significa que, faça o que fizer, seu reino está destinado a se converter em república e seu poder será recortado, quando não abolido, como aconteceu na França do seu parente, o padeiro Luís XVI. As Cortes desintegram-se em parlamentos; e as câmaras recortam ao rei o que cederam as Cortes. Corte vai, recorte vem, seu poder acabará reduzido a funções ornamentais se não tomas as rédeas do assunto e inventas alguma saída inovadora. Longe de ser um ser racional e social, o homem apenas convive artificialmente com seus semelhantes numa relação de mútua desconfiança e receios; o 'contrato social' com o que tanto cacarejou *monsieur* Rousseau é um artifício híbrido, um malabarismo postiço baseado no cálculo deliberado e interessado dos cidadãos para conseguirem trégua. Nem sonhe que o contrato social seja um pacto entre o rei e os súditos. Nunca foi outra coisa além de um acordo tácito entre vassalos para conseguir um seguro contra incêndios e o senhor, ilustre Majestade, é o bombeiro. Não faça o que os Médici fizeram com Nicolau Maquiavel: não me arquive numa cela de escravos, pois afinal, nem o senhor é Herodes nem eu sou o Batista.

Alejandro Maciel.

Capítulo 4
Cena da Loucura

"A História tem a missão de livrar-nos da nociva carga do passado sobre o presente e da influência ainda mais letal de nosso tempo sobre o futuro". Acho, entre os documentos do meu despacho, a carta anônima mas claramente saraivana; o acadêmico não se dá por vencido e quer salvar os papéis-testemunhas do naufrágio com os que o ameaço.

E o que me diz de Ricardo, S.M.?, diz - tenta - o conde-camareiro; fecha o semblante apertando um pouco as juntas dos lábios carnudos para não delatar a humorada que o impulsiona.

Qual Ricardo? O Coração de Leão?

David Ricardo, antecipa-se o insidioso, sedicioso conde. Chegou a mim este panfleto escrito por David Ricardo, um filósofo da economia, S.M.

Ah, é? E como chegou?, inquiro, como ao passar, por acaso o trouxe o Espírito Santo em vôo de pomba?

Não sei, pode ter sido que já me enviassem desde Glasgow com uma pomba mensageira, branquíssima; e agora que S.M. me abre bem os olhos talvez tenha sido o Espírito Santo.

Grande vil e desprezível! Quer se salvar condenando ao Espírito Santo por conversa sediciosa.

Não dizia meu nobre escudeiro há uma semana atrás que Deus não existia? Eu não, S.M., os iluministas dizem isso.

E o que diz o panfleto ricardiano?

Trata do tema da renda decrescente, S.M., pensou seriamente nisso alguma vez?

Eu não, mas as minhas rendas sim: a única coisa que fazem com seriedade é decrescer. Como o senhor sabe, não leio panfletos liberais.

Eu lhe diria que faz mal, S.M., estão na última moda! Por exemplo, David Ricardo disse que a renda é decrescente. Imagine um investidor que semeia trigo e primeiro procura as terras férteis; depois, à medida que aumenta sua produção, deve usar terras férteis e médias, e o rendimento desses terrenos empedrados é muito menor... se ainda precisa semear mais, terá que usar arbustos, tundras e toda forma de terras semi-desérticas, e qual será o resultado? Cada vez precisará gastar mais para produzir menos, a renda irá declinando até chegar ao deserto em que a renda é nula. E o mesmo acontece com as minas, S.M.

De que minas está falando?

Os minerais; a princípio estão à flor da terra, na montanha, por assim dizer; mas à medida que se explora, é preciso gastar cada vez mais para extrair o mineral. É preciso cavar buracos, túneis, enviar quadrilhas ao ventre da montanha, mais obreiros, mais trabalho, mais gastos e tudo precisa ser dividido entre a mesma ganância fixa. Ou menos. Novamente, diminui a produção e portanto a renda decresce até um limite que custa mais caro extrair o mineral que o preço que se obtém dele. E da mesma forma acontece com o gado que em dado momento provoca perda; e então, onde está o crescimento indefinido da renda que pregavam os fisiocratas com a fórmula dos grandes proprietários "a pátria é o patrimônio"?. Não se esqueça S.M. que a terra é finita, mas a população não, como dizia Malthus.

O Brasil não. É infinito e está quase despovoado. Lá vamos contra Malthus e seu Ricardo, digo para sair do passo. Fisiocratas?, quem eram os fisiocratas dos quais me fala o ácrata? Olho a lonjura para indicar ao conde-camareiro que ponha distância, que vá um instante tomar ar pela proa; mas não faz falta, já me deixou só novamente olhando a imensidão. Já andará enviando-recebendo-emitindo-comissionando pombas com evangelhos políticos.

Volta a surgir o tema da ópera ímpia do finado conspirador e lírico Bocage e sua épica de filósofos com Jasão – João em busca do velocino de ouro do Brasil na Cólquide americana. Desta vez vem das mãos do pintor Nicolau Delerive, encarregado da cenografia do assunto. Certa palidez de cera lhe faz ressaltar as olheiras ao maestro de fazer gestos, algazarras e tumultos com tantas quantas mulatas encontra na sua estreita cama, bastante visitado pelas "generosas dádivas que lhe outorgou madre natura no baixo ventre", segundo o linguarudo conde-camareiro.

Venho a contemplar a figura de S.M., cumprimenta o pintor. Para fazer um retrato fiel na perspectiva da ópera que me pede o regente, acrescenta.

Mal oficio o seu maestro. Ensinaram-lhe as divinas proporções para contemplar a beleza e agora está condenado a buscar harmonia na discrepância do meu corpo, onde ficarão seus cânones?

Em S.M. confluem todos os meridianos das leis, lisonjeia. A propósito, e somente por questões estéticas, discutíamos com o acadêmico

Fernandes Tomás faz um tempo, e não chegamos a um acordo, S.M. está sobre a lei ou sob a lei?, pergunta um tanto ingênuo o repugnante sodomita pintor. Eu sou a lei.

Chegado o caso, insiste. S.M. deve acatar o ditame de um tribunal de justiça?

Argumento para fincar o dente na consciência do retratista superdotado. Deus não está sujeito à lei alguma, meu poder vem de Deus, ergo: cago na lei, ou, para dizê-lo em estilo de sermão dominical: minha vontade é a lei, não há diferença entre uma e outra. Fica com o lápis ereto medindo não sei que ângulo entre o mar e eu. Nunca poderá medir a distância que me separa do mal independente da régua e da perspectiva que use o Delerive.

Vem a mim o auxiliar Diego Inácio de Alcándara com um ombro arrastando, e o semblante fechado de quem mantém uma indignação tão incômoda como uma indigestão.

Saúde, S.M!, diz olhando alternativamente minha testa e o solo. Quer antecipar que o assunto que o traz, longe de ser um motivo de elevação do pensamento, terá algo de indigno e vil.

De que se trata?, aliso o caminho para apressar a questão.

O ajudante fica mudo, busca as palavras exatas para dizer com menos o muito. Vejo que as mãos se torcem no punho fechado.

Este homem, Majestade, roubou um bracelete de ouro.

E o que eu tenho a ver com isso?, recorra ao juiz, como o ordena o Manual de Procedimentos Administrativos.

Diz o capitão que, estando os magistrados na embarcação *Solão*, longe de nós, unicamente S.M. pode tomar uma medida punitiva contra o imputado.

O acusado tem essa expressão vazia no olhar, própria dos desajuizados. Morderá o delito a sua consciência?, até onde poderíamos intuir se mente, oculta ou diz o que ele crê que ser a verdade? Insondável, o espírito humano se reflete só a si mesmo, olha-se no espelho da sua própria consciência, mas de fora, todos estamos cegos.

O que vós dizeis a tudo isso?, averigüei, procurando ser discreto.

Nada, senhor, sou pobre e tenho filhos em Mafra; cinco vivos, três mortos e um a caminho, Senhor. E meu salário acaba em provisões a bordo, o pouco e nada que levo à minha casa não dá para manter tantas bocas.

Que lástima, consinto, porque agora perderá a mão que o ajudou em toda a sua vida sem pedir nada em troca.

A mão, senhor?, o que quer dizer? Olhava ao ajudante e a mim, coçando a cabeça oleosa que começava a gotejar copiosamente um suor viscoso da cor do mel. Será a aflição do arrependimento que o trai. Será o medo que a navalha do sanguinário passe da mão ao braço e do braço ao pescoço. Sua mão, confirmo, com qual delas roubou?

Inocentemente estende a esquerda, com a palma curtida pelas cordas e verrugas na pele da superfície áspera.

Lástima, digo com certa condolência, não ganhou nada com o delito e perdeu uma amiga silenciosa que jamais exigiu nada em troca pelo trabalho que lhe fazia. Cortem-lhe a mão esquerda!

O ajudante reage como quem acorda de um sono, sacode várias vezes a cabeça e depois reclama:

Mas Senhor!, está falando sério?

Tomei alguma vez a justiça como chacota?, respondo soando responsável.

Não quis dizer isso, balbucia Dom Inácio.

Disse o que disse. E eu também: a justiça é a verdade em ação; Que lhe cortem a mão e a tragam numa bandeja! Da próxima vez, indico ao acusado, que ficou pálido e como embotado, será a mão direita, e por último a cabeça se persiste na rapina do alheio. O ajudante me estende discretamente um livro. O Manual de Procedimentos Administrativos.

O segundo tópico se refere a roubos, furtos e fraudes. O artigo 117 diz claramente que "o furto comprovado será castigado de acordo com o valor do que foi desapropriado indevidamente. Jóias e aljavas de ouro terão sentença de até sete anos de prisão. Será considerado agravante o furto contra pessoas principais ou o uso da ganância em vícios supérfluos. Será atenuante a alienação do ator por insanidade ou fúria". Que lástima, não ter lido antes, mas a lei não pode retroceder e a mão inocente já vai a caminho do abate com o culpado às custas.

E a Malthus, S.M.?, voltou o onipresente conde-camareiro com sua parentela epistolar; carta vai carta vem, quem sabe se não há alguma conjura por trás de tanta politicagem forasteira misturando-se nos assuntos de Portugal e Brasil.

Que acontece com Malthus?

Leu o que dizia Dom Thomas R. Malthus?

Não me diga que o Espírito Santo lhe enviou outra cartinha!

Não, S.M., está no folheto que escreveu monsieur Malthus, note: "Ensaio sobre o princípio da povoação", e diz que a cama do pobre é mais nutrida que a mesa; que os obreiros não deveriam se casar até a idade madura, quando estivessem em condições de trazer filhos ao mundo. Dom Thomas está preocupado, S.M.; fez seus cálculos e comprovou que enquanto a população cresce em progressão geométrica, a produção de alimentos só aumenta em progressão aritmética. A comida se soma, S.M., mas as bocas multiplicam-se. Está anunciando as crises, senhor. Quem manterá a multidão no dia de amanhã?

Não serei eu, seguramente. Há uma hora solucionei o problema de uma mão, não me venha agora o senhor com problemas de bocas. Não sei para que respondo. Desapareceu de novo o demônio estabelecido à minha custódia me deixando a sós com o mar.

Atravessamos o Trópico de Câncer ou mesmo o paralelo do Equador, porque faz um calor que inflama. As damas da Corte se abanam abrindo e fechando os leques com graça e incômodo ao mesmo tempo.

Vem o cortejo de damas de Mãezinha. A rainha-insana me faz chamar para me advertir sobre uma conjura. Não sei o que tem a mente demente que se aborrece em repetir constantemente os assuntos pendentes do passado. Durante a viradeira antipombalina do governo de Mãezinha alguns puxa-sacos ingleses, ciumentos da aproximação à Espanha, tramaram uma conspiração num prostíbulo da Baixa. Vai um, tira outro, Mãezinha nunca acabou de enrolar os filamentos das insidias prostibulares. Quando estalou a revolta dos gascões, sua razão começou a fraquejar e continuamente lhe rondava o temor de que resíduos da insurreição puterina se avivassem novamente ao calor das fogueiras parisienses da Bastilha.

Quase semanalmente arrumava pesquisas nas casas públicas sem sequer dar uma olhada no Manual de Procedimentos Administrativos, com grande revirada do puteiro; párocos e paroquianos saíam empurrados, os calções à altura dos joelhos, tropeçando uns contra os outros, arreados das casas públicas pela força pública. Não achando nada nos achatamentos, os efetivos faziam objetar as nádegas das pupilas polpudas. Um ou outro se esfregava de passo debaixo das poltronas, dos sofás e das mesas, ajuntando-se como bestas, em mordidas e penetrações desnaturais.

Não houve casa que não caísse nas rédeas reais.

As donas de prostíbulos tinham no altar dos demônios iorubás, colocado ao contrário, o retrato de Mãezinha junto com o da Pomba-gira e outras deidades africanas, onde faziam suas macumbas.

Vem a coitada Mãezinha, uma entre suas vinte donzelas, cheia de jóias como se fosse a seus casamentos, com uma ampla saia, a peruca recolhida em dois grandes tachos, travestida em Inês de Castro. Levou a sério a galegada, por isso não permite que se lhe aproxime nenhum homem da Corte. Apóia com força seu bastão de mando, que marca um compasso rítmico na madeira da embarcação.

Perdemos a Colônia do Sacramento, confessa a meia voz, enrugando os lábios que racharam devido ao salitre. As mãos ásperas de Mãezinha tremem como o velame sacudido pelas rajadas de vento, querem agarrar algo que está na memória, algo que aconteceu por volta de 1777 quando assinaram o Pacto de São Ildefonso*; talvez por isso olha à distância, atrás da bruma do passado convertido em imagens alheias, parasitas. Outra Mãezinha as recolhe nos documentos envelhecidos que testificam mais ou menos a fortaleza dessa mulher reduzida a fantasma de si mesma. O poder corrói como o salitre.

> ** Durante o progressivo distanciamento com a Inglaterra, na viradeira de Maria I, afastando-se da antiga política marcada pelo Marquês de Pombal, Portugal assina com Espanha o "Tratado de São Ildefonso", de 1777, para delimitar definitiva e pacificamente os limites das colônias hispânicas e lusitanas na América. Portugal renunciava à navegação dos rios da Prata e Uruguai com suas respectivas beiradas; portanto, a disputada Colônia do Sacramento passou novamente ao domínio espanhol.*

Espera-me, meu Pedro, me confia antes de recolher sua antiquada ex-rainha sem reinado para retirar-se à sua recâmara. Vejo que deixou jogado um lenço, a velha desmemoriada.

Tenho pela música um amor que a torna odiosa. Adestraram-me como príncipe, não como rei. Meu irmão mais velho foi educado com as esquisitices de um monarca, mas o destino, que nada previne, enganou-se, e uma epidemia de varíola que assolou Lisboa deixou-nos sem herdeiro da Coroa. Mãezinha subiu ao trono em 1777, em meio aos distúrbios ocasionados pela política centralista do Marquês de Pombal, que descentrou o poder. Mãezinha o destituiu na viradeira para recuperar a paz que não esperava, porque os agitos da Ilustração faziam estremecer trono trás trono na Europa, incitados pelos revolucionários de Lutécia. A viuvez de Mãezinha e a anarquia do Terror francês foram minando sua frágil resolução. Em pleno Conselho de Estado era atacada por fortes raios na cabeça, justo no ápice, que abriam-se como as gretas do terremoto nos tempos de meu bisavô, o rei João, o Magnífico. Apenas a doce música da governanta Idalina conseguia sossegar as enxaquecas reais.

> *Estavas, linda Inês, posta em sossego*
> *de teus anos colhendo doce fruto...*

Mas outra música iniciou o desconcerto em 1792. No teatro de Salvaterra estreava *Orfeu e Eurídice*, de Christoph Gluck*. No terceiro ato, quando se encontram os amantes no Inferno, como almas, e Eurídice pergunta a Orfeu: Sois vós?, ou estou enganada? Sonho? Deliro?, escutei que Mãezinha me perguntava como ao passar: ela é Inês de Castro, não? Apontando-me a catalã, roliça Eurídice com seus cento e quinze quilos de arte remexendo no peitoral generoso. O contratenor *castrato* italiano Girolamo Crescentini gemia sua dor: Ma vieni con me, e taci, e Eurídice: Não, mil vezes prefiro a morte que viver assim sem vós. O mesmo que repete minha esposa, Carlota Joaquina, transformando num inferno os meus sonhos mais felizes. Quando a soprano catalã chegou ao Che fiero momento, che barbara sorte, passar della morte, a tanto dolor, Mãezinha pôs-se de pé no meio do palco e uma fúria desconhecida se acendeu em seus olhos. Traidor!, recriminou violentamente apontando com o indicador estrelado de diamantes a Fernando Maria de Sousa Coutinho Castelo Branco e Meneses, marquês de Borba, homem um tanto obeso porém, mais do que tudo, voluvelmente propenso à sodomia, que estava placidamente sentado presenciando o inferno de Gluck sem saber que Mãezinha tramava a vingança das Fúrias contra ele, tomando-o em sua monomania por um cortesão do rei Afonso IV, e cúmplice na intriga para assassinar a Inês de Castro.

* Orfeu é o reformador da Arte para a mitologia. Dizem que o som de sua lira cessava as guerras, o mar se aquietava, os pássaros faziam um respeitoso silêncio para escutar a música celestial que tecia o divino artífice. Apenas duas coisas amava sobre esta terra odiosa: à Eurídice, sua esposa, e à música. Mas como os deuses são indolentes e sempre nos exigem mais do que podemos dar, armaram a tramóia de sempre: um paraíso, uma Árvore do Bem e do Mal e uma serpente. Eurídice no bosque quer cultivar maçãs, pisa sem querer a víbora, esta a morde e Eurídice morre envenenada. Quando Orfeu volta à sua casa, somente encontra um cadáver: Eurídice está no Hades, o tenebroso reino dos mortos. Orfeu não acha consolo. No meio do desespero recorre à sua arte: roga com tanta maestria e paixão que comove a Perséfone, rainha do Hades. Poderá me devolver a minha Eurídice? Orfeu está ameaçando suicidar-se: se Eurídice não volta a ele, ele irá até Eurídice. Perséfone aceita, abrindo as portas do Hades, mas

*impõe uma condição: o herói entrará para resgatar sua
esposa mas não poderá olhá-la nem lhe falar até sair do
reino de seu esposo. A ópera começa com os funerais na
terra, o pranto de Orfeu; depois vem a invocação às
sombras, o pacto e a entrada no Hades: ao atravessar as
águas, encontra-se com as Eumênides e com Cérbero: todo o
Inferno pergunta o que faz um mortal ali. De novo a
música, e Orfeu os comove. Passa aos Campos Elíseos onde
os defuntos desfrutam de uma paz sem tempos. Ali se
encontram; Orfeu, mudo e frio como pediu Perséfone,
empreende a volta e Eurídice chora acreditando que seu
esposo deixou de querê-la. Implora e sofre tanto que Orfeu a
abraça para lhe explicar, mas no mesmo momento Eurídice
desvanece: volta a morrer. Talvez tudo não tenha passado
de uma fantasia. Talvez a morte seja esta terra e a vida
real os Campos Elíseos onde até os abandonados são felizes.*

A função quase acaba em óbito. Mãezinha atacando a bengaladas o
mofado marquês de Borba, que não entendia por que contendia com o passado, e defendendo-se aos gritos, derrubado entre suas desordens de encaixes
copiados dos figurinos franceses, praticamente enforcado por um laço de
seda ostentosa de cor rosa do qual Mãezinha se aferrou até deixá-lo sem
fôlego. Coitado do Fernando Maria, não merecia essa paulada por ser con-
fundido com os assassinos de Inês senão por esse gosto de Pompéia no vestir, tão indecorosamente jônico.

Tenho más notícias, me disse o médico doutor João Francisco de
Oliveira. Desde que faço uso da razão, toda notícia é má.

É irrecuperável. E S.M. , a Rainha, perdeu para sempre a razão.

Quem mais, quem menos, a tem avariado nestes tempos, doutor.

Ela é mais, então. O mal é que não há remédio para a razão, nem razão
que possa remediar tamanho mal.

O Orfeu castrado trocou sua Eurídice por Mãezinha no Inferno. E
depois os críticos teotônios Driesel e Klingelhöfer dizem em sua *Allgemeine
Musikasische Zeitung** que os portugueses só usam a música para emociona-
rem-se ligeiramente. Não sei por que todos os viajantes que recebemos com
braços abertos acabam nos devolvendo livros maçantes difamatórios. Começando pela mulher do corno Andoche Junot, seguindo com o reverendo W.
Bradford (assim se apresentava o caradura, fazendo-se de simpático enquanto
em seu escritório acumulava suas *Sketches of Portugal*), o cínico Dumouriez, o

pastor sueco C. I. Ruders, o cardeal Bartolomeu Pacca e até o botânico Link. Nem o reverendo, o pastor nem o cardeal escreveram sobre teologia; aprenderam com nossos costumes como se fossemos exemplares de feira. Nem o botânico limitou-se a contar genitálias masculinas e femininas de plantas, Portugal resultou mais literário que as angiospermas.

> ** Não há quem, nestes tempos, não tenha tomado o vício de injuriar-nos. Desde a atrevida Laura Junot até os mestres alemães que fiz trazer para a Capela Real puseram-se a escrever "Memórias" que somente lembram os vícios portugueses, como se seus respectivos pagos apenas iluminassem virtudes teológicas. Ela poderia se lembrar de seus ajuntamentos nefastos com o promíscuo conde de Bragas antes de escrever calúnias e desprezos sobre Lisboa, só porque lhe negamos um título para a nobreza que lhe falta.*

Papéis, escritos, ofícios, cartas, decretos; milhares de letras empalmadas por esse estranho vazio que fica entre cada palavra para lembrar-nos que são feitas de nada e nada voltarão a ser quando se fecharem as capas da caderneta que as contém.

Os gatos persas que trouxe Mãezinha foliam a seu gosto. De noite, entre o embalo das ondas, miam com as terces peles peroladas e eriçadas pelo cio. Os vi se entregando a ostentosas orgias entre as cordas grossas, dando zarpadas ao ar, caindo. De todas as bestas, unicamente a humana está sujeita à abstinência sexual. O Bom Deus inseriu a razão no homem para enchê-lo de responsabilidades. Ninguém é feliz com a razão nem há razão para ser feliz neste vale de lágrimas. Farei como os gatos esta noite, o poder me iguala às bestas e a Mulata sabe gemer quando é preciso.

Enquanto o vento sacode com um tremor rítmico a cobertura da fortaleza de popa, escuto os passos sinuosos do acadêmico monsenhor Saraiva que vem a mim novamente.

Há maior prova da existência de Deus do que a presença desta beleza?, exclama e proclama o supremo estendendo a mim os braços como um marchante que toma o lenço do céu e o desprende para oferecê-lo em leilão ao melhor licitado.

O senhor deve ser um homem dividido, observo. Cala o superior. Sabe que não pode confiar em mim. Porque a história é feitoria de homens, prossigo. E como toda obra humana, sempre deu as costas à natureza que o senhor tanto admira.

A dualidade faz parte da natureza humana, apenas sussurra o monsenhor.

Se for natureza, não é humana.

O homem é um ser natural, S.M., se atreve a dizer, quase se desculpando. Teme o poder pelo poder do temor, monsenhor. Põe-se tenso, imantado, duvida até do seu indicador direito que passeia pelo nariz enquanto abana levemente a cabeça.

Um ser natural que renega a natureza fazendo distintas histórias com distintos povos. A cultura também é uma obra natural?

Volta ao silêncio. Monsenhor escrutina o céu. Quer ver a boca da armadilha na qual está aprisionado pela vontade de Deus.

Não existe tal natureza humana segundo acredito, continuou, apaziguando o tom. A natureza do francês tende à razão, segundo dizem. E no entanto, nenhum gascão se escandalizou enquanto Maximilian Robespierre degolava-lhes as cabeças no abate político. Onde estava a natureza racional do francês durante os anos do Terror? Quanto à natureza espanhola, que se jacta da nobreza e da honra, vejo o que conseguiu o ministro Manuel Godoy, o "Príncipe da Paz", vendendo nossa soberania por um galho de laranjas ao Corso*. Mas falemos da natureza germana da exatidão metódica: iniciaram praticamente todas as guerras da Europa e não ganharam tão só uma batalha.

* Desde que a rainha da Espanha, dona Maria Luísa de Parma, impôs como ministro o seu guarda-costas Manuel Godoy, os assuntos ibéricos começaram a caminhar aos tombos e entre tumbas. Esse Godoy resultou ser um aproveitador que se valeu da debilidade do rei Carlos IV. O ex-partidário Godoy primeiro quis esmagar a revolta francesa, pensando que se tratava de uma das tantas bobagens políticas dos normandos, sempre propensos a combinar governos com idéias. Quando o Corso mostrou sua espada atravessando o Ebro, Godoy firmou a trégua entregando a ilha de Santo Domingo, e se fez proclamar "Príncipe da Paz", título que provocou gargalhadas desde a Galícia até Sevilha. O Corso fez com que a sua marionete Godoy assinasse a autorização para invadir Portugal. Depois tragará também o trono de Espanha, onde já está pensando colocar algum parente, o Napoleão.

O monsenhor avança até a ponte; está somando espaço para acertar seu golpe. Talvez os povos tenham o caráter dos líderes, e troquem com eles, S.M., réplicas.

Sei perfeitamente que está pensando no Corso: um homem insignificante elevado desde as profundezas da História à categoria de um semideus. Mas o maioral não mostra essa carta. Atenua a sonoridade quando pronuncia "líderes" e acrescenta essa qualidade plural do termo para acentuar sua inocência. Astuto o beneditino. Se aceito o argumento fico sem argumentos. Se lhe nego a liderança bato de frente contra o testemunho vivo do Corso flutuando, como que sussurrando sobre as mesmas águas que serão sua perdição: unicamente é rei de terras; virão os corsários do mar com a Inglaterra na cabeça a disputar seus terrenos à força de canhões. Quem reina no mar é dono do mundo e a frota francesa, feita aos pedaços, não basta para brincar em uma piscina. Sem mar, não há senão o mal.

A História, diz o exímio, é um barro dócil que modelam as mãos de alguns indivíduos eleitos.

O indivíduo é outro mito, senhor. Um reflexo parido no Renascimento, acolhido pelos reformistas e que terminará no reformatório. Apesar de tê-lo adotado momentaneamente a *canaille* francesa: sabe-se que só poderemos nos salvar da massa com o sobrenome. Ficará órfão de novo, a massa jamais teve lealdade com seus parentes.

Será pelo vento suave que circula em direção ao poente que o maioral está quieto?. Será porque se mete nas suas revoltas a discutir consigo mesmo, mas o olhar está lá longe, posto em algum infinito muito parecido à Lisboa que deixamos definitivamente para trás.

Se a conduta de um homem é igual à conduta dos homens em conjunto, daria exatamente na mesma estudar a biografia dos seus próceres ou a sociologia de um povo, S.M., diz - continua - sussurra - duvida. A soma das histórias de senadores, magistrados, artistas, matronas, vestais, comerciantes e escravos do século III a.C. daria o mesmo resultado que a biografia de Caio Júlio César. Sei aonde quer chegar, monsenhor: reduzindo ao absurdo a preposição, já se prepara a dizer que ler a história desta viagem seria o mesmo que ler minha carta natal.

Toda boa biografia é história ruim. Sempre..., continua o supremo, me perguntei o que é mais importante no passado? Os grandes personagens ou o conjunto a que chamamos de povo?

E já que estamos de estréia, comentou, não vejo diferença entre a história e a ópera ou a tragédia. Os protagonistas encarnam o que o coro ama ou odeia em cada crise. Um faz aos outros. Os anti-heróis são inexoravelmente expulsos do argumento[N.A.].

A imagem do Corso está presente entre nós. Sua imensa sombra, como uma árvore frondosa com a raiz apodrecida, obscureceu o continente e prolonga-se detrás de nossas naves, na espuma do mar, nas constelações que respingam na noite. Cada vez que o superior me lembra que a história é a biografia dos líderes, pensa secretamente no Corso. E a revolta?, pergunto eu. O Corso não estava quando a turra tomou o Palácio dos Inválidos, as Tulherias e o Hôtel de Ville.

Quem é o líder da revolta gascona?

Napoleão Bonaparte, diz sem excitar o superior-canalha. A política, S.M., começa no coração das massas; algum dia, mais cedo ou mais tarde, a desordem chamaria à ordem e um obscuro soldado escutou a voz muda da multidão.

Está dizendo que o líder dava ordens à multidão? Assaltem a Bastilha!, Decapitem a família real!.

Não, Majestade, diz serenamente meu supremo confessor. Alguém, de repente, no meio da sociedade remexida, se faz instrumento dos fins ocultos que brotam como mananciais do fervor das massas sem que a princípio possamos adverti-lo.

Está querendo me dizer que a massa já almejava o Terror no dia em que tomou a Bastilha? Não acho que nem os mais exaltados panfleteiros tenham desejado entregar suas jugulares ao fio da máquina, senhor.

Não disse isso, Majestade. O herói é o fiel executor do que a sociedade exige dele neste preciso instante, nem um minuto antes, nem um minuto depois. Na Inglaterra de hoje, um Cromwell seria apenas um contador de mercado. Colbert, nos nossos tempos, não passaria de um deputado de províncias. O líder lê o coração do povo e o traduz em atos históricos. Por isso temos que salvar toda escritura. Não sabemos o que está dizendo nosso povo a nossos líderes, Majestade. E cada passo firme que damos ao passado, nos faz avançar no futuro. Apenas se conserva o que muda.

N. A: Há duas posições extremas. Por um lado está a história como galeria de personagens importantes em que figuram, entre outros, Plutarco, Suetônio e mais perto de nós, T. Carlyle. Mas, por outro lado, Heródoto de Halicarnaso, o pai de Clio e da História, recolhe tantos personagens no seu cenário que sua história resulta necessariamente social com tantos personagens e nenhum protagonista. Tenho muito respeito por Plutarco e Suetônio, mas Heródoto é o pai da criatura. E me educaram para acreditar mais em meu pai que nos estranhos.

Dizendo isso, o superior fica mudo olhando a lonjura poeirenta do horizonte aquático.

Lassez-faire, me diz novamente meu conde-camareiro anarquista, ressuscitado no terceiro dia por obra e graça da minha escassa memória e de meu abundante esquecimento, salvo do fuzilamento, convertido ao credo utilitarista. Desta vez me vingarei com ira: perdoarei a sua vida. Não acredito que haja pior castigo sobre este vale de lágrimas. Serve o refrigério com esmero e distinção. Observa o abade sem diminuir o sorriso que comunica ao mundo enquanto agita o vinho escuro. Não me estará envenenando a força do Porto que aporto para acompanhar minha comida? Nada lhe custaria acrescentar umas gotículas de arsênico entre a bodega e a cobertura.

Na dúvida, aparto o Porto que aporto.

Renomado traidor foi o ex-embaixador Andoche Junot, S.M.! finge queixar-se com um artificioso arquear de sobrancelhas o muito astuto, descolando um fascículo ilustrado onde o militar francês brande uma espada ao ar, como quem corta o céu em rodelas. Abaixo, num desenho menos ostentoso, sorri o retrato da esposa, Laura Junot, escritora de usos e costumes, desvelada por enxertar sangue azul à sua aguada plebe brotada no coração da travessa. Descarada, a francesinha. Uma tarde de outono no palácio de Ajuda, quando Andoche Junot fugia do embaixador da França, como quem não quer nada, a tal me mostrou o imenso mapa de Portugal que se estendia na sala capitular e rodeando com a unha do seu polegar a região de Algarves entre Portimao, Beja e Odemira, girando e coçando a carta geográfica, perguntou-me: Haverá algum duque solto por aqui?

Nem as ovelhas andam soltas pelo sul, madame, disse com certa aspereza. Se o pastor as abandona, não faltarão os lobos ou as zorras que as ceiem.

Não se dando por vencida, parou em pontas de pé para esticar a unha até onde chegava seu polegar erguido com o que demarcou todo o Ribatejo, e se não lhe faltasse altura, lhe sobraria ousadia para me reclamar Setúbal, Santarém e a mesma Lisboa à dita cuja com caprichos aristocratas.

O que se precisa para se merecer um condado?, perguntou-me, como quem fala de bagatelas.

Para começar, compostura, respondi secamente e me despedi.

Se continuasse bajulando, a mulher de Junot ainda estaria aranhando marquesados e feudos no mapa de Portugal, dividindo-o ao seu bel prazer como essas heranças

Intermináveis que em mãos do defunto eram bens e em mãos dos achegados transformam-se em males.

Nunca sente ódio?, olha-me atônito o conde-camareiro ao ver a indiferença com que passo do retrato de Andoche Junot a outras notícias. Nunca governou, o conde-camareiro. Não sabe que cultivar semelhante ódio a um adversário é como essas lentes postas ao sol que acabam concentrando toda a força resplandecente num só ponto tão furioso e violento que carboniza o lugar depois do breve resplandecer, e terminamos sendo escravos de nossos inimigos.

Sem indivíduo, desaparece o utilitarismo, sussurra monsenhor Saraiva, penso - dialogo - me intrometo agora que o abade se foi e no entanto, segue contestando e me instigando desde a ausência longa do horizonte marinho. Sempre achei que a verdadeira conversação é feita de ecos. Depois do encontro a gente lembra menos o que disse do que o que escutou. A voz da discussão ressoa de novo no fundo da alma, ou como seja lá como se chame o lugar que temos em seu lugar, os desalmados. Os ecos têm certo encanto que falta à prosa trivial: são feitos de nada, como os pensamentos. Volto a reconhecer os ecos de monsenhor Saraiva.

Sem indivíduo, desaparece o utilitarismo.

Que desapareça por inútil, com John Stuart Mill e seus comparsas. Doutrina do óbvio, vosso utilitarismo, abade. Quem não sabe que a verdade é útil e a utilidade é verdadeira? quando não é verdadeira, é inútil. O problema é saber onde está, não o que é. Pode ver, com um simples trocadilho de palavras, que temos reconstruído a doutrina de uma lavadeira de Campo do Ourique. E nesse trocadilho infantil *mister* Stuart Mill acreditou encontrar o eixo da roda que gira o mundo! Como se de Eva para baixo todas as mulheres não soubessem por instinto desde que parem os filhos e o mundo é mundo. As idéias não lutam, estimado monsenhor, lutam os grupos para impor cada um suas idéias.

Mas as idéias tornam-se impotentes frente às armas, S.M., me diz – lembra - o elíptico abade. Trança as contas do seu rosário de quinze mistérios que em cada espaço ostenta alguma vinheta bíblica. Está desfolhando o episódio do sacrifício de Isaac, não sei como a faca do patriarca Abraão não lhe fere a cabeça do dedo indicador. Talvez seja porque os sonhos e a imaginação não sangram. Têm uma cor anêmica.

As armas também têm suas idéias, monsenhor. Agora, minha luta é com a história encerrada neste montante de papéis. Vê estes ramalhetes de açucenas?, apontou ao recém plantado num vaso. Ainda não são mais do que sementes e no entanto note como se levantam decididas, procurando desesperadamente a luz. A natureza sabe muito mais de otimismo do que os iluministas.

O que é a sociedade? Uma idéia platônica mal encarnada neste vale de lágrimas? Toda sociedade está feita de desencontros na profundidade e de acordos na superfície. Qualquer doutrina precisa de seus hereges. O desacordo do acordo.

A Lei é o maior acordo, disse monsenhor, como vindo de um sono profundo.

Dê uma rodeada, monsenhor, antes de admoestar com seu exemplo.

Estive revisando as compilações da Congregação e me perguntava: servirá esta página duvidosa de um milagre do século XIII para a Crônica Beneditina que estou escrevendo?

Se serve a Deus, arrazoou, serve à Ordem que serve a Deus. Se serve à Ordem, serve à história que quer servir à Ordem, abade. Veja como é simples.

Há pouco, continua monsenhor, o acadêmico Pinheiro Ferreira publicou um precioso, apesar de impreciso, volume impresso em três oitavas. Essa *História da Grécia* tem 648 páginas que vão dos dórios aos turcos e jamais passam pelos escravos. Não é curioso, S.M.? Ignorar a escravidão é como omitir a democracia ateniense.

Não é tão curioso, se o senhor lembra, abade. Pinheiro Ferreira é tratante de escravos e no seu tratado estão as artimanhas que usa em Angola, o que acontece é que o senhor olhou à direita. Toda história tem uma inversão; o que Pinheiro não diz no livro, o faz em suas feitorias de Angola e Senegal. O homem, querido abade, vive conscientemente para si mesmo, mas inconscientemente para os demais. Por isso quero expurgar minha história de conjecturas. Não há nada mais perigoso que enfiar idéias no curral da política: unicamente se consegue transformar o caixote de lavagem em armazéns de pólvora. Liberdade. Igualdade. Fraternidade, onde já se viu semelhantes absurdos? Se os marselheses pensassem um momento em vez de andarem farreando canções francesas pelos lugarejos, veriam claramente que "liberdade" e "igualdade" vivem a pauladas. A única igualdade possível é a econômica; sem ela, o rico compra o juiz e o juiz ao pobre. Quem se deixará confiscar alegremente para igualar-se em miséria aos demais? Quem consentir nisso é um desajustado e não atua livremente, já que se sabe que os idiotas não têm completamente o sentido do juízo; nem o juízo do sentido. Se não consente nisso, deve-se obrigá-lo, e o que fazemos com a liberdade do fulano? A enfiamos no cu, monsenhor!

A história deve ser cega, reflete no final o abade.

Se conseguir que um monge medite, não será impossível refundir o paraíso perdido - recuperado no Brasil.

Atenha-se à montanha de rótulos e ofícios, monsenhor. O que poderia ficar depois que os espertos terminassem de escrever nossa época? Três sílabas. Quatro, numa enciclopédia. Cinco ou seis, em um tratado da Europa de 1800. Por que já não colocar mãos à obra da destruição? A história se escreverá amanhã com os problemas do amanhã. Iludidos seríamos ao crer que colocarão um olho em 1808 antes de escrever a primeira consoante. Nós já fomos enterrados no tempo que como o senhor bem sabe, jamais retrocede nem um milímetro nem possui primogênito entre seus cadáveres. E o que era a história antes da História?* Nada. Esquecimento. Antes que Agostinho de Hipona a botasse para correr para salvá-la dos círculos de Platão, a palavra era a única coisa que restava. E tudo o que fazia a tira de escritura era reatar uma e outra vez quando os planetas se enfileiravam, como escrevia o fulano em seu *Timeo*. O bispo nômade cortou o nó dos círculos encimados repetindo-se como gotas que caem no tanque sórdido do infinito, e desde então o tempo marcha reto, do passado ao futuro, onde o espera a Cidade de Deus, se caso acredita. A mim espera-me o Brasil, porque acredito. E vou acreditar depois de crer. São dois atos anônimos mas fundamentais. Percebe, abade, quanta fé!? Vamos a um lugar que jamais havia sido traçado na cartografia antes que Pedro Álvares Cabral o divisasse por obra de uma calmaria.

* Em algum lugar do Novo Testamento alude-se ao Cristo como o "primogênito dos mortos" esquecendo-se os sábios do Espírito Santo que, antes, eles mesmos escreveram a história de Lázaro, que retornou da morte antes que Cristo, se não mentem. Para não falar de Eurídice, resgatada pela música de Orfeu das garras de Perséfone para ensinar que a única eternidade possível para a memória humana é a da arte.

Modestamente, não é o mesmo, S.M., comparar a Jerusalém Celestial com a Bahia de todos os Santos terrena.

Abade, o que é mais fácil para o senhor? Crer na Cidade de Deus jurada como a verdade pelos doutores da Igreja, ou crer no Brasil ao qual chegou um capitão bêbado empurrado por uma tempestade? Neste mundo tão efêmero, me desculpe, tenho visto muitas opiniões desmoronarem como castelos de areia* mas também aprendi que os bêbados não mentem.

* Sem ir mais além do que já fomos, o mesmo Agostinho de Hipona negou categoricamente a existência dos oponentes "é um absurdo crer que existam homens com a cabeça nos pés".

Quando se afasta o abade cerimoniosamente, volta o conde-camareiro com um semanário francês que olha e folheia, enquanto espera alguma ordem apoiada contra o parapeito sob a bastarda que o protege do sol. E se não fosse uma morte violenta a que tramara contra mim? Tem as mãos brancas e de superfície suave, quase feminina. Gente assim procura mortes discretas para seus inimigos. Nocivos. Bebedores lentos. Narcóticos. Se não é arsênico, pode ser algum fungo ou veneno com o qual me envenena; as cozinheiras da Baixa sabem muito dessas misturas que assassinam sem deixar rastros. Não quer um pouco de vinho?, estou oferecendo. Para minha surpresa, não somente aceita, mas até chupa a última gota. O que dizem os iluminados iluministas?

Há uma disputa entre os acadêmicos, S.M.

E quando isso não acontece? E do que se trata?

Da História.

Outra vez o passado?, por que não o deixam em paz?

Um grupo de físicos fechou a entrada aos historiadores, "a ciência não negocia com fábulas" disseram, e negaram a admissão aos letrados do passado dentro do círculo das ciências. Os físicos estão em pé de guerra, S.M.[N.A]

Guerra na História, guerra no tempo, já perderam a batalha meus físicos. Quem seria capaz de ganhar do tempo? Nem Deus pode com ele, penso, não digo, porque o conde-camareiro tem a língua muito solta e é capaz de sair pregando alguma doutrina atéia em meu nome. Sempre é bom que Deus esteja no seu lugar, acalma os nervos aos temerosos e serve de ameaça aos intrépidos.

N. A. A ciência se baseia em um método essencialmente circular: observa fenômenos, coleciona dados, os correlaciona até obter alguma regularidade constante que se denomina lei ou princípio. Com esse princípio se reorganizam novamente os dados colecionados e voltamos a verificar se coincidem ou não com o novo esquema. Quando a nova construção encaixa com os fatos e serve para aumentar o conhecimento, se diz que a lei está provisoriamente verificada. Se o modelo vai por um lado e a realidade por outro, não serve. Em que nos baseamos para dizer o que serve e o que não serve? Saber se a teoria ou o modelo explica racionalmente como funcionam as coisas. Antes de Darwin a ciência unicamente ocupava-se de atos colocados fora do tempo. Com Darwin entrou o conceito de mudança-evolução e a idéia de seqüências na naturalidade das coisas. Pouco tempo depois Ernest Rutheford e Bohr disseram que em vez de átomos materiais a mecânica quântica se ocupa de acontecimentos que ocorrem no decorrer do tempo. Desse modo a Ciência se aproximou da História por seu método e se afastou da mecânica, cada vez mais quântica e cada vez menos mecânica. Por último, soubemos que nem sequer o universo está fixo: evolui com o tempo. Se tivéssemos de voltar às antiguíssimas polêmicas pré-socráticas entre o móvel e o estático, poderíamos dizer que estamos em uma nova etapa heraclidiana da ciência, depois de um século e meio de ciência parmenídica.

Não faz falta acrescentar nada; o senescal ex-mudo*, agora charlatão e linguarudo, me alcança um bilhete dobrado onde se distingue facilmente o emblema da Academia Real de Ciências com uma citação a presidir a próxima assembléia na qual se decidirá se os historiadores estão dentro ou fora da ciência. A Academia Real viaja íntegra com seus gabinetes, bibliotecas, observatórios e instrumentais na embarcação *Urânia* e transferir-se de uma embarcação a outra no meio do mar tem os seus inconvenientes. Se o tempo ajudar com um mar manso, não me restará outro recurso a não ser amansar os acadêmicos.

> ** O senescal me comentou em certa ocasião, no meio de uma farra organizada pelos licenciosos licenciados da Corte, que quando era mudo unicamente escutava a voz de sua consciência. Eu, que nem sequer tenho consciência da minha voz, jamais consegui tal prodígio, minha consciência deve ser muda como era a língua do senescal.*

Faço classificar os registros do Arquivo Real por decisões segundo os diferentes reis que me precederam, iniciando pela divisão extensa de Mãezinha. Nem em febres confiaria os documentos aos acadêmicos que disputam como marchantes de feira que sim que não, enquanto a memória de Portugal cabeceia a deriva na imensa maré oceânica. Apenas confio no operário Antise, ex-eremita vindo das montanhas da Anatólia, que diz ser cristão monofisista, enviado como presente pelo embaixador turco à Mãezinha. Ele não fala português mas o lê às mil maravilhas. Ninguém como ele para encontrar um documento entre centenas. Pode-se dizer que cheira as palavras pela abertura do capuz escuro que usa desde que o conheço. Se ordeno, se falo como que mandando, falo com a parede. Não entende um "a". Mas basta escrever uma ordem para que ele se afunde num abismo de manuscritos até achar aquele que procura. Rastreia com os fracos braços avermelhados e os dedos esticados de veias como folhas de tabaco. Quando encontra um folio entre milhões, o rosto ossudo e em ângulo ilumina-se de regozijo. Junta as mãos sobre a cabeça em ato de oração e sussurra alguma fórmula em algum idioma antigo que ninguém conhece. "Quero separar os documentos por períodos de acordo com os distintos reis". Junta as sobrancelhas copiosas para ler minha letra esparramada e assente várias vezes. Somente o nariz curvo aparece e balança. Significa que compreendeu perfeitamente a ordem. O mecanismo quase perfeito de sua utilidade arquivista está em marcha. *Ite, misa est*, digo a mim mesmo, satisfeito.

Como se voasse com os pés de Mercúrio*, o conde-camareiro vem a mim com alguma fofoca pelo que leio no seu semblante. Diz que na bodega da popa a vidente de S.M., essa bruxa que trouxeram não sei de que cova infernal, cria uma imensa serpente tão comprida como o mastro de mesana.

> *As sandálias com asas - dizia-me o pintor Nicolas Delerive - simbolizam a agilidade que necessita um mensageiro. Não importa que Mercúrio/Hermes apareça em umas estátuas de Fídias como um mancebo loiro e em outros quadros o vejamos como um atleta azeitado de pele boa; o importante é que "se mantenham os atributos" característicos: as sandálias aladas que usou para apressar o furto contra os bois que Apolo criava em Pearia e a vara, junção de duas víboras com um bastão que simboliza a agilidade que requer o comércio. Sempre que aparecer algum homem, inteligente como Aristóteles, se tiver o capacete ateniense de bronze, as sandálias aladas e o bastão, será Mercúrio. Observei que o catolicismo adotou a mesma prática. Pouco importa que a representem gorda ou esbelta e magra como um junco, lisa ou com o cabelo amontoado da mulata, se tiver um prato com dois olhos na mão, é Santa Luzia. Ao contrário, se uma roda dentada a rodeia, sem dúvida é Santa Catarina de Alexandria, visto que a de Siena veste o hábito negro e sempre custodia uma caveira que serve de suporte a um tratado.

Sempre propenso aos exageros, o mensageiro gesticula como quem presente o ataque de um dragão, quando não é mais do que uma anaconda trazida do Amazonas que serve de mascote à adivinha. Selva és e à selva voltarás, digo – comento – ao conde, mas ele logo se retira a pescar novas insídias. Estranha esta viagem na qual os nobres vão e as feras voltam a povoar as selvas.

Conclusão do quarto capítulo

Não me move o ódio. Nem o medo, que é outra forma de ódio. Não me move a prepotência do poder. Nem tento silenciar as calúnias. Não escondo nada nem me interessa o juízo do futuro, que às vezes, nem sequer vem. Duvido dos escritos porque os considero intrinsecamente viciados, por que um ser pensante dedicaria horas e horas a mergulhar-se no isolamento para tratar de converter a realidade em palavras? Só por vício. Por uma perturbação tão profunda do entendimento capaz de traspassar todos os valores. Por alguma coisa foi que Cristo não escreveu uma letra. E até os que escreveram dele em vida gravaram uma inscrição errônea* sobre a cruz. Mas como disse Pôncio Pilatos: "O que está escrito, escrito fica", e não houve maneira de corrigir a errata. Se o próprio filho de Deus não pôde contra a perversão da escritura, o que poderei eu, simples filho do homem? Unicamente me resta encarcerar o sujeito. Mantê-lo às escuras, que purgue suas angústias e venenos nas penumbras, mordendo o pó da solidão antes de escrever uma sílaba sobre o próximo, sobre o poder, sobre todo o reino.

* De Cristo poder-se-ia dizer qualquer coisa, mas jamais que fora rei da Judéia. Nisso não erraram os que quiseram corrigir a inscrição de Pilatos.

Capítulo 5
Sessão da Academia de Ciências

Transferi-me à *Urânia* ao raiar do entardecer, na companhia do meu ajudante e do conde-camareiro. Postos em duas gangues, como se secionassem o Concílio de Trento, meus acadêmicos me esperavam em silêncio, solenes em túnicas, enfeitados com medalhas e relevos de ouro. Pelas aberturas da sala-embarcação entra pacificamente o crepúsculo. Um trajeto de luz avermelhada entra por algum resquício e cai justo sobre a minha mão colocada como um limite entre os acadêmicos. Bate obliquamente o coração do diamante africano que Mãezinha batizou de "O Poder" porque, quando não se enrosca num diadema, se engasta como remate num anel real. Com a luz penetrante abro as águas dos acadêmicos. O bando destro, segundo vejo, transformou-se no redil dos físicos e químicos, ácidos e virulentos como a peste. No bando sinistro tenho os historiadores e literatos, hoje unidos por obra e graça do diabo, quando não estão tecendo intrigas e trapaças intermináveis como a teia de Penélope.

Presido a sessão no presídio da *Urânia*.

Quando faço a saudação, se adianta o acadêmico Otto von Güstrow usando o monóculo que o torna parecido a um ciclope com um olho de ouro entre a cabeleira branca, sempre batida como por tufos. Cheio e rosado como um porco, o alemão quer dividir o bando acadêmico entre "científicos" e "artistas", relegando meus históricos ao aprisco das musas junto aos poetas, cronistas, músicos, dramaturgos e pintores.

A História, S.M., se ocupa de particularidades: em que dia de que ano se livrou a batalha de Lepanto? Quando teve início a Primeira Cruzada e quem participou dela?; e isso não tem interesse para a Segunda Cruzada, que foi completamente diferente. Outro caso tão particular como a Primeira. No entanto, a ciência somente se interessa por generalidades, por descobrir as leis e princípios que regulam a natureza.

Boceja o poeta Calimandro do Viso, sem disfarçar. Pela cavidade de suas faces mostra a úvula, balançando no fundo. Otto von Güstrow continua, levantando a borda do barrete negro com um golpe de unha.

Quando sabemos que todo sólido lançado no espaço tende a cair buscando o centro da terra já podemos prever o que acontecerá, mesmo que o corpo seja uma pedra ou uma donzela. Tendo idêntica massa, ambos se estalarão à mesma velocidade. No entanto, o que pode prognosticar a História? Se Napoleão morrerá de resfriado ou numa batalha?, ironiza o alemão.

Riem os químicos, obliquamente. Tossem os historiadores. Raspam a garganta. Soluçam, sacudindo-se numa orquestra desafinada, molestos e sisudos. Além do mais, que ensina a História?, pergunta o germânico com ironia e aspereza, deixando abandonada a pergunta como quem tira uma luva do adversário. Silêncio geral.

Às ciências, S.M., lhes interessa aumentar o conhecimento humano sem enrolar-se em questões morais ou religiosas das quais a História jamais poderá escapar com vida. E por último, esbraveja alçando o vozeirão retumbante, o conhecimento científico é objetivo, enquanto a pobre história depende sempre do fulano que a interpreta e escreve. Note que são como a água e o azeite. Não se misturam, conclui.

Um escrivão anota em atas a intervenção germana do assunto. Otto von Güstrow imputa um golpe firme sobre a mesa para fechar sua dissertação concisa porém lapidar.

Como se encolhendo mais além de sua pequena estatura, alça a mão desde o clã recusado o acadêmico Seitor, estremecendo. Escreveu uns *Anais da História de Portugal* que nunca foram superados.

Domina um silêncio de pedra que apenas o dissipa a pluma do escrivão imprimindo o oficio onde assenta os dados. Saberá que ele também é instrumento da história da qual discutem?

Escrever é transformar a maldade vigiando a fé do próximo, jamais sairá da minha mão nem sequer um protocolo, muito menos um documento ou um testemunho. Por alguma razão, os mais insignes maestros negaram-se a escrever. Buda falou, Sócrates perguntou e o Cristo pregou, mas nenhum deles deixou sua alma entintada num papiro ou pergaminho. Confiaram mais na memória humana que na fé pública duma escritura morta. Se Deus existe, o demonstrará em mim, não permitindo a mim uma só letra delatora. Infundirá um sonho pacífico num escrivão neutral, longínquo, talvez um antilhano ou argentino um tanto cretino como deve ser um bom médium, para que sua inteligência não fique no caminho entre a inspiração e a escrita.

Um momento, S.M., roga com voz moribunda o acadêmico Seitor. Não o pai, mas o avô da História deveria ele ser, pelos anos que tem. Sua voz, apesar de minguada pelo desgaste natural, impõe respeito. Cessa o barulho desatado depois da incendiada inventiva de Otto von Güstrow. Passa à frente o ancião historiador, situando-se no meio da assembléia, eqüidistante entre as duas facções.

É verdade, a nós historiadores nos interessam os fatos particulares, tal batalha, tal governo, tal revolução. Mas o que perseguimos é o geral no particular. Também estamos atrás das regularidades a que jamais nos atreveríamos a chamar leis, porque a história é uma confusão da manada humana cuja única lei é a desordem, S.M. A ninguém interessa um acontecimento único senão o que se repete nesse acontecimento único em comparação aos demais. Sabemos que tanto os hussitas como os valdenses foram parte da congregação de sectários simplistas. Quem hoje em dia se importa se uns jejuavam pães ázimos e os outros se entregavam a orgias desenfreadas? O importante é responder por que os hussitas foram rapidamente exterminados pela Igreja, enquanto os valdenses resistiram quase dois séculos à Inquisição e às cruzadas punitivas. Que estratégia geral usaram como resistência os particulares valdenses? Basta olhar um mapa da época, S.M., para responder a essa pergunta. A História, e não a Física nem a admirável Química, que já envenenou mais de um de seus pais*, lhe responde: enquanto os hussitas se confinaram na Boemia, os valdenses se dispersaram formando colônias minúsculas que fermentaram e cresceram no Languedoc, em Córsega, Bósnia, e até na República Seraníssima fazendo cristais e garrafas nas ilhas lacustres.

> *Não se preocupe, acadêmico Seitor. As Erinas se encarregarão da Química, filha bastarda da Alquimia. Ontem à noite sonhei com Tisífone, presidenta das Euménides. Remexia um cozido no inferno, a velha com cara de cadela e pêlos de víboras. Quando me viu entrar, não sei bem se no sonho ou no inferno, mas em algum lugar entrei, deu meia volta e apontando com o índice ganchudo de bruxa me vaticinou que me esperaria no Brasil para expurgar velhos delitos da minha geração entre os indígenas da Amazônia. Dito isso, pescou dentre o cozido uma pequena peça com a colher: era minha cabeça, visivelmente reduzida como o dos índios. Minha cabeça-múmia também falou comigo. Terá sido a voz da minha consciência? Não lembro o que disse. Deve ter sido alguma insignificância.*

Como combater uma frente tão dispersa? Onde está o inimigo?, perguntava a Cúria, e não podia ordenar a repressão ao braço secular* simplesmente porque não sabia onde estavam os hereges a decapitar. Note, S.M., que, longe de ocupar-se de minúcias insólitas, a verdadeira História busca o que há de geral num fato para torná-lo tão peculiar. O historiador que não chega a generalizações úteis, não passa de um coletor de dados mudos. Não podemos predizer do que haverá de morrer o senhor Napoleão, visto não sermos seus médicos de cabeceira. Mas sabemos que todo império morre pela mesma debilidade que o faz forte: sua extensão. Mais tarde ou mais cedo, o imenso se faz insignificante ou se destroça em mil lotes **.

Sabe-se que os dominicanos não sujavam as mãos ajustiçando os réus do Santo Ofício: delegavam as tarefas de matador à polícia civil.

**É verdade. Insignificante se tornou Babilônia depois de ter sido a esmeralda do deserto iraquiano. O Império de Alexandre foi loteado entre seus secundários e generais Cassandro, Ptolomeu e Selêuco que despedaçaram o corpo para cumprir a profecia do macedônio quando anunciou "meus funerais serão sangrentos".*

Flutua um silêncio de suspense enquanto o acadêmico volta a seu lugar na assembléia.

Peço a palavra, S.M.! diz o acadêmico escrivão Manuel de Figueiredo e Silva, ex-partidário da Arcádia Lusitana. Afunda o silêncio caminhando cerimonialmente ao tempo em que sacode a capa preta como se sacudisse répteis invisíveis.

Todos estamos de acordo, Majestade Real, começa dizendo. Uma coisa é fazer História e outra é fazer crônicas com amontoado de dados. Mas se até Deus sucumbiu a essa tentação inspirando um livro íntegro, por que nós, simples mortais, não poderíamos cair na mesma armadilha?

Todos se incomodam ao escutar o erro divino; algo me diz que Dom Manuel alvoroçou o galinheiro teológico sem dar maiores explicações ao retomar a palavra pausadamente.

Quem leu atentamente o Livro de Números do Pentateuco terá observado que não é mais do que um censo agropecuário do tempo dos patriarcas judeus com suas doze tribos. Se restarmo-nos o milagre do bastão de Moisés, que extraiu água de uma pedra no deserto feroz, e a serpente de bronze, e a conversação entre Balaão e sua Mula*, nos encontramos com padrões rurais, itinerários das tribos nômades, e um abrumado inventário de bens móveis e imóveis das tribos de Jeová: cifras e contagens de povos, vacas, cabras ovelhas e ciclos de prata e ouro catalogados até o cansaço entre as oferendas.

> *Não teria sido melhor, antes de transgredir as leis naturais por meio de um milagre, pensar em algum recurso mais útil que domar uma asna? Com as miríades de paralíticos que precisam caminhar; cegos, ver; mudos, abrandar a língua; surdos, escutar chover sobre os telhados de Lisboa em abril; esfolados, restaurar feridas; tísicos, morrer mais tarde....! a lista de necessidades seria interminável antes de pensar num asno falante. Nisso, salvo o episódio de Caná, o Cristo foi mais coerente. Pena que seus biógrafos não tenham interrogado a Lázaro para saber o que viu depois do sepulcro. Se o inferno é mais miltoniano que dantesco, ou ambos são notoriamente postiços e a estância subterrânea é a mesma que vestiu o finado Orfeu estando vivo. Ou se nada existe e do nada se fizeram das fíbulas iníquas para os catecismos.*

Bem, o que nos diz tudo isso? que Jeová está interessado nas estatísticas como qualquer mau economista?, pergunta - injuria ao mesmo tempo Dom Manuel.

Algo me adverte nas tripas que o porco trinchado que almocei não está no seu natural. Barulhos intestinais tumultuosos se agitam como *les brasnus* nas ruas de Paris. Algum micróbio terá sazonado desde o dedo do *chef*, que não deixa de coçar o rabo enquanto cozinha. O cu-culinário coça sempre à hora de trufar as carnes.

Quando toda a atenção se concentra sobre minha real potestade, me ponho de pé. A Academia Real em pleno se endireita, firme, como que esperando uma sentença. Chamo com um sinal ao meu mordomo maioral. Preciso ir à privada, de imediato.

Mas senhor!, clama - exclama - se indigna, abrindo os olhos detrás de sua surpresa. Não entende de apuros intestinais, o resfriado senescal. Justo agora?, note que todo o mundo espera sua fala, real Majestade.

A essa altura da minha vida já compreendi algo, digo - advertindo em tom quase admoestador, sussurrando minha queixa. Duas coisas há neste mundo imundo sobre as que não posso ter plenos poderes: o povo de

Portugal e os desejos de minhas entranhas sem cerimoniais*.

> ** Aos doutores de minhas universidades sempre lhes explico uma diarréia em termos da mecânica newtoniana: que podem fazer dois centímetros de anel anal contra sete metros de intestinos, ambos puxando em sentido contrário?*

E me retiro.

A governanta Idalina terá sido informada do meu infortúnio porque já transbordou à *Urânia* e coze suas ervas trazidas do oco que perfura a pedra em Trás-Os-Montes enquanto entoa uma cantiga lenta.

Escuto o tum-tum-tum dos escravos batendo tambores na bodega da embarcação. Não conhecem o cansaço esses angolanos de pele brilhosa. O conde-camareiro esteve espiando suas cerimônias e rituais.

As negras entram em transes jogando espumas pela boca e com os olhos em branco, S.M., é coisa bonita de se ver, sorri o malandro. A noite de Santa Bárbara é a liturgia que chamam "da fecundidade" e entoam um uivo coral, como de bestas no cio. Uma negra despida unta a mão direita com a própria menstruação e um negro enorme, com os dentes brilhantes no meio da escuridão da boca feito trompa, derrama seu esperma na mão esquerda esfregando o pênis diante da pública concorrência sem que a ninguém ofenda essa vergonha. O que é a religião, não é verdade, Majestade? Até o impudico se torna melindroso diante da santa eucaristia descarada da negrada.

O que tem que ver essa zona com isso?, queixo-me para separar o bom do ímpio.

Tem, S.M., note que depois do estrupício sexual homem e mulher unem os sucos mútuos em meio a uma dança frenética e mantêm juntas as mãos grudentas pela secreção genital de ambos, ao que mornam com seu fôlego antes de dá-lo em comunhão à roda de paroquianos que aplaudem e abanam as cabeças enquanto lambem por turno as mãos manchadas da dupla mítica. Às virgens, as inseminam com essa mesma fermentação, fundindo a mistura na matriz com os dedos daqueles mancebos que estão iniciando.

Eu diria que eles estão se perdendo por esse caminho.

Mas o pior, o mais sinistro desse ritual vem depois, S.M.

Há algo pior ainda?, parece-lhe pouca toda essa *porquisse*?

Para mim, basta e sobra, mas a negrada não se satisfaz com isso, seguem batucando seus tambores. Se descobrirem uma grávida, continua a voz sinuosa do conde-camareiro, dando vida à sua lembrança, dizem que o feto está possuído pelos espíritos dos antepassados. Enfiam a mão no ventre dela pela boca baixa, vamos, pelos canais urinários dela, e arrancam o feto com sua placenta de uma só puxada, elevando-o como se fosse uma hóstia aos olhos brancos da multidão fuliginosa, que se sacode e roda as cabeças em um gemido ensurdecedor, profundo, tanto que ainda está zumbindo aqui no meu peito.

Por último, o sacerdote em transe come o aborto no meio da roda.

Quando me dá para beber o caldo esverdeado, a governanta Idalina limpa meu pensamento cantando sua velha cantiga de Inês. É um prodígio escutar como o tom da voz que nos fala varia o clima de nossas emoções. A voz nervosa do conde contando atrocidades me deixou com uma inquietação como as de premonições. O nó do enforcado, dizia Mãezinha, referindo-se a essa asfixia que nos dá a preocupação, a essa difteria do ar. Mas a voz doce da velha volta a acalmar o mar do meu interior: esse poço tão fundo que não só poderia me afogar mas também poderia sepultar toda a viagem com o silêncio sinistro de uma sucção.

Vejo que se aproxima o Secretário da Fazenda do Estado, Dom Luís de Vasconcelos e Souza.

Que Deus lhe dê saúde, Majestade!, Exalta-me o mesquinho porteiro dos meus tesouros sem ouros.

Vê estas dobras?, insinua mais do que pergunta, mostrando uma parva de folhas seladas e até lacradas com o Escudo Real.

Vejo-as, reconheço, ainda um pouco inclinado pelos retorcidos de tripas e imediações da mesma, que se ataram em nós marinheiros ou nós górdios, impossíveis de cortar com a espada alexandrina das poções da governanta Idalina.

Juro que sinto dedos tecendo intrigas nos corredores da minha digestão. Ora avançam, ora retrocedem para voltar com mais ímpeto. Nunca soube onde está o espaço mais tortuoso do homem, se no labirinto dos intestinos com seus sete metros fazendo circular o quimo a torto e a direito, de cima para baixo e de trás pra frente; ou na ínfima esfera maciça da mente, onde nada é o que parece nem está onde aparece.

São ofícios com demandas, S.M., declara Dom Luís de Vasconcelos e Souza. Demandas ou desmandos?, alguém me reclama algo? A mente ganha, sem dúvida. Nem sequer se vê e no entanto em sua desordem está encerrada a ordem do mundo, as quatro letras do Tetragrama Divino (YHWH), a solução em números inteiros de π, que explica a relação entre a circunferência e seu raio, entre a sobrevivência a morte.

Sim, aqui, por exemplo, o conde de Vidigueira quer saber o que lhe darão no Brasil em troca de seus domínios portugueses perdidos, já que teve que abandonar dois palácios, olivais e vinhedos para segui-lo, S.M.

A mente demente, sem dúvida! O que não está ali? O Mundo não é mais que um reflexo pálido no fundo escuro dessa câmara negra; o conjunto de luzes que ao atravessar a caixa inverte e converte essa linha sutil de luz na imagem distorcida do que cremos perceber. Volto a mim, porque meus súditos vêem terra onde somente há águas por agora. Cravo os olhos em Dom Luís: O conde de Vidigueira me intimida? Por mim, que se jogue ao mar a buscar terras, se tanta falta lhe fazem! Faltava essa! Que o velho maçom me intimide por meio de documentos! Poderia encher uma enciclopédia de reclamações e de mim não obteria uma só adjudicação nem outorga! Sabia que ele quis me alistar maçom do "Grande Oriente Lusitano" no sétimo grau? O que esperava ele, que eu cuspisse num crucifixo e beijasse o rabo do Grão-mestre*, que era ele? Antes me deixaria enforcar a beijar o traste do sodomita. Seus rituais de iniciação terminam em perdição.

> **Tinha o descaro de se incutir mais títulos que eu: Mestre Perfeito, Grande Intendente dos Edifícios, Cavaleiro Protetor do Santo Graal, Mestre do Arco de Salomão, Grande Eleito Perfeito, Grande Maçom e Cavaleiro do Oriente, Prefeito Perpétuo de Jerusalém, Príncipe Soberano Rosa-cruz, Grande Pontífice da Cidade de Deus, Patriarca Noaquita, Trinitário da Ordem do Sublime Protetorado, Sumo Diácono da Ordem de Arão, Grande Comendador do Templo.... eram algumas das prerrogativas e potentados que se adjudicava, quem sabe por meio de que escritos e bulas sacrílegas como as que usam para seus rituais sem mitos.*

Reclama terras porque é um fisiocrata combativo, S.M.

E que tenho eu a ver com tudo isso?

Os fisiocratas acreditam que unicamente a posse da terra torna livres os homens, S.M.; todos os discípulos de François Quesnay e do marquês de Mirabeau dizem que o cultivo da terra é a fonte suprema das riquezas das nações, desconfiam dos comerciantes, e que dirá dos banqueiros; por isso o conde de Vidigueira quer assegurar posses na nova nação. "O patrimônio é a pátria", diz a quem quiser ouvir, e essa maré infinita o tem desesperado: crê que não a atravessaremos jamais. Sente sede de terra.

E meu Secretário da Fazenda do Estado consente essas fábulas agrícolas dos fisiocratas e repressores?

O ministro Turgot pensava igual, S.M., e foi tão mal...

Turgot, Turgot!, quase late na orelha o secretário beato; o barão de L'Aulne era um economista consumado, Dom Luís, capaz de exercer um ministério apesar de todas as teorias e doutrinas; foi bom mais além de sua fisiocracia. Sabe com que frase cortou as especulações dos comerciantes da primeira dinastia francesa? "Nem bancarrota, nem empréstimo, nem aumento de impostos", disse no dia que assumiu. Olhava os números reais e pensava nas cifras ideais, ao contrário dos teorizadores; calculando que devido à continuidade do crescimento das demandas, alguma hora os recursos começariam a faltar. Advertiu ao rei Luís XVI, o relojoeiro, que, se ele não impusesse imediatamente as reformas, o faria o povo francês da pior maneira. Luís seguiu concentrado numa engrenagem, enxertando rodas catalinas, âncoras e pêndulos enquanto vencia a hora do último prazo. E veio-lhe a Revolução em cima. Esse era o baile do general Turgot, Dom Luís. Nenhum tonto, como podeis apreciar facilmente. Que vos aconteceu nessas vossas cabeças?, que qualquer é um Turgot? Já não existem cidadãos! Até o maçom Vidigueira crê que pode ser mais fisiocrata que a fisiocracia. Quem pensa que um rei ande metendo a língua real no ânus de um mestre para provar a si mesmo que não há imundície no corpo humano, já que foi fabricado pelo Divino Arquiteto? Que enfie no rabo seus compassos e objetos redondos de mensura dos rituais de adeptos ineptos! E o olho-que-tudo-vê, não adivinhou quanta terra se lhe adjudicaria no *meu* Brasil ao Chefe militar Perfeito e Patriarca Noaquita? Olhe, Dom Luís, despeça-o com um simples "não sei". Às vezes, não saber é o mais saudável, senão, note o que aconteceu com o parente Édipo; obcecado por ver a verdade, acabou cego*.

> ** Na verdade a tragédia tem um sentido mais cínico. Édipo, vidente, não poderia conhecer a verdade. Teve que se tornar cego para vê-la revelada: era um parricida e incestuoso e não o sabia. Para que servem os olhos, se estes apenas me fizeram mostrar aparências?, teria se perguntado. E sendo assim, os arrancou. Também tenho pensado às vezes que não há um sentido mais enganador que a visão. Basta apenas uma distração para instigar-lhe ao erro.*

E o que mais? Outra reclamação, S.M., de Dona Luzia Luísa dos Santos, marquesa de Aveiro.

A mãe das siamesas?

A mesma. Pede uma indenização *vis a fronte* pelo dano sofrido *vis a tergo* ao abandonar suas posses.

Quer confundir à força de chibatadas a bi-mãe! Nem a força entendeu o que é um governo, Dom Luís. Não lhe explicou que o rei está para arrecadar, não para presentear?, quem acreditais que sou? Os três reis magos? Não se pode dispensar o que não se tem, Dom Luís. Por acaso não leste o Manual de Procedimentos Administrativos?, diz aí em alguma cláusula ou nota que o rei está obrigado a indenizar terras perdidas? Que as reclamem a Napoleão! Vamos ver se têm moral para apresentar uma demanda à Direção requerendo lotes.

Não é por ela, diz, senão pela numerosa servidão que a segue. Dona Luzia Luísa é muito piedosa, S.M., viaja com uma turma de cento e quatro pessoas, entre donas, parentes, enteados, criados, donzelas e dependentes.

Está-me a dizer que uma embarcação completa está fretada para os criados da marquesa Luzia-Luísa? Trouxe toda a marca de Aveiro no cruzamento transoceânico? Acha que é Moisés, carregando o povo eleito através do Mar Vermelho? E, como se fosse pouco, me exporta os monstros que não sabem estar no seu tempo, a que não está sonhando o futuro repete o passado como uma reza, segundo diz o conde-camareiro.

Assim é, S.M., as meninas são um verdadeiro prodígio.

Aqui o único prodigioso é minha paciência, Dom Luís. E lhe conto que se está acabando.

Que se faça tudo em nome da santa fé, implora, mas com voz firme, Dom Luís, querendo exigir uma piedade que em mim não existe.

Acho, continua, que S.M. se está esquecendo que por cima de tudo está a Lei de Deus, que dita a reta consciência do príncipe para com os súditos. Diz Hotman*.

> * *Todo esse espalhafato da intervenção de forasteiros no controle do gado público, assunto arquivado desde os tempos de Carlos Magno, voltou a brotar depois da Reforma. Quando Martinho Lutero discutiu a autoridade do papa em matéria de dogmas, minou a autoridade real em matéria de leis. Ao dividir a jurisdição do Céu, abriu a da Terra. Nem uma nem outra aceitaram os hussitas, e a situação acabou no fogo. Se Martinho foi como São João, um simples precursor, o messias reformista veio com Jean Calvino e seu evangelho: A Instituição Cristã de 1541 - leio*

no exemplar carregado por Joel Monzón com birra-apela à obediência do poder político que vem de Deus, segundo o herege genebrino, e até aqui estamos no Paraíso; mas depois insinua que o governo só existe para cumprir a missão de dirigir os homens em conformidade com o plano de Deus. Ficamos em que, senhor Jean? Eu sou um ministro de Jeová, então? E para que está o senhor? Viria governar no meu lugar? Toda a "Instituição" não é mais que um malote de teologia que abriu o caminho a uma conclusão que vem como o veneno na cauda do escorpião. O genebrino diz que "os povos nunca têm o direito a rebelar-se contra suas autoridades, a menos que Deus desperte uma rebelião sobrenatural num profeta para intervir contra um governo iníquo". Linda citação, senhor Jean. E quem me assegura que o tal profeta não tem mais sopro opositor que divino?

E daí? Argumento de protestantes, meu fiel secretário, respondo com minha responsabilidade a Hotman, como ao descuido. Parece, prossigo, tirando toda ênfase de dúvida, que estiveste lendo o tenaz de François Hotman propondo um poder recortado pelas decisões dos Estados Gerais, invenção das épocas do Império, diz o bandido Hotman. Imagine, Dom Luís, se eu tivesse que tomar decisões consultando a uma lavadeira de Ourique, ao zafreiro de Leiria e a um ou outro delinqüente recém fugido do presídio de Queluz. Que outras coisas são senão os "Estados Gerais"? A generalização do mal Estado no poder. Um bando de mulheres rústicas e de homens catetos, todos alheios ao menor sentido do que significa governar. Nem Estados nem generais, Dom Luís, os Estados, sentados; os generais, ao quartel. Basto e sobro para essa tarefa de fundar o novo Brasil.

Já está fundado, S.M.

Pois ressuscitará dessas cinzas de ave feita óssea, do fosso da sua imobilidade. Não vês?, desde aqui já se divide o ar paralisado ao redor do Brasil.

Eu diria que falta muito ainda para chegar. Semanas. Meses.

Não falta nada, Dom Luís. Na imaginação, vendo este ar solidificado como de vidro turvo já vês o Brasil A. d. J.

A.d.J.? O que significa isso, Majestade?

Antes de João. Depois de mim, a História será futuro. Sabe o que acontece, Dom Luís? O Brasil está morrendo de curiosidade. Quer saber quem é e que destino lhe espera entre as nações da Terra.

Eu sei quem é e lhe direi, apesar de ter que fuzilar a mil Tiradentes*
e conspiradores. Revelarei sua identidade de uma vez para sempre.

> ** Joaquim José da Silva Xavier, o Tiradentes, voltou da
> Europa no ano da revolução gascona e acreditou que o
> Brasil tivesse Bastilha, e que em cada rua de Pernambuco
> ou Santos encontraria agitadores como em Bordeaux ou
> Marselha. Convocou um concílio de conjurados entre os
> poetas da "Arcádia" na casa do advogado Cláudio Manuel
> da Costa da Vila Rica. Pôs-se a recrutar conspiradores como
> quem junta catecúmenos para ler a Bíblia; mas o poder
> não é um saguão de confessos e em cada adepto espreita
> um delator. O Judas dessa última cena foi o coronel Silvério
> dos Reis, por algo era monárquico até no sobrenome.
> Denunciou o complô (a "inconfidência mineira") diante do
> Governador das Minas Gerais. Mãezinha sufocou o início
> de revolta com toda a força da lei. O advogado terminou
> enforcado na sua cela; Tiradentes não pôde salvar um só
> dente e os demais foram desterrados à África.*

Acatam-se, paciência. Se não aceitam, melhor. De frente ou de costas
chegarão à inteligência do assunto. O contrário sempre é o inverso da Verdade. Quantas vezes não fugimos da escuridão para terminar nas trevas?

"Os governantes foram criados para o povo, não o povo para os
governantes", diz Théodore de Bèze, Majestade, proclama convencido meu
Secretário da Fazenda com o ânimo de refutar minha idéia. Não sabe que o
pensamento, longe de anular-se, soma uma cadeia de sucessão que aponta à
verdade que está onde não está. De Bèze!, De Bèze. Outro seguidor de Calvino,
como George Buchanam; postos a revolver entre os teoremas de Aristóteles,
enxertando a metafísica à prosaica politicagem paroquial. Que o povo é a causa
final e a causa eficiente da autoridade do rei. De que escola recebeu essa licença?

De Bèze diz que o consentimento do povo unge o rei, S.M. Uma brisa
salgada resseca as palavras contestadoras do meu Secretário da Fazenda. Pelo
peso se conhece o que acontece; essa frase coagulada fica entre nós dois. Se não
compreendo mal, há uma ameaça tendendo entre a minha autoridade e as
arengas dos iluministas que, pelo visto, entram até nos santuários. Dom Luís
teria estado orando, flagelando-se segundo seu costume com o feixe que usa
quando ora, e de repente acendeu na sua plantação sagrada o joio dos Buchanan,
dos Bèze e dos Plessis-Mornay. Os cavaleiros da távola redonda que quiseram

pôr-lhe cabrestos e boçais circulares à monarquia. E sem querer, Dom Luís tornou-se sacristão dos levantes. Somente Deus merece obediência incondicional, termina dizendo, como quem assina sua condenação.

Faço de conta que não escuto. Deixo que as palavras insurretas sigam sua reta rumo ao mar. Ir ao mar, ir ao mal. Que se desprendam e caiam como a maçã de Isaac fazendo um 'glug' solado na pele misteriosa das águas verde-azuis incandescentes ao meio-dia. Que encontrem seu próprio centro de gravitação na gravidade de seu centro.

Observe que interessante, Majestade, repara sisudo Dom Luís, tirando um fascículo manuscrito que desenruga de seu bolso interno. O Antigo Testamento nos ensina que primeiro Yahveh estabeleceu uma aliança com o povo no Sinai por meio de seus Mandamentos. Yahveh ou Moisés, meu caro? Yahveh não se vê, nem assina tratados.

Moisés falou em nome de Deus, isso já o sabe.

Eu?, por favor meu ilustre Dom Luís! se soubesse o pouco que sei, diria que sei menos que Antoine; Olhe-o lá, no alto do ninho de corvo, indico acertando o ar arisco que se eletrizou entre nós em direção à coifa onde o francês dorme sentado; observe-o Dom Luís, roçagante e arrogante porque jamais leu o Antigo Testamento. Crê com o pressentimento, se é que acredita. Olha a imensidão do mar e descobre todas as criaturas que pôs Yahveh que eu não vejo e ele vê: arcanjos rosados, anjos com propósitos sexuais desnaturais e anjos-mulheres, os coros de Dionísio, o Areopagita, o Leviatã, o Behemot*; Antoine é praticamente um Job acometido pela chaga dos redemoinhos, nevascas e tempestades roendo-lhe a medula lá em cima, entre o salitre e o mitral.

> ** Segundo escreveu o bispo em sua "Hierarquia Celestial", há três ordens ou comandos angelicais formados por três coros cada um. Em primeiro lugar estão os comandantes de Deus, firmes, custodiando seu trono. Mais acima, os serafins, verdadeiros ministros divinos, são vermelhos e afogueados. Um pouco mais abaixo estão os querubins, que têm delegado a sabedoria, vá lá saber como; e vestem-se de azul e ouro como o finado Salomão. Por último estão os tronos onde residem a justiça divina, bastante distraída nesses tempos, e que até se diria ociosa; segundo Dionísio, vestem mantos negros como os corvos que enchem minhas estradas judiciais. Na segunda ordem encontram-se: primeiro as potestades; um pouco mais abaixo, as virtude, e mais pra*

lá, os poderes. Não entendo como Deus pôde misturar poderes e virtudes no Céu quando na Terra vão de pauladas. Na última ordem, a inferior, encontram-se os príncipes, depois os arcanjos, e na base da pirâmide hierárquica, os anjos, que segundo São Irineu têm sido criados no verbo e, portanto, devem submissão à voz de Deus. Para o judeu Filão, no entanto, os anjos são os sacerdotes do supremo templo de cosmos. A soma dessas criaturas espirituais é virtualmente infinita; no entanto, há três arcanjos que foram beneficiados com a fama e a popularidade porque algum escritor se ocupou deles: Miguel, chefe das hostes do Senhor, o do peixe , e Gabriel, o correio de Javé.

E no entanto é feliz. Deixa-me continuar?, interrompe, mudando o tom indiferente em uma deixa de exigência urgente.

Continue, por favor, mas não se esqueça de Antonie, que é feliz sem teorias.

Deus firmou a aliança com o povo, depois assinou uma segunda aliança com os reis.

Depois os reis pactuaram com o povo, mas quem é a primeira garantia?

Deus continua sendo a garantia, S.M. Assim o diz claramente a Torá, e depois o confirma o Direito Romano.

Fala-me de uma confabulação entre italianos e judeus, Dom Luís?, pergunto de imediato. Por favor!, deixe de mentiras com gente tão manhosa. Na primeira vez em que se aliaram conseguiram o impossível: a junta imoral assassinou o único homem imortal que nos restava, por acaso essa cruz que pende do seu pescoço não lhe lembra a canalhada? Se quiser saber o que sustenta uma coroa leia Jean Bodin quando escreve que a soberania do poder é indivisível e absoluta, e conste que o diz um jurista reconhecido, procurador e político que lia hebraico e escrevia em bom latim. Leia Bodin, Dom Luís, e note como relega aos Estados Gerais fora do círculo sagrado do poder, reduzindo-os ao que sempre foram: uma junta vizinha para comadres inventada pelo capelo Felipe, o Belo, a princípios do século XIV. Mas se a sua fé fraqueja, leia o calvinista Johannes Althaus, Dom Luís. Já lhe dirá o alemão que de acordo com o Estagirita, o homem é um animal social; e o calvinista ainda acrescenta que a política é a arte de fazer viver os homens em sociedade, não lhe soa inteligente? Leia a "Política Digesta" que caiu indigesta a mais de um anarquista. Sabe o que diz do Estado o jurisconsulto de Westfalia? *Unus* *populus in unum corpus sub uno capite*, que é outra forma de dizer um rebanho dentro de um só corpo territorial, sob uma só cabeça. Se quiser encontrar argumentos num súdito, vá ao jesuíta Francisco Soares. Sabe o que escreveu o filho de Loyola? Na monarquia, diz o irmão Soares, e o nosso é uma monarquia, aprenda de uma vez, o rei governa por uma delegação irrevogável que lhe confere soberania até o ponto de fazê-lo superior mesmo ao reino*.

> ** Em sua luta pela redução dos privilégios da nobreza carolíngia Felipe, o Belo, ressuscitou princípios do Direito Romano. Para substituir o Senado, formou os Estados Gerais que integravam representantes do clero, da nobreza e dos comerciantes do burgo. Combateu os barões e os bispos, com a Plebe no meio. Este "Terceiro Estado" convocou quando lutava contra o papa Bonifácio VIII por umas moedas de ouro que Felipe proibia tirar da França e o papa as exigia, de Roma. Bonifácio VIII afirmava ter em seu poder a tríplice coroa e as duas espadas, ameaçando com a excomunhão do rei. Felipe respondeu difundindo certo livreto que dizia que "antes que existissem curas, existia um rei na França". Este Terceiro Estado foi a primeira incursão dos burgueses pelos corredores do poder. Nunca deveriam ter saído de suas tendas.*

E eu sou mais do que Portugal, Brasil e Angola juntos, Dom Luís. E não penso em renunciar ao meu direito mesmo que venham embarcações me bombardear aqui onde navegamos. Meu poder não admite controle nem limites porque vem diretamente de Deus, para a plebe; mas vem diretamente do poder para mim, como um sol que se reflete num espelho da minha pessoa. O sol-poder me faz poderoso e não devo a ninguém nenhuma explicação e muito menos a menor delegação. Do sol, indico com ênfase o alto, à minha mão, por transubstanciação.

Está escrita a lei, S.M.!, assusta-se Dom Luís.

Deus escreveu apenas as Tábuas no Sinai; e isso é um negócio entre ele e minha consciência particular, mas não tem nenhuma vigência no uso do meu poder. Eu como pessoa devo obediência a Deus, mas a minha investidura não tem dívidas.

Também o está a Santa Igreja, S.M.!, o papa diz em voz alta o que Deus pensa.

Qual papa, Dom Luís? Porque posso relembrar-lhe que em 1409 tivemos três: os italianos tinham eleito o arcebispo de Bari, o malfadado Urbano VI, que após sua morte deixou como sucessor Gregório XII. Os franceses elegeram Clemente VII, que rapidamente transferiu-se a Avignon com todos seus cardeais e ao morrer deixou o trono para ser ocupado por Benedito XIII. Gregório excomungou Benedito e Benedito, Gregório; para resolver o problema convocou-se o Concílio de Pisa* que nomeou um terceiro papa: Alexandre V. Qual dos três era "a voz de Deus" segundo o senhor, meu caro Dom Luís? Ou, dito de outro modo, se hoje estivessem vivos, qual deles seria a verdadeira "voz de Deus"? Gregório, Benedito ou Alexandre?

*A questão era muito mais complicada, atendendo ao Direito Canônico vigente nos estrados católicos. O Concílio carecia de validade. Se Benedito havia excomungado Gregório, e vice-versa, tecnicamente não havia papa: cede a vaga. E a disposição legal diz que apenas o papa pode convocar o Concílio Geral; de nada vale que o Colégio Cardinalício de pleno se pronuncie a favor de uma convocatória se o papa não der o aval do chamado. Alexandre, eleito durante o Concílio, não foi legitimado nem reconhecido como papa e teve que abdicar junto com Benedito e Gregório até que um novo conclave de cardeais elegesse Martinho V, em 1417, dando fim à separação ideológica.

Porque lhe aclaro que os três se contradiziam. Isso foi uma separação ideológica, como tantas.

Não, Dom Luís, não. Cismado é quem desconhece a autoridade do papa; aqui o problema é outro. O problema é: quem era o verdadeiro papa? E o senhor pretende que eu deposite minha confiança numa voz tão incerta?, em um coro de três que se contradizem? Em uma trindade que se admoestam entre si como comadres?

Os súditos só têm o direito de obedecer, e quem não gostar da idéia, que se atire ao mar a nadar no nada. Darei um golpe de graça: primeiro quero ver o Brasil com cabeça para coroá-lo com estas mesmas mãos. Dizem que a cabeça de Tiradentes desapareceu da lança na praça pública onde foi pendurada. Há os que suspiram que a encéfalo-múmia poderia voltar a desgrudar seus cílios, inspirar o novo ar e declarar os novos direitos do Brasil.

Fazem-lhe incenso de trombetas e uma orla de sacrificadoras do candomblé* o ungiram como orixá esperando que a boca-vingativa proclame os novos direitos da República que sonhou desde a morte o conspirador-inspirador.

> ** Não há galo nem ave que se salve dessas degoladoras de qualquer pescoço que encontrem pela frente.*

O senhor sabe que no Estado temos uma nobreza de espada, outra de batas, outra de hábitos, funcionários e comerciantes cada um levando farinha às costas. Quem mantém o equilíbrio se não há uma coroa? Seu Deus, que nem foi capaz de resolver o Cisma? Por que, em vez de nos enrolarmos nessas inúteis disputas quase teológicas não discutimos sobre economia?, pergunto, tratando de ser mais conciliador. Que forma de Fazenda fará um Brasil maior de idade entre as colônias espanholas? Essa é a pergunta, Dom Luís.

Fica olhando as águas como se ali estivesse inscrita a fórmula exata; a equação definitiva para resolver o deve-haver de um futuro reino.

Por que não discutimos esse assunto cada tarde enquanto saboreamos este vinho do Porto divino?, proponho amistosamente, mesmo ele sabendo perfeitamente que estou ordenando.

Eu tenho um plano, Majestade, já pensei nisso.

Jogue-o ao oceano, aproveite esta imensidão faminta, sepulte suas teorias no esquecimento, Dom Luís. Como pensou num lugar que nem sequer conhece?

Posso imaginar o que é uma colônia, S.M.; baseando-me nas informações dos administradores; li todos os documentos do doutor Simões de Carvalho, do delineante José Herrador e seu Mapa Geral; nem o que falar dos detalhes de Teodósio Constantino Chermont, comissário do Amazonas. Tenho revisado à ponta de lápis cada gasto, cada provisão, até o último centavo que entrou e saiu das feitorias de Angola onde se comprovou que os negros cada vez cotam mais.

Olhei tudo de palmo a palmo. Sei quanto gasta cada comissário de partida desde Macapá a Cuiabá.

Contas e contos, Dom Luís!, nem o senhor conhece o Brasil nem eu o reconheço nessa poeira de querer antecipar o balanço de um enigma. Não pode guiar-se pelas informações dos informes. Pense em funcionários chateados anotando números enquanto coçam o nariz arrancando os pêlos que aparecem pelas suas janelas de vez em quando, para matar a monotonia.

Confia nessa classe de compilações?; lá dizem que os cochilos do sertão abrasam os miolos do povo. Dos miolos assados acha que conseguirá a verdade matemática? Por favor! Largue de devaneios.

Que tal se começarmos pelo mercantilismo*?

> ** Monsieur Colbert dizia seu credo mercantilista no tríduo "protecionismo da produção, industrialização e nacionalismo" enquanto conjurava os demônios da França: a Companhia Holandesa das Índias e a Companhia Inglesa das Índias. Conseguiu reunir os interesses dos armadores, artilheiros, comerciantes e o Estado francês sob o mesmo propósito: ampliar o mercado, saindo à frente.*

Juntar ouro, industrializar ao máximo para vender fora e proteger a produção nacional. Estoque de ouro como respaldo, choque de produtos para o exterior.

Não funcionará, S.M., já fracassou no caso da Espanha dos Felipes.

Aquilo era um monastério medieval, não um governo! Imagine-se, com toda a prata de Potosí, Espanha comprou a própria miséria! Sei que o senhor, como bom cristão, desconfia do mercado.

Por algum motivo Cristo expulsou os comerciantes a chicotadas, S.M. Nenhum país pode viver apenas do comércio, a compra e venda acaba donde acabam os produtos.

Concordo!, digo com um golpe no peito, por isso pronunciei a produção nacional. Pense, Dom Luís, o Brasil como o centro industrial da América do Sul. Temos desde o Amapá até o Rio Grande do Sul; desde o Acre até a costa de Recife.

Trace com esses pontos a cruz do sul na Terra. Tem tudo ali, em frente à América do Sul, a parte da frente das gêmeas, a que antecipa o futuro. Atrás, essa Esila geográfica pode ser levada como mochila às colônias espanholas; pode carregar com os vales venezuelanos, a coluna vertebral dos Andes e o ventre insaciável das pampas argentinas que ficaram olhando o passado, paralisadas, igual à "pátria mãe" que se entregou aos franceses como uma prostituta. Pense, Dom Luís, as companhias comerciais serão os novos exércitos reais; já é hora de trocar as baionetas por moeda que soa e que se possa contar. Lá onde os atrasados hispânicos apontam com balas, nós devolvemos bem-estar, produtos de qualidade, competência. Contra isso não há canhão que agüente. Quando o povo elege, o exército não se intromete. Depois de tudo, os militares são treinados para obedecer, não para mandar. Os hispanóides estão fechados olhando o umbigo como o gato quando dorme, o comércio é a guerra do dinheiro, como bem dizia seu comparsa Colbert. Não comprar nem um gênero, nem vasilhas, nem telhas.Tudo será feito no Brasil.

O senhor se esquece das vantagens comparativas, S.M.

Não me venha com geringonças econométricas, Dom Luís. Que nova festa é a "vantagem comparativa"?

Às vezes, custa mais caro produzir um artigo que comprá-lo fora. Suponhamos, continua, um pouco mais entusiasmado com a discussão, que o Brasil não tenha cobre, ou que custe um alto preço a extração dele. Fabricaremos vasilhas de cobre a preço de ouro, quando poderíamos consegui-las quase dado de Antofagasta? Pelo que sei, não há clima para as videiras na Amazônia, e por isso passaremos o resto da vida sem um bom vinho na mesa? Não, somente teríamos que pensar com o que trocá-lo nas bodegas, Majestade. Isso é vantagem comparativa.

Aproxima-se sigilosamente meu ajudante para me avisar que o acadêmico Alvo Gonçalves de Ledo está de cama devido às manchas vermelhas que lhe brotaram no corpo. Quer saber se trouxe algo da *Sainte Ampoule**que me ofereceu meu primo Borbão.

> * Esta *Sainte Ampoule* é uma redoma de vidro com azeite de baleia que se vem usando na consagração dos reis da França e supõe-se que cura tumores malignos. A *Sainte Ampoule* se conserva na abadia de Saint-Remi de Reims.

Senhor, Majestade!, vem gritando o conde-camareiro pela ponte principal, interrompendo, como é do seu costume, uma conversa.

O Almirante está perplexo! Anuncia com olhos altaneiros.

Que Almirante? Do que está falando?

Há uma ilha no caminho, S.M. Uma ilha que não consta na cartografia, e para ajudar, apagaram-se os ventos, os braseiros jogam fumaça, se visse o fogaréu na sala das máquinas, voam as brasas, os cilindros tremem como que atacados por malárias imóveis. E a ilha lá, diz aceleradamente apontando, como se ali atrás estivesse à entrada do Hades.

Não é possível, digo, enquanto o Secretário da Fazenda me observa em silêncio. Como pode ser uma ilha desconhecida interpondo-se entre meu barco e meu destino? Busquem ao mestre da cartografia e aos ligados a ele!

Alguns deles estão remexendo projeções, cartas do Arquivo Real de Sagres foram quadriculadas a lupa, revisaram cada milímetro da maré oceânica, S.M., e poderíamos dizer que essa ilha nasceu hoje. Estamos a 28 graus, cerca da linha zero que divide em dois a Terra, Majestade.

Justo no limite entre o Norte e o Sul.

Vem o Almirante, pálido no meio da brancura do seu uniforme. Em Num grande silêncio, confirmando o que falara o conde-camareiro, disse como em uma exasperação.

Não sabemos nada dela, assegura, retirando o chapéu emplumado e apertando-o contra o peito como quem presta condolências. Entristece-se pelo que não sabe. Supera-se todo o sofrimento que me ocasiona o que sei, estaria muito contente de sua douta ignorância, meu Almirante.

Temos que desembarcar de imediato e tomar posse do que for, em nome do reino de Portugal e do Brasil, ordeno sem sombra de dúvida.

Espero sua ordem, S.M., para descer com uma escolta de inspeção, acata meu Almirante Real.

De forma alguma! Pego-me dizendo, eu mesmo desembarcarei a explorar essa ilha misteriosa.

O almirante se situa e ordena à tropa preparar a descida do bote de auxílio. Abreviou a comitiva. Apesar de uma espessa neblina parecer ferver desde o mar, obscurecendo a imobilidade, apenas aceito o acompanhamento de Dom Luís, o conde-camareiro, que não pode faltar, que nem por um diamante bruto perderia a aventura, e três guardas armados com fuzis e baionetas. Joel, com o dorso descoberto e o rosto sem barbear, nos recebe na barca. Ninguém fala nem canta. Apenas chegam de longe as cantigas das beatas, sempre atentas ao despertar de Deus, absortas na sua liturgia desde sua embarcação – monastério.

Joel rema na proa do barquinho ajudado por um dos infantes da guarda. Ao nos aproximar, a costa da ilha não parece hospitaleira; cheia de escarpas e pedregulhos, nenhum lugar parece ser apto para o desembarque.

Rodeamos uma espécie de península rochosa e negra atrás da qual aparece uma enseada com praias mais pacíficas. Uma fumaça turva oculta no alto a extensão dos riscos, não se pode sequer ver o relevo ou a altura dessa terra misteriosa. Por que disseram que se tratava de uma ilha? Alguém viu onde acaba?

Não pode ser terra firme, Majestade, ressoa a voz do Almirante.

Ao por o pé em terra, um dos tenentes efetua um disparo. Nada se meche ao redor, como se o espaço fosse surdo. Os dois guardas trocam olhares que pretendem serem táticas, mas na verdade, não entendem nada, nem onde estão, nem o que fazem nesta parada inóspita.

A cerração do céu se faz cada vez mais empoeirada, algo que não chego a ver se aproxima e o conde-camareiro retrocede pegando-me o braço.

Cuidado, Majestade.

Sinto como um torpor, um peso sobre a minha consciência que a deixa obtusa e abatida. As pálpebras pesam muito, e até os movimentos obtêm um torpor que me faz lembrar Giácomo Tortozzi quando interpreta a lenda de Tristão e Isolda com suas marionetes baratas.

Lá adiante há um bosque estranho, comenta o conde-camareiro como se alguma coisa para ele pudesse ser novidade. Deixo-me guiar e sinto que os meus pés apóiam-se sobre a terra quebradiça, pedriscos frágeis que afundam ao serem pisoteados; depois atravessamos uma espécie de senda na qual a caminhada se arrasta pesadamente. Há umas árvores desconhecidas, S.M.

No silêncio que se segue, apenas o grunhir do couro das bandoleiras dos guardas lembram a presença deles atrás de nós.

São árvores vestidas de inverno, Majestade, me traduz o conde-camareiro. Os ramos retorcidos parecem troncos de videira, de tão nuas e cheias de lenhas curtidas, mas, além disso, no lugar onde o tronco se abre nos ramos há pequenas cabeças humanas.

O quê? Picaretas?, pergunto num salto, alarmado pela notícia. Espero que o Almirante não tenha acabado de descobrir a ilha dos santos do Charente, e acabemos exterminados pela selvageria dos náufragos.

Não, Majestade, são crânios reduzidos como esses que trouxe o finado demarcador de limites e conde de Bodadela, José António Freire. Os fetiches da Amazônia! Não serão as cabeças de Tiradentes e seus comparsas?

São parecidos a esses, S.M., mas estão incrustados na madeira dessas árvores, tanto que se diria que não há separação entre o cabelo e a rugosidade da madeira. Todos têm a boca costurada com fios que pendem, as peles pretas e enrugadas; com os olhos fechados, parecem estar sonhando profundamente.

Quando começo a recobrar a visão, vejo apenas umas dunas que se cruzam de um lado a outro pressagiando um deserto de areia, quando sinto que o conde-camareiro larga meu braço apontando do lado uma cova que bosceja num paredão de pedras cinzas como granito.

O Almirante se posta diante de mim, esperando uma ordem, obviamente. É preciso explorar a caverna, tenho sede, ordeno. Sei pelas informações dos demarcadores de limites que as grutas na rocha alojam sempre alguma nascente de águas límpidas.

Quando entramos, a turbidez das trevas somente deixa ver um amplo antro no qual se abrem quatro ou cinco bocas de túneis, um deles iluminado pelo fraco resplendor de umas fogueiras.

O que é?, inquiro. Acho que há um monge, diz o conde-camareiro. Era o que faltava. Um anacoreta insular. Entre soldados e padres, voltamos sempre ao princípio.

Também há um leão com a juba dourada, recostado aos pés do frade, continua o conde-camareiro.

Nisso, a fera bramiu enchendo a caverna de um tremor espantoso; os guardas carregaram as armas apontando à besta que começou a nos olhar com indiferença.

É inofensivo, disse a voz um tanto cansada do irmão asceta, julgando pela cor parda. Estava sentado com as estampas de São Jerônimo, escrevendo sobre um apoio rústico. No piso da cova notavam-se os rastros dos arranhões da fera ao afiar suas garras.

O que faz aqui?, adiantou-se o conde-camareiro. O mesmo que o senhor: faço perguntas, respondeu a voz do recluso religioso.

Quem governa aqui?, quis saber.

Eu, disse o monge secamente. O leão rugiu suavemente chicoteando o rabo de um lado para outro.

A quem governa? Continuou indagando o conde-camareiro.

A mim mesmo, e acreditem que tenho bastante trabalho apenas com isso. Lembrem-me de que dependemos dos representantes, concluiu.

Onde estão seus guardas e milícias?, quis saber, já que não via nenhum soldado custodiando aquele palácio de governo tão singular em meio a uma cova escurecida.

Não tenho guardas. Foram licenciados depois da revolução.

Revolução? Até aqui chegaram? Digo indignado, pensando que se queimaram os conventos jacobinos onde nasceram, bem que poderiam lapidar um pobre ermitão retirado do mundo universo sem um grama de remorso para suas consciências.

Não sei do que me fala, respondeu o irmão apoiando o braço de novo onde estava escrevendo, mas sei que é difícil depender de um representante.

A Revolução Francesa! pulou o ladino para aclarar com luxo de detalhes a convocatória de Luís XVI aos Estados Gerais, a reunião do dia cinco de maio em Versalhes, a separação do Terceiro Estado para constituir a Assembléia Nacional,

O juramento da Quadra da Bola, a tomada do Hôtel de Ville, do Palácio dos Inválidos e da Bastilha. O coitado eremita escutava o relato sem dizer nada, anotando uma ou outra coisa no seu manuscrito. Quando enfim veio o silêncio, este aclarou: Não, eu falava de outra revolta que aconteceu aqui quando tínhamos um governo democrático com representantes.

Por que não nos conta?, pediu com um tom interessado o conde-camareiro; meus guardas se recostaram contra a parede da gruta, descarregando as baionetas contra o chão, dispostos a dormir vendo que não existia nenhuma ameaça sobre nós.

Um filete de morcegos enormes pendia de uma aranha dormindo pacificamente. O Almirante me ofereceu uma pedra bastante alisada como assento e depois, ele mesmo afundando seu enorme ventre felpudo entre o cinto e suas mãos, suspirou profundamente e sentou-se ao meu lado, cruzando os tornozelos.

Não sei por onde começar, balbuciou o monge, traçando uns riscos no ar com o indicador da sua mão direita titubeante.

Eu se fosse o senhor, começaria pelo início, sugeriu o conde-camareiro.

Imediatamente replicou o eremita da cova: Não sei se tem princípio.

Tudo sempre tem um começo, disse o almirante, homem empírico e pragmático, deixando aparecer seu abdômen volumoso. Balançava-se suavemente em seu assento, de trás para frente.

A política não tem princípios, disse de forma categórica o monge. Isso foi demonstrado pela Democracia. Diziam ser o menos ruim dos sistemas políticos, mas se esqueceram de que dependia dos representantes.

E não é assim?, perguntou, abrindo a boca, o conde-camareiro.

A opinião da maioria não tem por que ser a verdade. Apenas é uma opinião, nada mais. A maioria se engana tão facilmente com a minoria.

Bem, repôs o almirante que parecia estar adormecido, mas pelo visto seguia atentamente a conversação, isso depende da cultura de cada um.

A Universidade de Paris em plenário acadêmico jamais se enganaria! Estremecia-me pensar que essas exclamações poderiam despertar os vampiros-dormentes.

Não se ache, não tenha tanta fé, disse imediatamente o monge, o senhor se esquece que riram de Copérnico quando publicou sua teoria? E que consultores e teólogos obrigaram Galileu a se retratar publicamente? E que queimaram Miguel Servet por ter dito que o sangue circulava por todo o corpo? Não foi a plebe dos campos, senão os doutores que imputaram esses julgamentos.

Vox populi, vox Dei!, exclamou o conde-camareiro como quem saca um ás de ouro da manga. O eremita acariciou a juba da besta que bocejava abrindo umas faces imensas e pontudas; olhou o teto da gruta e respondeu como quem vem de uma longa decepção: Linda fórmula, aceitou sem entusiasmo o frade, mas nem Deus nem o povo falam, disse, e depois perguntou: em todo caso, quem é legitimamente sua voz? Muito tempo pensamos que os profetas e os sacerdotes falavam em nome de Deus; o Ocidente levou mais de dez séculos para compreender que falavam em nome da Igreja, que nem sempre é Deus. Não em vão, há mil igrejas, e se é verdade que existe, há um só Deus ou não há nada.

O povo fala através das multidões!, saio infectado por tanto folhetim progressista.

O monge seguiu amansando a fera, coçando-lhe a cabeça até que o imenso leão se deitou de costas oferecendo o ventre como se fosse um gato carente de carícias.

Contar-lhe-ei algo. Tudo começou quando o Ministro da Fazenda propôs uma série de medidas para diminuir o gasto público. O Estado gastava demais: salários a centenas de funcionários que cada vez trabalhavam menos, já que tinham salários fixos e havia que acrescentar mais pessoal para fazer o mesmo trabalho de sempre.

A tal ponto chegou a calamidade na ilha, que o que produzia não dava para cobrir o que gastava e as finanças entraram em colapso. Os burocratas fizeram uma parada e depois se mobilizaram defendendo os cargos públicos que o Ministro, com toda razão, queria reduzir. A praça se encheu de mil e cem manifestantes, protestando com viva voz, com cânticos, hinos, etc. Por outro lado, os comerciantes, industriais e empresários também se manifestaram aprovando vivamente as medidas que o Ministro havia proposto, já que tinham fundamento.

Também mil e cem pessoas gritando "viva!" e marchas e cânticos. A pergunta é: qual dos grupos sustenta a verdade? O primeiro? O segundo? Os dois? Nenhum?

Levando em conta que os dois representam o povo, na maioria das vezes é difícil dizer. E mais ainda quando entendemos que a multidão não tem vontade própria. Sempre há líderes, indivíduos que instigam os demais.

Que pensam pelos outros. Asseguro-lhes que os mil e cem de cada bando tinham alguma confusão referente ao que realmente reclamavam. Então, nos perguntamos: de quem é a vontade afinal? De cada manifestante ou dos caciques? Tenho observado que os mais incendiários defensores de uma causa coletiva, quando estão sós, duvidam que sim ou que não. Era uma idéia própria a que agitavam ou apenas se contagiaram do entusiasmo dos cabeças? Nada é mais perigoso do que a massa humana.

Uma besta, disse maneirando a voz enquanto acariciava sua mascote, tem mais sabedoria que a massa de gente; visto que se há cem pessoas numa turba, não há mais do que cem feras por trás, a tal ponto que nem sequer mantêm os instintos mais primitivos.

Intervi para discutir esse ponto. Há grupos humanos organizados, fora da plebe.

Eu me referia à massa, não aos grupos organizados hierarquicamente, apressou-se em dizer o cenobita.

Na dúvida, aclararei com firmeza diante do meu Almirante e de meus súditos: um Governo é um grupo de pessoas especialmente treinadas para o comando, que possuem interesses em comum e conduta estável, fora do capricho dos mandantes.

Para isso está o Estado, reconheceu, para equilibrar as forças que estão constantemente em conflito de interesses dentro da sociedade, puxando, cada qual, a corrente a seu favor. Mas como se tratava de uma democracia, veio a complicação. Três partidos políticos lutavam pelo poder. Eu, disse tranqüilamente o monge abrindo um livreto no qual tinha anotado suas coisas, fiz esta simplificação. Não sei se querem saber mais...

Claro!, disse o fofoqueiro conde-camareiro, sempre pronto a intrometer-se onde não lhe diz respeito.

Um momento, interveio de repente meu Almirante, e olhando fixamente o monge, voltou a cruzar os braços sobre o ventre avolumado para dizer: lembro-lhe que tinha de falar dos representantes.

Sem dúvida!, sem isso não poderíamos saber o que é uma democracia, reconheceu nosso inquietante solitário; deu a mão para que o leão lambesse e recomeçou seu relato: talvez o meu esquema seja um tanto simplório, mas para essas coisas convém simplificar o complicado.

O que é um representante?, indagou. Nosso Rei!, apressou-se em me colocar como exemplo o conde-camareiro.

O monge coçou a cabeça um pouco confuso. Eu diria que não, rebateu, porque vosso Rei não foi eleito pelo povo. No entanto, os representantes são eleitos para mandar, a maioria que os elege deposita essa responsabilidade coletiva na pessoa* do representante.

* Recorre a Boecio, o frade: para a "consolação da Filosofia"
"Pessoa" é uma substância indivisa e pensante.

É, disse o monge, uma equação matemática muito complexa. Não é uma só coisa senão a soma de milhares de atributos numa só substância indivisa e pensante. E os atributos são vontades. Viria a ser um ser que comanda as decisões dos tantos outros! Deduziu o Almirante procurando esclarecer o assunto. O frade ficou pensando um instante e completou: uma vontade individual que expressa o arbítrio coletivo de seus representados. Mil pessoas num só ser verdadeiro.

Acho... que não entendo, disse então o Almirante. Não foi o que nos ensinaram no catecismo? Três pessoas num só Deus verdadeiro. Não era assim?, averiguou, já quase reclamando por tanto proselitismo misturado com teologia. Não entende nada!

Reinou o silêncio. O leão abriu a face e logo lambeu a boca com ar sonolento. Tente, recomendou o monge ao meu Almirante, faça um esforço e verá tudo o mais claramente.

Continuo sem entender bulhufas, assegurou o Almirante. Como já imaginava, o conde-camareiro interveio para aventurar uma hipótese: suponho, começou dizendo com aquela aparente voz de segurança que usa cada vez que me lê um desses panfletos dos rebeldes iluministas que cada vez o afundam mais na escuridão, que todos queremos governar os demais.

Exatamente, consentiu nosso monge politiqueiro.

Mas isso de mandar todos sobre todos seria impossível, disse valentemente o conde-camareiro, porque geraria uma enorme anarquia, se cada um tomasse o governo em suas mãos.

Correto, disse o monge.

Então, iluminou-se o conde-camareiro, nos agrupamos para eleger quem nos representará, e que esteja treinado no exercício do comando.

O problema é, intervém, quem é esse alguém?

Como se a paciência lhe pesasse, o eremita levantou-se e sem avançar e nem se mexer, já que o leão o impedia, começou a explicar: na ilha existiam três partidos políticos, o primeiro, a quem denominaremos "Azul", o formavam vinte cidadãos, gente sem emenda; o segundo partido, o "Vermelho", tinha quarenta militantes, eu diria que em sua maioria delinqüentes, organizados em sindicatos e movimentos sempre inspirando agitação no povo; por último, o partido "Branco" alistava uns setenta e três cidadãos, alguns honestos, outros mais ou menos e outros francamente corruptos. Entende até aqui?, quis saber o monge.

Entendo que temos mais malandros do que pessoas, disse meu Almirante Real com tino. O conde-camareiro saiu a defender a causa perdida antes de começar:

Assim anda o mundo, limitou-se a intrigar. A pergunta, continuou o eremita, é: podem governar-se a si mesmas doze mil e trezentas almas?

Nunca, me adiantei a responder sem hesitar. O monge-expositor prosseguiu com mais ânimo. Doze mil e trezentas pessoas são doze mil e trezentas vontades; doze mil e trezentos interesses diferentes e até opostos, ou seja: desarranjo, barulho, caos, anarquia. Ingovernável. Eu sugeri escolher um representante que fosse o fiel reflexo dos doze mil e trezentos habitantes; mas como disse vossa Majestade, fez sinal com a palma da mão, a quem eleger? Cada partido propunha um candidato: qual dos três candidatos escolher? Ao partido Azul, obviamente!, exclamou o Almirante e depois de olhar-nos explicou: é gente honesta. Não tão "obviamente" então, discutiu nosso monge, não se esqueça que o movimento é representativo e o partido Azul, com vinte dirigentes contra os cento e três que somam os opositores Vermelho e Branco, nos dá a incômoda solução de 20,6% do total. Quer dizer que, se fosse eleito, contaria com uma oposição de 79,4% e não poderia governar. Além do mais, impor-se a elite minoritária não seria democracia e sim aristocracia, que é o que sempre tentou combater um verdadeiro sistema republicano. No entanto, objetou meu Almirante, seria um governo excelente.

O monge volta a se assentar, e enquanto examina seus escritos, responde: não esteja tão certo disso. Pense que todo o partido Vermelho e grande parte do Branco não estariam de acordo com o senhor, já que não defenderia os interesses deles. E quem quer defender os interesses dos delinqüentes? Perguntou quase indignado o Almirante.

Os próprios delinqüentes!, respondeu o monge com naturalidade, não se esqueça que formam a maioria, e na democracia contam as cifras.

Um algarismo é mais importante do que mil títulos de honra.

Meu obeso Almirante Real encorpou-se como que empurrado por molas; tirou o chapéu com plumas sedosas que tremiam ao ritmo de sua indignação. O rosto congestionou-se; menos mal que vive num reinado, longe das investidas da democracia.

Isto é loucura!, bufou, segundo vejo, parece que estamos obrigados a eleger um criminoso como governante.

O monge o olha com certo ar de benevolência, sorriu ao leão que o olhava. Não se apresse. Pense que a verdadeira maioria é do partido Branco com setenta e três cabeças e ali há bons, regulares e maus. Chamemo-los "intermediários" para abreviar.

"Intermediário" entre ser bom e mal?, disse o conde-camareiro com tom escandalizado. Jamais ouvi algo parecido. Ou se é bom, ou se é mau.

O monge levantou a vista rumo ao teto da gruta, mas com o olhar mais além, no plácido céu das idéias eternas onde tudo permanece imutável apesar das aparências e o desgaste que experimentamos diariamente neste vale de lágrimas.

Buscou a resposta justa, a achou quando se iluminou o seu semblante beato e então disse: Poderia ser que algumas vezes fossem honestos e outras vezes, um pouco canalhas. Nunca se lhe ocorreu isso?, indagou olhando o conde.

Antes que emitisse a primeira consoante para responder, olhei pra ele com a mesma força da sua consciência e este baixou os olhos sem dizer nada. Claro que sempre lhe acontece.

De forma que, continuou dizendo o expositor, o representante teria de surgir necessariamente do partido Branco. Mas, quem? E isso pleiteia um novo problema: como eleger o representante?

Eu elegeria o mais honesto dentre eles! Propôs o Almirante. O conde-camareiro estava a ponto de apoiá-lo quando mudou de opinião. Eu me inclinaria pelo que contemple melhor os interesses da maioria, corrigiu.

Talvez isso tivesse sido o mais apropriado, começou dizendo o monge retirado, mas vou contar a vocês o que realmente aconteceu.

A voz do monge começou a retumbar de um modo estranho, como se fosse um eco de sepulcros. Pouco a pouco voltava à nostalgia do passado em sua voz: quando se quer domar a consciência, esta acaba por devorarnos. Propuseram-se cinco candidatos ao Governo, uns mais decentes e outros mais duvidosos e o quinto, um renomado foragido da pior espécie: fraudulento, trapaceiro e malandro por qualquer lado que o olhemos. Um verdadeiro pilantra.

Que curioso!, comentou meu Almirante Real.

Sim, reconheceu o monge retirado, e prosseguiu com o seu relato. Durante cinco meses se fez a campanha de cada um dos cinco candidatos para ganharem a maioria de eleitores no dia da votação. Cada um expôs o que seria seu programa de governo, criticando acidamente as idéias dos adversários.

Impaciente, o rosto do conde-camareiro parecia estar repuxando na contenda relatada. Não sabe ficar na sua: continuamente procura sair como se estivesse com ele alguma força que o ameaçasse. Maior dano causa às pessoas o que ignora do que o que conhece em si.

E o que aconteceu?

O frade seguiu com o relato. A propaganda tem os seus custos, como todo mundo sabe; portanto, o mais rico conseguiu os melhores espaços, organizou reuniões imensas, com jantares e brindes.

"Poderoso cavalheiro é o dom dinheiro", recitou com tom marcial o conde-camareiro. Quem acham vocês que ganhou as eleições?, averiguou o coitado monge arrastando suas condolências enquanto a fera amansada ronca-va grossamente aos seus pés. Como ninguém respondeu, repetiu a pergunta.

Meu Real Almirante, acredito como sendo seu o dever de desvendar o mistério: o foragido, disse resignadamente.

O conde serviçal parece ter duvidado por um instante. Um momento!, alertou. Há uma coisa que não entendo, porque, sendo um reconhecido *capomafia*, militava como Branco e não como Vermelho que era o partido dos corruptos.

Tinha tanto dinheiro que até conseguiu comprar o passe, e, além do mais, o senhor já deve saber que na máfia, nada é o que parece e nada parece o que é.

Meu Almirante Real ficou estagnado. Pôs-se de pé.

Eu acredito que mais cedo ou mais tarde terminamos parecendo o que somos, irremediavelmente.

Ou sendo o que aparentamos, corrigiu ao mesmo instante de uma maneira solene o conde-camareiro.

O eremita parecia não escutar essa troca de dardos entre meus súditos, senão que decidiu continuar seu relato com o tom de quem já aprendeu as regras indispensáveis do jogo do poder.

Assim chegou ao governo a corrupção, o presidente foragido instalou um sistema de depravação no controle público, baseado em subornos, dádivas e propinas nas licitações; leveza da justiça e perseguição dos opositores e denunciadores.

Em pouco tempo o exemplo de cima fomentou a desordem embaixo e todo o sistema caiu como um castelo de naipes.

A democracia, intervi, sempre tem sido um castelo de baralho armado pelos escravos para distrair os amos, que nunca deixaram de governar.

Agora, disse o monge, se me desculpam, continuarei com os meus exercícios espirituais de penitência para tentar remendar o passado. Essa idéia me tortura, nem sequer posso dormir em paz, praticamente não me alimento e sinto tanta culpa que nem consigo me olhar no espelho.

O conde-camareiro, príncipe entre os vaidosos do reino, se espantou. Olhou desconcertado ao seu redor e perguntou: Por quê?, o que tem a ver o espelho com tudo isso? Antes, explicou o monge penitente, me olhava no espelho até que entendi que é sumamente perigoso. Como? Por que é perigoso?, voltou a indagar meu secretário. Impassível, olhando fixamente a uma distância no alto enquanto buscava com a mão a juba do leão, o monge penitente relatou: Uma vez vi a mim mesmo cometendo um erro frente ao espelho. Vi duplicada a imagem, percebe? Se já é espantoso enganar-se uma vez, verão o terrível que é andar duplicando gratuitamente o mal pelo mundo como se tivesse pouco.

Meu Real Almirante, homem de espírito eminentemente prático e nada propenso às teorias, negou várias vezes com a cabeça e esperou que o monge fizesse silêncio para por em dúvida o que acabara de escutar.

Não está exagerando um pouco? Não, respondeu o monge retirado, como o olhar abatido de sua fera e com a voz apagando gradualmente, como a iluminação de um farol no inverno; outra vez fiz um dano tendo um espelho adiante e outro atrás. Paralisou-me ver que um mesmo delito se reproduzia numa galeria interminável de imagens copiando sem cansaço a infração.

Poucas vezes senti tanta angústia. Não adivinham que alguém, além da minha consciência, poderia ser espectador da minha má ação, tão multiplicada que poderia chegar até o infinito? Assim é fácil chegar até Ele. Posso jurar que essa idéia me persegue e não me dá trégua. Não posso tirá-la de cima. Cheguei a pensar que o resultado da minha maldade poderia danificar a outros inocentes repetindo-se incansavelmente em outros espaços como as figuras do espelho que saíram dele invadindo quem sabe até que distância.

Do leão, que permanecia deitado com as patas na frente como se fosse a Esfinge de Gizé, começou a tremer a pele por todo o corpo formando ondulações.

Como se lhe custasse crer em algo que havia presenciado, meu Almirante Real mexeu nos bolsos da sua jaqueta de onde tirou um binóculo que o ajudava a inspecionar os cantos do oceano, e olhando fixamente o rosto do monge, exclamou:

Mas isso é impossível? Existe apenas um só mundo e as coisas acontecem aqui, de uma só vez e para sempre, definitivamente. Não se repetem por aí como se fossem retratos.

Quem dera pudesse estar tão seguro disso!, suspirou o monge penitente, tem visto quantas estrelas tem o céu?

Muitas!, apressou-se em responder o conde-camareiro. Muitíssimas. Milhões delas: em demasia.

Assim é, consentiu o frade, e cada uma poderia iluminar outros mundos nos quais alguém poderia se olhar num espelho e vir ou me vir cometendo uma injustiça.

O senhor não está falando sério!, disse o Almirante Real. Não sei porque estava tão afetado por tudo o que dizia o monge anfitrião na ilha misteriosa.

Tudo isso é um pouco tonto, interveio o conde-camareiro, não percebe que são apenas imagens do seu corpo? Cópias sem autonomia nem vontade, simples reflexos que deixam de existir quando alguém os vê. Que mal podem causar?

Vejo, disse o monge, que não entenderam bem. Eu falava de "espelhos" quando deveria ter dito "o olhar dos demais", sem ir tão longe, o dos meus vizinhos e párocos,,porque saberão que vocês falam com o cafajeste que resultou eleito presidente daquela república democrática que nasceu pra morrer. O infinito que me condena são os livros de história, em que ninguém me esquecerá, lembrando-me como um corrupto detestável para sempre. Outros vão querer copiar meus feitos achando-se espertos e se surpreenderão fazendo o mesmo que eu fiz: fraudes, trapaças, desfalques. Todo o poder está feito de espelhos falsos e cremos que podemos enganá-los usando novas mentiras, e apesar da mentira parecer infinita, sempre é a mesma. Acreditem que me sinto responsável de ter empurrado a miséria e a pobreza a muita gente. Corrói-me no fundo da alma.

E começou a soluçar suavemente, enquanto o leão o consolava lambendo-lhe a mão. Todos estávamos perplexos, mas o reflexo da curiosidade do conde-camareiro foi mais forte e perguntou:

Não seria porque os governantes não têm consciência?, como todos o olhamos com curiosidade, se defendeu: li isso em *O Príncipe*, do florentino.

Se não a têm, se inventam as rezas, assegurou tristemente o monge preso em seu próprio atordôo.

Que rezas?, procurou saber o Almirante.

Viu a selva que rodeia esta gruta?

Sim, um bosque muito estranho. Cheio dessas árvores com cabeças.

Cada vez que me aventuro fora destes muros de pedra, disse, indicando as paredes úmidas da caverna, essas encéfalo-múmias dos inimigos a quem exterminei direta ou indiretamente me lembram da minha infelicidade. É como uma reza que nunca acaba porque não tem começo.

Não estará vivendo num pesadelo?, se atreveu a dizer o conde-camareiro.

E quem não está?, replicou imediatamente o monge. Por acaso o senhor é feliz? Todos vivemos em meio a um pesadelo mas procuramos crer que sorrimos.

E sua república?, perguntei, já que não havia observado guardas nem sentinelas em todo nosso trajeto.

Outro problema, queixou-se quase respirando o ar insano do passado, tive de licenciar a todos...

Por quê?

Os militares, disse suspirando, são uma classe cheia de costas. Note quão ingênuos somos nós os governantes: treinamos o uso das armas de um pelotão, os mimos de apetrechos, depois o Estado lhes paga salários miseráveis e nos surpreendemos quando cometem um delito. Quem, no seu são juízo, morreria de fome sabendo manejar a arma que tem nas mãos? Converteram-se em bandos de foragidos que assaltavam, seqüestravam e extorquiam os outros! O sistema inteiro caiu em uma semana. Nem toda a culpa foi minha, mas sim toda a consciência. E o senhor me diz que não há realidade por trás das imagens?

Gostaria que escutasse durante um passeio as infelicidades que me perseguem, no passado e no futuro. Fiz costurar a boca de alguns mas foi em vão: continuam rezando suas maldições. Já não quero ver, nem ouvir, o mundo tornou-se um imenso vazio para mim.

Dizendo isso, de um sopro apagou as velas e a escuridão fechou-se na cova cega. Com tropeços, saímos do jeito que podíamos. O conde-camareiro guiou-me entre as sombras sem dizer uma palavra. Afinal alguém o deixara mudo. Atravessamos o bosque mumificado em silêncio, as pequenas cabeças tatuadas, talhadas, incrustadas, pareciam dormir. Chegando de novo à praia, às nossas costas, escutamos um murmúrio parecido a cânticos. Entre tantas palavras, só consegui reconstruir uma frase: "o governante é um deus transformado em animal".

Voltamos à embarcação sem dizer nada enquanto a ilha misteriosa ia-se apagando como se tivesse sido parte de uma imaginação. Os sons familiares da embarcação fizeram-nos retornar à realidade.

Conclusão do quinto capítulo.

A intenção de escrever é perniciosa. Uma vez instalados no Brasil, decretarei a proibição expressa de publicar notas, volumes, tratados, teses, estudos como aqueles que em um futuro um tanto incerto, um certo Euclides redigirá, retratando o sertão, meu sertão brasileiro. Por acaso não proibiu Platão em sua *República* aos poetas de escrever sobre os deuses porque os rebaixavam à condição de humanos? O que é essa moda* de andar blasfemando gratuitamente, denegrindo o sagrado para se revolver no lamaçal? Acaso torna-se bendito o esterco? Não, somente se sujam os deuses e todos terminamos afundados até a nuca na imundície e no esgoto. A partir de hoje fica terminantemente proibido escrever, mesmo que em fábulas, as seguintes palavras: poder, governo, república, democracia, Estado, liberdade.

> ** Outra revelação dada pelos iluministas, sempre invejosos de toda hierarquia, procurando igualar macacos com os patrícios e aristocratas como se a linhagem e o sangue não tivessem ensinado alguma coisa à civilização.*

Não há panfleto ou livreto que não a tenha na cabeça. Se tivéssemos que recolher todos os crânios cortados pela idéia da liberdade, saberíamos com certeza quanto perigo há em semear pensamentos no povo. Busquem em todos os cantos, apalpem no escuro, mas encontrem essa palavra maldita. Cortem-na desde a raiz!

Notem o que aconteceu com Danton, Marat e até com o pai da Liberdade, Maximilian Robespierre. Todos tiveram fim, assassinados pela paixão insana de seus libertos.

Bem que advertiu Edmund Burke** quando acusou os filósofos de ter pregado sermões sinistros ao povão, até botá-los nas ruas a degolar a Ordem sem outra ordem do que a da desordem.

> *** Em, "Reflexões sobre a Revolução da França", de 1790.*

Que apodreça o argentino, que escreva à sua madrinha. Não porei a cabeça na boca do lobo levando o difamador à Bahia de todos os Santos para convertê-la num centro de conspiradores.

O oceano irá diluindo a tinta e o seu fervor. Logo em seguida já põe mãos à obra no escritório do conde-camareiro* para acabar com essa coleção de infâmias iluministas que o fazem perder a luz da consciência. Ao *Sheol*, onde arde o fogo eterno, cuja música é o ranger de dentes! Fogo cruzado sobre as palavras distorcidas. Não há maior prazer do que ver idéias reduzidas a pó. Aproveitem e acabem com o baralho de tarô de Marselha. Não perdoem donzelas, enforcados, rodas, eremitas nem à própria morte: tudo à Gehena e joguem as cinzas extintas ao mar. Não há nada melhor do que ver o que está por vir reduzido a pó.

> * *Ultimamente tornou-se fanático do tarô francês; passa as tardes conversando com três ciganas obesas com esses horríveis diademas de moedas de cobre. Enquanto embaralham as cartas, falam de autoridades como se fossem seus parentes.*

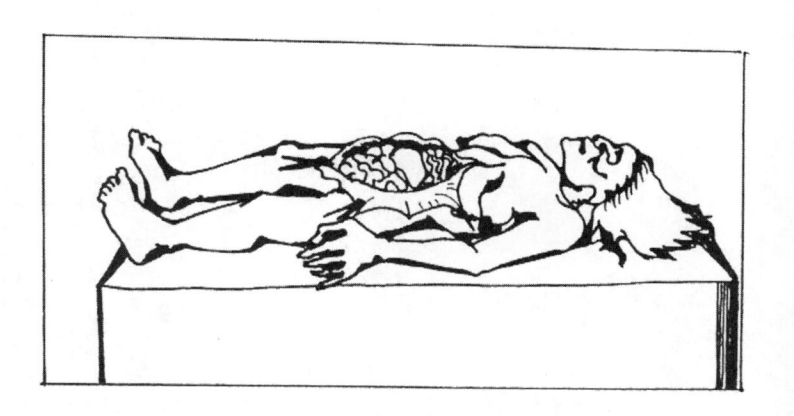

Capítulo 6
A Lição de Anatomia do Doutor Vitalio.

Quando assino a ata da seção* aproxima-se o acadêmico Massimo Vitalio di Siena, renomado anatomista que se gaba de saber muitos enigmas do cérebro humano apesar de imaturos ainda, pelo qual não passam de presunções.

* Na realidade, a declaro diferida. Já trataremos em outra jornada desta longa travessia marítima o lugar da história dentro da Academia Real. Algum canto existirá para alojar a filha pródiga que há estudado lições sem que lhe tenham sido de muita utilidade à memória humana através dos séculos.

Sua ciência sem consciência não lhe impede certa elegância que olha ao que ele chama "a hora dos artistas" amparando-se na sua capa escura com a qual se cobre como se não quisesse se contaminar da ignorância.

Quero lhe pedir autorização para dissecar o cadáver de um passageiro que morreu nesta manhã S.M., diz. Por um instante, me deixa perplexo. Quer converter a *Urânia* num mórbido flutuante?

Para quê?, pergunto.

É preciso descobrir a causa da morte, pois pode se tratar de uma pestilência, e, antes que cante o galo, se espalhar por toda a tripulação, explica juntando os ombros e abrindo os braços que agita no ar, como um moinho.

Autorizo a necropsia com um gesto enquanto se aproxima o conde-camareiro com alguma notícia.

Diz que na última bodega a pilha de marinheiros catalães que recrutamos em Tarragona tem cativa a uma nereida e a estão estudando com as ilustrações do livro do finado Plínio.

Que terão pescado os dissolutos lobos do Mediterrâneo no oceano?

Justamente, intervém o médico, nessa mesma bodega tenho instalado o gabinete de autopsias.

Vamos então para baixo por uma escotilha que afunda no ventre da *Urânia*. Desço para ver dois prodígios. Um ser da mitologia submergido na bodega e a máscara da morte na cara do defunto.

À medida que descemos, diminui a luz e cresce a escuridão subindo ao peito como um pesadelo. Tudo está às escuras nas profundezas; a maca se sente por meio de um vai e vem pesado, rústico.

A cada pulo da chama, a luz se espelha no rosto quebradiço e anguloso, perdendo-se entre os detalhes do gesto de desgosto que se apodera do doutor Vitalio. Quando parecia que já havíamos chegado ao fundo do mar, se escuta o barulho dos homens jogando dados. Nos jogos de tais seguem gargalhadas quase insolentes. Não faz falta cheirar o bafo a licor de anis .

Onde está a nereida? Pergunta o conde-camareiro a um dos reclusos que nos olha sem enxergar.

Posicionem-se!, ordena o doutor Vitalio. Vossa Majestade está aqui.

A escuridão oprime. Há uma espécie de balsamo insano flutuando. Quando o doutor Vitalio abre sigilosamente a porta de sua carnificina, deixa escapar a iluminação e um perfume ácido que revelam as penumbras da bodega das quais me rodeio da acidez sem ar do ar embargado.

O conde-camareiro me oferece uma espécie de divã onde posso sentar para descansar, depois do tumulto e tortura das escadarias. Querendo me agasalhar, os catalães acendem um fantoche ensopado na aguardente.

Pulam ao ritmo dos tambores que batem com alvoroço os escravos de Angola que viajam nas catacumbas do sótão. Tudo começa a tremer e sinto que as pernas fraquejam. Ao tum-tum-tum da percussão sobrevêm as perseguições de certo terror paralisante, gelado, gerador de calafrios. Sei que a morte anda perto. Vejo meus guardas, e digo ao conde-camareiro: cuidado com as estopas incendiadas ao ver que lascas de fogo se desprendem dos homens. Poderiam botar fogo na embarcação.

Vai o senescal por um lado e o conde-camareiro por outro a falar com os catalães.

Que não, que diz se não se apercebeu que noite é esta, S.M., sussurra sorrindo o conde-camareiro.

Sempre me irritou a imbecilidade quando se generaliza. Como é possível que não possam ser capazes de prevenir uma desgraça? Não sei. As variações do calendário nunca foram importantes para mim no meio de uma viagem.

É a véspera de São João. Os elementos se invertem. O fogo não queima, a água não molha. Ri um desdentado marinheiro, com uma enorme trança.

Se seguirem com essa diversão, nem invertendo os pontos cardeais evitaremos um voraz incêndio.

Fazem grande festança com minha advertência. Apagam a tocha e avança uma fumaceira densa quando o doutor Vitalio me pega num ombro apoiando a mão suavemente.

Siga-me, S.M.

Parece que continuamos descendo, mas entramos na sala mortuária onde jaz o cadáver nu sobre uma mesa de tábua com moldes de bronze. Pelo visto o doutor Vitalio já tinha começado seu trabalho quando os catalães dançavam o cham-chám nos folguedos.

Uma faixa tão profunda como a fronteira que separa a vida da morte divide em dois o corpo estendido; de um dos seus lábios derramam-se as miudezas entre os que vibram asas intestinais esverdeadas e brilhantes, quase transparentes. O doutor Vitalio confessa - medita enquanto a faca rasga os tecidos elásticos.

Tenho estudado com ardor Filosofia, Jurisdição, Medicina e Teologia, todas elas do começo ao fim. E, coitado de mim, demente!, Vejo-me tão sábio agora como antes de começar. È verdade que alcancei o doutorado em Bolonha e que aqui e lá tenho discípulos que me seguem onde quer que eu vá. Mas, com tudo isso, nada descobrimos. Isso é o que me consome o peito e as entranhas. No entanto, bem sei que mal sei mais do que os padres, escrivães, professores e doutores juntos. Nem se unindo conseguem ser menos teimosos. Não me atormenta nenhum escrúpulo, nem uma única dúvida me atinge; nada me assusta, nem o inferno nem o Diabo. Atormenta-me não saber algo novo que seja capaz de salvar o gênero humano. De que me serve ser uma enciclopédia se não posso remir a miséria do meu vizinho? Mundo, bens, dinheiro, fama, respeito: um cachorro não agüentaria viver de novo esta vida desprezível. Por isso entreguei-me à magia. Talvez o que me negou a Ciência, a força do Espírito e da Palavra o revelará no mistério para não continuar procurando em sons ocos!, lamenta-se o tal enquanto coça entre o braço e o teto do diafragma da carniça humana*.

> *Tudo isso transcorre como "a noite" do Fausto goethiano numa alta abóbada quase gótica de travessas e espaços de abeto no ventre da Urânia. De alguma forma estamos num lugar que não existe. Homens da terra submergidos no ventre do mar. Sepultados na surda espessura da maré oceânica. Ali onde a nereida deveria estar flutuando entre os corais estou mergulhado procurando respostas para as quais ainda não foram formuladas as perguntas adequadas.*

Dentro, numa cavidade ficou um buraco no qual o sangue encharca ao redor do coração, banhando o fígado preto e imenso, e os rins.

O fim de uma vida miserável é uma morte miserável. Ia rodear o cadáver quando o doutor Vitalio me chamou com um sussurro apontando o crânio, aberto como uma abóbora, que alojou em seu interior a brancura dos miolos ainda pálidos e como que qualhados, quase sobrepostos sobre os olhos fechados.

Repare S.M. neste detalhe, pediu o carniceiro mostrando-me um pequeno triângulo cinzento no meio da massa branca do cérebro. Como uma pinça susteve a borda do lóbulo frontal para que eu pudesse ver o centro.

Sabe o que é?, quis saber o doutor Vitalio.

Não.

O corpo lenticular, a alma da linguagem, S.M. A partir daqui se ramificam as conexões que conectam e iniciam o pensamento, a fala humana, a escrita, a leitura: a destreza humana. E suspeito, acrescentou já com um fio de voz, que neste pequeno ponto que se denomina *lócus coerelus* está o fundo de todos os significados. Fincou a pinça em outro anel cinza. Uniu a pinça a uma outra parte e o fluído relampejante comunicou-se ao *lócus coerelus* infundindo novamente vida ao cadáver, que mexeu os dedos como quem acaricia o barro do qual somos feitos.

Viu, S.M., a sutileza em que consiste a vida?, pergunta o doutor Vitalio enquanto as lascas azuis da pinça eletrificada conseguem arrancar um pedaço do finado.

Do que morreu?, quero saber. O defunto abre as pálpebras um instante, para deixar ver os olhos turvos como pela secura. Duas feras despolidas desde que a morte, que intuía antes de entrar neste lugar, está me olhando olhá-la.

Disenteria, diz secamente o doutor e logo continua rezando sua poesia da vida-morte: Onde está aquela fama da tua alma? O que restou neste peito que num dado momento alojou um mundo em si, um mundo feito à medida da imensidão, universo agarrado no fundo cardíaco que espelha o outro universo infinito, fantasma que nem sequer pode imaginar a morte humana?

Eu ainda me agito entre as ondas da vida, entre as tempestades da ação, subindo e descendo contra a prodigiosa roda do destino, de um lado a outro, berço e sepultura, mar, tear gigante, vida agitada; assim estou tecendo uma lã finíssima para o ruinoso tear do tempo e teço uma túnica viva para Deus. acalora-se o doutor Vitalio di Siena. Agita-se no seu interior. Sacode-se possuído pelo demônio da retórica.

A inteligência e o sentido comum falam com palavras mais simples, lhe digo, recomendo, invocando o mesmo Fausto infausto que ele evoca.

Como era seu nome?, quero saber, apontando o cadáver.

Teve tantos nomes como fé, comenta. Da judia apostatou com o nome de Isaac Rubin. Foi batizado já adulto na Catedral de Toledo com o nome de Luís de Jesus Ruy Gimenez e depois, secretamente, professou a fé islâmica como Ibn Jaldum. Em qual fé morreu?, quis saber. Viveu em todas, morreu em nenhuma, replica voltando ao seu linguajar complicado. Um padre, conta Petrarca, conta novamente o doutor Vitalio* com a voz emocionada de quem volta à infância feliz, ao morrer deixou a cada um dos seus três filhos um anel como legado. As três alianças eram parecidas, apesar de apenas uma ser verdadeiramente de ouro autêntico e as outras, de metais vulgares. Cada filho acreditava ter a jóia autêntica, e apenas o pai sabia a verdade. Mas o pai morreu, digo. Deus é o pai, traduz – afirma – revela o doutor Vitalio. Moisés, Cristo e Maomé são os três filhos. A verdadeira religião é o anel de ouro, mas somente Deus sabe a quem deu o verdadeiro anel. Nós, neste mundo, nada sabemos. Cada um acredita fervorosamente ter o original e se afana em defender a sua verdade. Matamos e morremos por ela. Mas unicamente o Pai sabe quem é quem. E faz três mil anos que está mudo.

> ** Sempre suspeitei algo de lombar no doutor Fausto; alguma exaltação anímica, certas tendências ao pleonasmo, a ciclotimia do seu caráter. Reconheçamos que raciocinava muito bem, mas vivia como toscano e no pleno fervor do renascimento se tivesse codificado facilmente com Da Vinci, ou talvez na Academia Fiorentina Don Vicenzo Galilei, lhe tivesse tirado essa tendência melancólica à força criando óperas na Camerata Fiorentina ou nas expedições que organizava o Vaticano nos bons tempos de Alexandre Borgia.*

Escapou! Foi-se para sempre! Entra dizendo o conde-camareiro. A nereida não está no covil onde a tinham guardado os ajudantes, S.M.

Diz que alguém deixou aberta a escotilha; a última vez levou alimentos e desapareceu. Deixou este fio de pele, como se estivesse trocando de couro e não de lugar. Estende uma lâmina fina. Isso é o que sempre encontro dos prodígios: apenas um rastro. As mudas do seu silêncio. Apesar de ter trombado com a aliança de ouro puro, na passagem de mãos alguém a escamará para acabar recebendo a de níquel. Vejo no olhar dos homens que não mentem. Fica em seus olhos escuros o reflexo de um resplendor sem igual.

Desde o fundo, a prodigiosa criatura dos mares caçoa de mim. Como se disses-se: "muito rápido morre o homem para conhecer as coisas imortais". Não o diz, mas escuto a filha de Nereo. Grande verdade que me diz - digo - amaldiçôo. Doloroso destino do homem: começamos a morrer quando vivemos.

Teremos de dormir na Urânia porque amanhã continua a sessão da Academia Real, interrompida por vossa descompostura real, me diz solícito o conde-camareiro quando volto a mim. O acadêmico Andrada ofereceu seu camarote e, como S.M. teve um mal estar, aceitei sem duvidar dos aposentos do duque de Elvas, Dom Carlos de Vera Andrada.

Até que não está mal: cama razoável. Não sei por que, mas sinto o odor de urina. Sofre de incontinência nosso anfitrião?

O duque de Elvas, Dom Carlos de Vera Andrada, acadêmico de Ci-ências Físicas, iniciou faz uma década o que ele chama de "cruzada contra as superstições" e arremete com fúria contra qualquer doutrina que não con-corde com suas idéias. O duque acredita fervorosamente que a verdade se pode demonstrar. Para mim custa entender que um homem como Andrada, jovem e enérgico, se urine.

Cheira mal, repito, caso o conde-camareiro não tenha ouvido antes. Da gaveta que mantinha aberta para buscar um cobertor extrai o indicador de sua mão direita que põe sobre a boca em sinal de silêncio, enquanto seus olhos vão de cima para baixo inspecionando o ambiente.

O duque, S.M., se vicia na chuva dourada. E o que é isso? Diz-se que não copula com as donzelas se antes não o untam com os seus sucos urinários, entende? A voz sinuosa do conde-camareiro, sempre cheia de atenções, se carrega de intenções quando adorna uma fofoca.

Varia como os tumultos do clima. Lógico que sei do que se trata, mas quero escutar isso na voz do conde-camareiro. A verdade, dita por outros, parece com a realidade; dita por nós mesmos parece imaginação.

Não entendo, respondo.

Quer três donzelas, mijando o atiçam ao coito sexual!

Com razão o camarote está impregnado. Não dormirei entre lagos de vícios. Não há vícios senão onde poderia haver virtudes. O duque de Elvas terá algum vazio na cama, se por acaso tem alma, e que enchê-lo com urina.

Imediatamente me transferem para o camarote do acadêmico Feliciano Feira, homem já afastado do campo de Vênus depois da morte de sua quarta esposa. Lá não terei de lidar com a poluição sexual.

Indo à missa que celebrarão os três abades no oratório real, encon-tro-me com o nosso ruinoso e minguado Secretário da Fazenda do Estado,

Dom Luís de Vasconcelos e Souza caminhando concentrado com o olhar fixo nas tábuas de apoio que, de passo em passo, inspeciona fazendo cálculos, a mente sempre guardando as divisas, como o Vigia dos meus tesouros reais, imaginários e mais fantásticos que o *El dorado* adorado pelos espanhóis em tempos de colonização. Alheios aos cálculos secretos do secretário, dois homens dormem.

"Ali onde está guardado seu ouro, ali está seu coração", pronunciou com tom sarcástico, para satirizar um pouco.

Bom dia S.M.!, cumprimenta estendendo um longo sorriso em seus lábios raquíticos e apertados. Um livro luxuosamente encadernado aparece carregado em sua mão direita. Na fachada se lê "Vida de Deus" e custo a imaginar o conteúdo de tal. Primeiro, não poderia começar pelo nascimento, quem foram seus pais, irmãos e parentes como qualquer biografia. Não teve infância como sabemos, e isso lhe resta capítulos de ingenuidade e candura.

Passando à obra realizada pelo Protagonista está o maior obstáculo: seu trabalho mais próximo só poderia explicar-se com alguma doutrina agnóstica para salvar o interesse da novela. Menos mal que Dom Luís nem sequer suspeita minhas deficiências. Venho pensando, acrescenta entreabrindo os olhos tão translúcidos como hóstias, a renda que poderíamos recolher vendendo a metade de lote de escravos em Buenos Aires.

Dorme tranqüila a sua consciência, Dom Luís?

Em paz, S.M., responde um pouco surpreso pela minha mania de inserir questões morais entre os balanços do Estado.

Separaria sem desgosto para sua alma a mãe do filho, ou a esposa do marido, vendendo-os separadamente um em Montevidéu e outro no Brasil?

Sim, Senhor, responde imediatamente como dando importância às minhas preocupações. Para minha surpresa, em vez de seguir seu rumo ao oratório, me convida a sentar no corredor.

Pensemos, excelentíssimo senhor, o que é um escravo? Um ser destinado pela natureza para servir.

O mar, lá fora, está enfurecido, ruge e mexe a embarcação como se ela fosse um berço infame, cheio de filhos do mal.

Pouco mais do que besta, pouco menos que humano, continua Dom Luís, o negro renegou a cor de um e a sábia idiotice da outra e ficou sem nada.

Que sentimentos poderão conter uma pedra?, uma árvore?, uma formiga? Apenas sensações, não sentimentos. O bruto humanóide não é mais do que um instrumento adestrado sem sinal de inteligência já que

Deus, o nosso Senhor, não desperdiçaria a centelha do gênio, reflexo terreno de Sua Perfeição, num mulato que unicamente saberia desperdiçá-la com rum.

Nunca viu chorar a mãe abraçada aos seus filhos com desespero quando os vendem separados?, pergunto.

Não são sentimentos, S.M., somente fingem para mexer com os nossos sentimentos de comiseração. Quando tento responder, ainda perplexo pela luminosa cretinice do meu santíssimo varão, vem o conde-camareiro correndo, abanando os detalhes de sua camisa, com os olhos abertos e brilhantes. Aproveita que Dom Luís de Vasconcelos se agacha para guardar um recibo e me diz no ouvido: outro prodígio, S.M., que diz que na embarcação *Invicta* uma mulher embarcou com cinco anos de prenhes e por mais que a comadre force e use as técnicas mais rebuscadas, a criatura se nega a sair; a parteira o tira para fora, e o neonato – que é varão – coloca-se para dentro, e se o obstetra* enfia a mão, é mordido pelo feto, pois já criou dentes. Fala perfeitamente e diz que se nega a nascer antes de desembarcar no Brasil. Já renegou as terras de Aveiro, de Portugal, e o caprichoso do feto nem sonha nascer em alto mar. Já vão cinco anos e quatro meses de gravidez e o ventre da grávida não agüenta mais. O feto conseguiu reverter uma trompa de falópio e atravessou pela cavidade da matriz até conseguir que apareça a trompa por fora das vergonhas da mãe. A vocês, pede esse vinho espumante que fazem os bodegueiros da Madeira. A mulher aplica o bico da garrafa na trompa e rapidamente o feto chupa até a última gota. E pede mais.

> * *Não sei se me disse "obstetra" porque ultimamente o conde-camareiro tem vocação de orador. Fala como que com pedriscos embaixo da língua como Demóstenes. Já engoliu umas duas ou três que irão formar um cálculo no duodeno, como essas pedras trituradoras que possuem os avestruzes no bucho.*

Conclusão do sexto capítulo.

Altíssima Majestade: escreve-se desde a morte, com a morte e contra a morte, que maior terror poderia causar-me a prisão e a fome? Apesar de ninguém ter-nos encomendado este oficio insano e perverso como S. M. tão adequadamente batiza, a escritura é o único poder do contra-poder. Vamos contra o tempo: enquanto S.M. avança desde o passado de Lisboa ao incerto futuro da América do Sul, minha escrita retrocede, se adianta a partir da ombreira do século XXI em busca da vossa viagem a princípios do século XIX. Haverá um ponto de coincidência nas coordenadas que nos terá sequer durante o leve piscar de um instante frente a frente. Esse ponto crucial é a única oportunidade que teremos de compreender-nos, um frente ao outro, desconhecidos os extremos que abandonamos e nos esperam, no coração da cruz de nossos caminhos, na esquina da verdade, ficaremos definitivamente mudos. Tudo o que se disser será desmentido. Nesse lugar crucial somente sobrevive o silêncio.

Capítulo 7
O Resplendor do Passado

Novamente encontro-me com os dois bandos frente a frente. Artistas contra físicos, matemáticos reforçando cada qual o veludo de ouro da ciência, a ponto de ser danificado e esgotado por tanta força. Nesta viagem tudo é impar. Até os fetos opinam e pechincham às coitadas comadres que os socorrem na iluminação para resgatá-los da escura cova platônica da mãe. Que verdade poderia excogitar metida à pressão nas trompas de falópio que continuam remexendo os intestinos das mães? Não há verdade que se revele ao rebelado.

Depois do raciocínio do acadêmico Seitor interrompido, o cheio de si Otto von Güstrow deixou-se cair num prudente silêncio, mas no seu lugar aparece o duque Carlos de Vera Andrada mais combativo do que nunca. Três extremidades com o coração de ouro são seu anel da verdade e arremete com movimentos ágeis e elegantes, a voz como oca desde o começo. Aprender o que acontece no presente com os dados do passado e do passado com os dados do presente, como disse o ilustre acadêmico Seitor, parece um belo jogo de palavras, S.M., indubitavelmente o acadêmico tem o que eu chamaria de retórica brilhante mas indemonstrável. O mesmo que as nereidas, S.M. Todos aqui escutamos belíssimos relatos a respeito dessas ninfas aquáticas mas quando chegamos ao lugar onde foram capturadas, já não estão. Ficamos todos com as versões ou diversões e poderá comprovar, S.M., por pouco que interrogue aos que as viram, que para uns tem a pele grossa, para outros, finíssima, uns as viram nuas, outros cobertas de algas e corais. Enfim, se houver cem marinheiros haverá cem sereias distintas. Não lhe passa pela cabeça por que cada olho vê algo diferente?

Nós, os cientistas, afirmamos que a realidade é tão maciça como suas leis, mas no âmbito da imaginação somente se encontram seres voláteis, gasosos, ou porque não dizer "espirituais", que têm a mesma consistência e verdade que os nossos sonhos. E isso não podemos estudar, porque fora da realidade o sujeito e o objeto são a mesma coisa.

Não podemos ser objetivos sendo objetos. Se quiser saber quantos ovos bota uma codorna por semana, me bastará separar vinte exemplares e contar a quantidade de ovos que tenho no ninho no final de sete dias.

Não interessam minhas preferências pelas aves nem minhas necessidades nutritivas. Basta o simples ato de contar ovos. Um , dois, três... assim tão simples.

Mas se devo interpretar a conduta dos jacobinos diante da morte de Maximilian Robespierre, inevitavelmente meus ódios e meus medos intervêm na minha visão do problema. Se há cem historiadores, tenha a certeza que teremos cem histórias e, pelo princípio do terceiro excluído, não podem ser todas verdadeiras, S.M., nem todas falsas. Mas, como distinguir uma coisa da outra? Com que método poderemos separá-las? Nenhum historiador poderá lhe dizer. O que pode ensinar o que estuda o câmbio? Simplesmente não pode ter método: não é ciência. E, portanto, não ensina nada.

Vejo que os meus acadêmicos usam as leis da ciência como lanças para furar a debilidade dos seus irritados. O mesmo fazia o conde de Oeiras e o marquês de Pombal utilizando as leis dos digestos para a indigestão dos terceiros. Sua brilhante inteligência estremeceu os opositores e deixou o caminho aberto a todas as suas vontades. Incitou o papa contra os jesuítas até conseguir a expulsão da Companhia de Jesus* em 1759. Como superior da Companhia em Portugal, o padre Malagrida não cedia em suas críticas ao governo, fazendo-o responsável pela ira divina do terremoto de 1755 "pelos abusos do poder, Deus demonstra ter maior poder sacudindo a Terra"; o marquês levanta a mão pedindo a palavra e, ajustando o laço da gravata, recomenda com voz retumbante: "pois recomende ao seu Deus, monsenhor, que ajuste a pontaria. O terremoto aniquilou todas as igrejas de Lisboa e deixou intacto o bairro da Baixa, onde se concentram todos os prostíbulos. Dir-se-ia que Deus desalenta seus sacramentos, e, em troca, fomenta o vil". As damas quase se asfixiam, conjurando o sacrilégio com um enredo de sinais da cruz um atrás do outro, que se poderia dizer que espantavam mosquitos. Ficaram encurraladas entre o poder temporal e o poder celestial. Para mal impressionar os súditos pendurou no peito um bizarro medalhão com o lema: *Aos amigos, tudo; aos inimigos, nada; aos opositores, a lei.*

> * *Quando pôs por terra a conjura de Aveiro para assassinar ao rei, implicou caprichosamente o padre Gabriel Malagrida como instigador político e herege religioso. Mas, senhor ministro, é um soldado da Companhia de Jesus!, quis defendê-lo o arcebispo de Lisboa. O marquês de*

Pombal limitou-se a dizer Ah, é? Em que más companhias
andava o Cristo! Por isso o crucificaram entre os delinqüen-
tes! O padre Malagrida foi queimado vivo pela Inquisição.

Enchi masmorras e calabouços* com pelotões de opositores fechados *quo ad vitam* enquanto o ministro se arejava a gosto nas festanças que
organizava cada vez que sua velha esposa viajava a Viseu a visitar as irmãs.
Um momento, pediu a palavra o acadêmico Dom Pedro Bernardim José de
Noronha Albuquerque Muniz e Souza, naturalista e botânico apaixonado,
homem de paciência infinita, envelhecido pelas insolações, mas sempre in-
cauto e lúcido em suas aparições.

Entendo que os métodos históricos talvez não sejam os ortodoxos,
acrescenta, apesar de que seria temerário desconhecer tudo o que aprendeu
Roma das instituições e da cultura grega. E também o imenso legado da
jurisprudência romana ao papado medieval.

> ** Para não dizer que em treze de janeiro de 1759, o duque*
> *de Aveiro, o marquês de Távora e sua esposa foram*
> *torturados, acusados de atentar contra o Rei. Executados*
> *em público, o rancoroso marquês de Pombal permitiu que*
> *os cadáveres de suas vítimas fossem vilipendiados pela*
> *plebe. Expulsou a Companhia de Jesus por considerá-la má*
> *companhia para o Rei.*

O urinário duque-acadêmico faz um gesto elevando as mãos de crer
em nenhum.

Novamente abre-se o mar Vermelho da dúvida entre os bandos ban-
doleiros. Vejo vindo as disputas quando se aproxima o conde-camareiro
para sussurrar ao meu ouvido algum boato. Diz que na embarcação *Odemira*
organizou-se um bordel marítimo, S.M. Não param há três dias. Amarraram
o Capitão ao mastro principal como um odioso Odisseu para salvá-lo de sua
própria fúria contra a libertinagem. Diz que todo o assunto se deve ao contágio de uma doença que torna as massas negativas às descargas genitais. Todas as damas tornaram-se cortesãs a bordo e quem tentou defender sua
honra foi jogado ao mar, até o ponto em que a maré ficou cheia de mulheres
flutuando como cisnes moribundos, condenadas a isso pela recusa.

Coitadas, apalpam para ver se alcançam uma ilha ou península
onde afundar a âncora enquanto na embarcação muitos divisam pornogra-
fia por toda parte.

Sem ir mais longe, Antoine resiste a entregar seu turno de vigilância. Converteu-se num corrompido em virtude de olhar as orgias alheias. O grave do assunto, S.M., é que atrás da *Odemira*, em outra embarcação chamada *Ora pro nobis*, viaja íntegra a Congregação de Irmãs que, se deram crédito a um Deus que jamais viram, agora se negam a crer o que vêm em pleno sol na *Odemira*; o que vêm, não crêem, e é como se, olhando para dentro, acabam olhando o que acreditam.

Aponta o horizonte com toda sorte de gestos reafirmando a cretinagem, e no entanto, uma fumaça esbranquiçada se eleva desde a *Ora pro nobis*, como de queima no meio do mar.

É incenso e mirra das rogadoras com investidas ao Sagrado Coração, lituânias e rosários de quinze mistérios sem parar, para exorcizar o contágio das impurezas sexuais da comitiva, S.M., me esclarece. Ao meio dia, a superiora sobe ao alto do castelo da proa e expõe o Santíssimo Sacramento de ouro. Se visse o prodígio, S.M..!, exagera o relapso conde-camareiro, juntando as mãos como se lhe restassem resíduos rituais.

Afugento com um sinal o conde-camareiro filosófico sádico capaz de reduzir a teologia a uma filosofia de *toilette*.

Por meio de um ofício inicio o sacrifício: envio o conde-camareiro à nave *Ora pro nobis* convidando a superiora da ordem, minúscula, apesar de enérgica, a me visitar para tomar conta do assunto. Com certeza encontrará a maneira de exterminar a epidemia sexual com rosários e água benta. Um bom assunto para ela.

A História não é mais do que uma cadeia de juízos provisórios sobre o passado, continua o duque de Elvas, tirando com rápidos movimentos de dedos um cisco invisível que perturba o seu ombro esquerdo.

Levanta a mão o acadêmico botânico Dom Pedro Bernardim.

Nem sequer a física está livre de tais juízos, se atreve a objetar. Os olhos furiosos do duque de Elvas se acendem como lanternas. Sei que no seu interior cheira a traição. Como é possível que um naturalista o desminta? Imutável, com a impassibilidade* que possuem os corpos gloriosos, o acadêmico-botânico continua. Vamos tranco a tranco num experimento da mecânica esperando o tal resultado, mas o último passo antes de concluir o processo o dá sempre a mão de Deus e ali termina a exatidão humana para começar a precisão divina. A matéria, afinal de contas, é algo bastante imaterial.

> * *Leio, que não a tenho, que essa virtude significa "insensível ou indiferente à dor" e Deus a reservou aos gloriosos corpos dos mártires. Que mérito teria uma dor se o corpo*

estivesse anestesiado? Teria de perguntar ao doutor Vitalio
sob o efeito de quais drogas poder-se-ia acalmar um
quebrantamento moral.

No quarto intermediário saio a respirar o cheiro marinho para inserir um pouco de paz aos meus rins. Certo barulho crescente me avisa que o conde-camareiro vem com algum expediente nas mãos. A pequena comitiva turbulenta que comanda me adverte que se embutiu em algum escândalo a revolta desses que têm por costume de enfiar o focinho onde não deveriam. Ainda bem que o encontrei, S.M.!, grita eufórico como se não estivesse me buscando desesperadamente segundo o seu hábito. O que é todo esse barulho?, investigo olhando languidamente a largura do mar, fazendo-me de desentendido. Uma moça jovem, com o olhar aceso em fúria, está vindo arrastada por três homens; uns quantos acometidos pela curiosidade nos rodeiam e comentam, guardando a devida distância. Alguma vez a governanta Idalina fez correr a voz de que há uma espécie de aura imantada ao meu redor, que não é mais do que o refluxo da graça divina que me outorgou o poder e a coroa.

"Ninguém se aproxime, pois pode matar mais rápido do que um estalo", disse a duas ou três mulheres do clã de Mãezinha e a fofoca correu como labaredas.

Desde então, preciso chamar insistentemente os serventes para que alguém se atreva a encostar-me a mão. Temem o raio cósmico sem saber que é mil vezes preferível à minha ira: essa tormenta que me atormenta.

Esta mulher foi descoberta em atos de bruxaria, diz meu secretário procurando ser neutro. Não é neutro; é mais, até diria que é misógino. Olha-me de cima a baixo como perguntando: "bem, o que faremos?" Omito comentários, continuo olhando o mar que reluz. O melhor, sempre, é deixar que falem os que ainda não aprenderam o quanto nos compromete cada palavra pronunciada, ou, que dirá, se fica registrada.

Desde o alto da coifa invocou a noite toda suas conjuras com as "Moderações" de Boaventura dês Periers nas mãos e garrafas com licores, acusa o conde-fiscal.

É verdade? Pergunto, olhando de rabo de olho a acusada.

Sim. E por calamidade, S. M!, continua o processo meu secretário intrometido, tem nas suas mãos as plantas do *Sheol*, o tenebroso mundo subterrâneo copiado do livro de Enoque. Quer fazer passar da Gehena ao Paraíso, injustiçada na Espanha pelo Santo Oficio, por causa dos seus maus ofícios de bruxa.

E o que há de mau nisso? Trato de atenuar a descarga do conde serviçal sobre a infeliz. Com o silêncio próprio dos escorpiões abre passagem entre o montante de gente o instigador dessa farsa, o sempre intrigante monsenhor Avio da Consolação, dominicano um tanto maquinador para meu desgosto, fanático e, portanto, perigoso.

Deus seja louvado!, S.M., saúda levantando o dedo indicador e o do meio da sua mão direita como se fosse o Redentor.

Louve-o sem problemas, mas deixe-me distribuir a justiça neste caso, lhe recomendo quase paternalmente para tirá-lo de cima.

Por enquanto, digo olhando fixamente a acusada, eu a destino à embarcação *Orapro nobis*. Reze salmos com as irmãs se quer salvar um parente. Já vê, meu entusiasta soldado de Cristo, aclaro ao dominicano, que fácil são os trâmites no meio do mar.

Continua a sessão entre os acadêmicos.

Está o senhor dizendo que Deus toma partido no curso da História?, pula indignado, derrubando a cadeira, Otto von Güstrow, levantando um dedo com o qual finca algum ponto do ar que se parece ao olho do botânico na imaginação e indignação do alemão. Era o único que faltava à vossa história para transformar-se numa fábula!, relincha sacudindo uma pilha de papéis nos quais terá anotado as objeções dos dissertadores, uma por uma.

Mas se eliminarmos a Deus, o universo não é mais do que uma ilusão!, clama o presbítero José Correia da Serra, apesar de ninguém o escutar.

O acadêmico monsenhor Saraiva intervém. S.M., declara com voz conciliadora; eu acho que deveríamos separar a história profana da história religiosa*. Deus já disse tudo sobre o passado e o futuro nas suas Escrituras para ensinar-nos que o tempo é unicamente uma ficção da qual Ele pode controlar, mas nós não**.

* Nisso, lembra totalmente o compadre Políbio quando diz que "Onde for possível encontrar uma causa humana para explicar o que aconteceu evitaremos adjudicá-lo aos deuses". O redentor deus ex machina só serve a Melpomene, mas Clio foge horrorizada diante da aparição do artefato.

** Entro em acordo com o acadêmico monsenhor Saraiva mas por pouco que adentro nas intrincadas passagens da História, tropeço com Deus a torto e a direito. Toda a História não parece ser senão um catecismo e ao querer expiar a fé como se faria com um divergente, nos encontra-

*mos na raiz do enigma humano: Quem fez quem? Deus
fez o homem ou o homem a Deus?*

Deixemos de lado a intervenção divina nos assuntos humanos. Atenhamo-nos aos fatos e aos homens que entraram ou saíram dos fatos. A História são seus fatos. Não é possível encontrar o sentido terrestre do problema humano em forças absolutas instaladas no céu platônico*. A ciência, continua, há muito aprendeu a diferenciar a verdade da mitologia. Deus não pode ser o coringa do baralho pronto para solucionar os problemas humanos; já não podemos continuar pensando em deuses, entes ou razões supremas planejando por cima da história, mexendo as peças cegas no tabuleiro do mundo.

> * *Adeus meu caro Hegel com seu espírito do Mundo, adeus compadre Leibniz com sua culta mão oculta, adeus camarada Agostinho de Hipona com a sua Jerusalém celestial. Nem povo eleito, nem povo expulso. O Paraíso é de todos ou de ninguém, da mesma forma que o inferno.*

A sala flutuante insubordina-se, vozes inflamadas correm de um bando a outro, não chegas às trombadas porque ninguém se atreve a atravessar o Raio de luz que meu diamante "O Poder" interpõe entre as duas infantarias acadêmicas.

Um momento, S.M., pede serenamente a palavra o acadêmico Boaventura Salgado de Ezquez, S.J. Não faremos posto à moral no lugar dos antigos deuses?, interroga.

Como ninguém parece entender a quem se dirige tal pergunta, o ilustre filho de Loyola continua.

A moral na vida privada e a história na vida pública do passado. Quem se importa hoje se Carlos Magno maltratava sua esposa ou envenenava seus irmãos? O que importa é que manteve a união do Ocidente quando tudo indicava que se havia perdido para sempre. Temos o direito de julgar os grandes personagens como o faria Deus?, pergunta o acadêmico jesuíta. Anda no corredor com andar lento porém firme. Podemos reputar um personagem pelo número de suas matanças?

Se fizer a recontagem do número de vítimas de pestes, terremotos e catástrofes naturais, a sentença a Robespierre seria mínima comparada com a sentença de Deus. Assim como se põe de pé o canhão a ponto de atirar, Otto von Güstrow pôs-se de pé, bramando de fúria enquanto apontava o dedo ao jesuíta: Robespierre o fez deliberadamente, matou cada opositor sabendo de antemão o tamanho dano que causava à nação!

Para minha surpresa, o conde-camareiro pergunta à meia voz ao meu lado: E daí? Por acaso Deus não sabe o que faz?

Frente ao sofrimento dos demais, continua o jesuíta, o historiador não tem mais explicações do que o teólogo. Lemos a história com idéias celestiais como "liberdade" esquecendo-nos que está encarnada na liberdade de fulano ou sicrano. Quanta liberdade a um e quanta a outro é o que nos contam os fatos mas nossos pensamentos flutuam num céu de igualdades e justiças perfeitas que jamais vimos frente a frente. Antecipamos idéias aos fatos sem tomar em conta que a "liberdade" da Idade Média não é a mesma que a do século XVI. Cada tempo tem os seus próprios valores.

Então hoje, julgar um fato de ontem pode ser tão errôneo como se todos nós fôssemos sentenciados por um juiz de outro mundo, de Vênus ou de Júpiter.

Os valores absolutos como "bom" ou "mau" detêm o movimento da história; são como a cabeça da Medusa eriçada de víboras: paralisa a quem se atreve a contemplá-la, e se está paralisada, já não é história. Se discutirmos o que é e o que não é a ciência, proponho aos que negam o lugar à história que expliquem por que há tantos métodos de conhecimento se a ciência é apenas uma. Recém dizia o acadêmico Carlos de Vera Andrada que dez marinheiros viram dez sereias diferentes; e que se entrevistássemos cem marinheiros, teríamos cem sereias.

O acadêmico Boaventura Salgado de Ezquez S. J. interrompe um momento sua homilia ecumênica cravando os olhos no avermelhado Otto von Güstrow, que se faz de desentendido mexendo alguma coisa no memorando que tem em frente, sobre o encosto. E continua o jesuíta tomando ar que enche o volumoso tórax do soldado de Cristo.

Quero lembrar ao acadêmico Carlos de Vera Andrada que li dez explicações diferentes sobre o magnetismo e nem por isso considero obra da feitiçaria tais especulações. Continuo acreditando que são físicos os que as formularam. Ainda não sabem a verdade, mas eu não expulsaria do território da ciência a nenhum deles. Todos estudamos o mesmo por caminhos diferentes. Todos queremos saber do homem, do mundo, dos efeitos do homem sobre o mundo e os efeitos do mundo sobre o homem. O ponto de partida de cada um é diferente mas todos procuramos explicar coisas, tanto o químico como o historiador. Todos perguntamos com firmeza e damos tímidas respostas. Todos queremos saber por que, como aconteceu, por que lutaram gregos e persas?, perguntou-se Heródoto. E o mesmo barão de Montesquieu sempre acreditou que existem causas que cingem uma coroa, a sustentam ou a derrubam como fizeram os franceses.

Causas, causas, S.M., causas. Nossa conduta tem leis e precisaríamos conhecê-las para melhor dirigi-las. Quem estudaria essas causas no tempo? Os colecionadores? Os copistas? Os arquivistas? Não, S.M., unicamente os historiadores têm os instrumentos para saber como aconteceu tal ou qual fato do passado.

Causas?, interrompeu perguntando o insidioso acadêmico Otto von Güstrow, vermelho de ira contida, como um oficial do Santo Ofício*. De que causas estamos falando? De causas mecânicas?, Biológicas? Psicológicas?**

*Nunca permitiram a intervenção nem dos maiores nem menores inquisidores em território português. "Se Deus é o ser supremo, que julgue nos céus", dizia o rei João I ao papa Inocêncio VII quando nomeou inquisidor geral ao menor provincial, frei Didacus da Silva. Na terra temos juízes civis que são pagos para fazer valer a lei. João I escreveu de punho e letra: "Estabelecer o Santo Ofício no meu reino opõem-se ao bem estar dos meus vassalos, aos meus próprios interesses e aos da Santa Religião, por isto resolvi devolver ao provincial que o senhor tão gentilmente enviou para tal ofício nas mesmas atitudes contritas contra toda forma de heresia que guarda Portugal desde o seu batismo". O provincial não cessou um instante, no trajeto da viagem de Lisboa a Roma, de rezar contra a Coroa de Portugal, seus ascendentes e descendentes em cinco ramificações sucessivas. Dê a César o terrestre e já veremos se Deus se ocupa do céu prometido. Uma vez prometeu uma terra de paz e nesse mesmo dia começou a guerra contra os cananeus, jebuseus e filisteus. Deus nos livre de suas promessas.

** Isso pergunto eu: que espécie de causas invocarão no dia de amanhã para justificar esta viagem fantástica no meio da realidade de pesadelos? É óbvio que o lugar de Andoche Junot é a primeira causa, mas não o motor imóvel. Algum escritor atribuirá a viagem ao medo e espanto que me produzem as tropas napoleônicas, confundindo o espelhismo de João com os seus próprios terrores que vamos lá saber de onde vêm. Enganam-se os que simplificam. A

*realidade é um emaranhado. A última causa, o motor
imóvel do estagirita é o medo do Corso à minha aliança
com a Inglaterra. Sabe que tem um quinhão de oposição
na mesma Europa que se rendeu aos seus pés e o tal não
admite um só desacordo entre suas lembranças. Sonha com
Londres, mas sabe que antes precisa terminar de colocar o
pé no último canto do continente que o desafia. Não pode
dar o salto da Mancha se não pisar antes em terra firme, e
Portugal é seu Senegal. Muitas causas impulsionam o
motor da história, mas os combustíveis sempre são dois:
poder e dinheiro. E no fundo são a mesma coisa, quem
quer ouro, quer poder para poder fazer mais ouro. É tão
cíclico como o anel dos Nibelungos que agora reclamam os
franceses raspando no limo da maré. É curiosa a aritmética
do historiador: por um lado simplifica e pelo outro multiplica as causas para seus balanços. Por meio desse processo
duplo, vamos com armas do amanhã ao pesado passado.*

De todas, S.M.!, diz levemente o acadêmico Seitor, se não tratásse-
mos todas e cada uma das causas, a história cairia no abismo do determinismo.

Volta a intrigar o acadêmico Boaventura Salgado Ezquez, S. J. O que
agora é esse tal determinismo? Acho que nos empantanamos. Meus acadêmicos se olham receosos, sabem que chegamos a um ponto crucial e delicado. Desde que o monge Gregor Mendel[N.A.] começou a manipular feijões já
não restam espécies fixas. Em vão Yahveh colocou cada coisa em seu lugar no
primeiro dia: não criou senão coisas bregas que, segundo o francês Jean-
Baptiste Lamarck, vão se aperfeiçoando com o decorrer do tempo. Tomara
fosse certo, mas meus olhos me dizem que retrocedemos.

N.A. Engana-se, S.M. O austríaco Gregor Mendel formulou suas teorias em 1859 e essa
viagem transcorre entre novembro de 1807 e janeiro de 1808. Talvez alguém tenha acrescen-
tado notas à memória real, ou a realidade da memória funciona em ambos sentidos: indo
desde o presente – que não existe, como dizia Agostinho de Hipona – ao passado tão
facilmente como do presente – que continua a não existir – ao amanhã.

Conclusão do sétimo capítulo.

Excelência!, me cumprimenta o senescal, levantando os braços como Moisés no deserto. Um ar suave de giros pausados leve meus tênues suspiros, como anda, Dom Madigo?, respondo. Como o vejo carregando um ofício, destinado a malograr o ar que inspiro, de antemão lhe sugiro: por que toma nota do que irei lhe ditar? Estica um tanto perplexo as sobrancelhas, levando-as até as pálpebras, testa e olhos até voltarem ao seu lugar com um suspiro. Do que se trata, Excelência?

Do *index* de livros que iremos proibir por decreto no Brasil. Despacharei o decreto para que desembarque antes de mim. Nem a sombra dos escritos ímpios quero ver na minha terra.

Inicio o ditado:

Recomendarei ter cuidado com tudo o que escreveu Platão, o qual andou rodeando constantemente a Corte de Siracusa, mas vamos livro por livro:

1) *O Eutifrão* ou *Da santidade* pode ficar, não fará dano a ninguém a santidade.

2) *Apologia de Sócrates, nihil obstrat*, não é mais do que um processo judicial, quase uma novela policial.

3) *Protágoras* ou *Da sofistica* fica proibido: querendo lutar, ensina a artimanha de transformar os argumentos falsos nos mais fortes para impor idéias. Terminemos com a peçonha cortando a cabeça da víbora endêmica.

4) *Cróton* ou *Do dever* não, qualquer coisa que mostre seus deveres aos súditos poderá e deverá circular sem problemas. Não há virtude como a da obediência.

5) *Laques* ou *Do dever*, sim, ensina um valor, ensina ao homem do que é capaz: livro proibido desde hoje.

6) *Íon* ou *Da poesia* não cometerei o mesmo erro de Platão, proibindo a poesia lírica. Os sentimentos humanos são inócuos. Reservo a poesia épica para os meus cronistas: não deixaria a fundação de um povo em mãos de autores anônimos como o que fenece na bodega.

7) *Lysis* ou *Da amizade* pode circular sem problemas; afinal, sei que não se aprende sempre plenamente ser amigo.

8) *Cármides* ou *Do temperamento* tomara que seja de leitura obrigatória para minhas tropas que recuam ao menor perigo, como se tivesse tanto valor...

9) *Hippias maior* ou *Do belo* pode circular sem incômodos.

10) *Georgias* ou *Da retórica* é um manual, artefato, engrenagem que ensina a brincar com as palavras, que é a forma como se iniciam todos os reprovados como diz Tertuliano de Cartago. Tirar de circulação; esse livro não existe.

11) *Menus* ou *Da virtude*, ou melhor, quanto mais virtude se ensine, menos dano causará o povo. Se os gascões tivessem lido mais esse livro do que Voltaire, hoje não estariam requerendo o poder pelas ruas de Paris.

12) *A República* ou *Do just* está, terminantemente proibido, somente o fato de carregar essa obra infame fará o réu passível de três anos de cadeia, acompanhando o argentino nas profundezas do sótão.

Nenhum livro, volume, tratado, obra, manual, texto no qual apareça a palavra "república" terá livre circulação no Brasil. Opor-me-ei à reação à vocação republicana, vício da plebe que acredita ser habilitada para exercer o governo. A menção dessa palavra perigosa será sancionada de imediato. Nem sequer como referência a ficções. O povo não pode contemplar as idéias políticas como se fosse participar do seu exercício. Nada de rede pública, a rede do Brasil me pertence. Fique o público para as casas públicas onde reina o descontrole das paixões.

13) *O Banquete* ou *Da erótica* estive a ponto de autorizá-lo para não comprimir o antigo demônio do sexo tirando-o, mas me advertiu – perverteu com ênfase o meu Secretário Real da Fazenda do Estado, Dom Luís de Vasconcelos e Souza: "deve tomar em conta que a liberdade é uma fumaça volátil e como gás, sempre procura a altura, S.M., do ventre baixo sobe facilmente à cabeça e à mente". Não sei se é verdade, mas a dúvida nunca matou um governo. Proibido!

14) *Fedo* ou *Da alma* me recomendou especialmente Dom Luís, que pelo visto tem dois pratões, um *ad uso delphini* e outro perigoso para as deliberações do baixo ventre. Fica autorizado.

15) *Teetetes* ou *Da ciência*, será de leitura obrigatória, não há como a ciência para infundir a consciência.

16) *Cratilo* ou *Da linguagem*, abolido. Ninguém que jure com palavras o faz por diversão, senão por perversão. Sei que palavras e idéias vão de mãos dadas para enforcar o poder. Ao pescoço do governo. Proibido.

17) *O sofista* ou *Do ser*, ninguém o entenderia num sentido revolucionário e poderá circular sem risco toda antologia que não se misture com o governo.

18) *Timeu* ou *Da natureza*, apenas divagações com mitos, livro inócuo e inocente; poderá circular livremente.

19) *O político*, terminantemente proibido, o título em si já é subversivo, tentando, como a serpente do Éden, os humanos a disputar um governo que não lhes pertence senão a Deus ou ao Rei. Absolutamente proibido.

20) *Criptas* ou *Da Atlântida*, um montante de fábulas. Autorizado.

21) *Fredo* ou *Do amor*, quem pode acreditar no amor com seriedade? Se for capaz de tanta fé, delata sua inocência. E a revolução não é feita de ingênuos. Autorizado.

Capítulo 8
A Desmemória da História.

Que bom, enquanto disputam, meus acadêmicos me instruem. Não será uma maneira de determinar a exterminação dos documentos fúteis? Não estarei minando o terreno do amanhã com a história recortada?

E será que o Deus dos cristãos não é o primeiro determinista?, interrompe a voz inflamada de Otto von Güstrow. Por acaso querem transformar a história em uma profecia divina? Se o Deus dos Testamentos já fixou o argumento da História, não vejo o porquê de estudá-la, ironiza, apenas teríamos que seguir como submissos cumprindo os deveres. Mas aqui temos um problema, senhores: se for assim, vosso Deus mentiu. O livre arbítrio é um mito e não somos mais do que peças de uma imensa engrenagem que não avança nem retrocede: mói gente para armar sua história.

Um momento, S.M.!, Põe-se de pé o acadêmico jesuíta. Acho que o meu ilustre camarada confundiu as causas naturais com as causas sociais. Na natureza intervém a Vontade de Deus, mas no terreno humano, interpõe-se a escolha livre de cada um. Eu, por exemplo, poderia optar: ficar em Portugal aliando-me à causa invasora ou embarcar nesta viagem ao Brasil.

Não é um exílio, digo com toda a firmeza, iremos fundar o reino do Brasil. Sendo Deus o Ser livre por Excelência, o livre arbítrio é a porção de divindade que cada homem possui e, investigá-lo, por conseqüência, é mais uma tarefa da Teologia do que da Ciência, interrompe o acadêmico Pedro Bernardim José de Noronha Albuquerque Moniz e Souza, botânico que de repente volta à vida opinando. Eu lhe diria que, pelo que pude ver, nada é inevitável na História, mas para ter outras conseqüências, precisamos de outras causas.

O acidente!, alarma de repente Otto von Güstrow; o azar enche a história como rajadas de sangue depois das batalhas! Que valor poderia ter para a ciência um surto de acidentes?, e dou exemplos: como seria hoje o mundo se Alexandre não tivesse morrido aos trinta e três anos? Por que Átila deteve-se diante do papa Leão, em vez de invadir Roma como havia previsto?

Por que Alá salvou Maomé em 622 e depois permitiu ao pagão Carlos Martel vencer Abderramán, o Gafeki, em Poitiers? De que lado está esse Deus que um dia dorme cristão e no outro amanhece muçulmano?

Acidentes, S.M., apenas acidentes. Como poderíamos descobrir uma seqüência coerente de causa e efeito no argumento da história se em cada espera nos espera um acidente imprevisível? Otto von Güstrow agora se mexe de um lado a outro fazendo soar seus passos no salão.

Por algum motivo Átila deu meia volta! Volta a intervir o acadêmico Pedro Bernardim José de Noronha Albuquerque Moniz e Sousa, botânico e pelo visto adepto a causar taquicardias a Otto von Güstrow. Por isso Maomé resistiu. Que não saibamos por que, não significa que não haja o porquê.

A voz miúda do botânico caminha como entre as rosas, cravando suavemente as espinhas entre as pétalas. Essa "soma de acidentes" que notam os simplistas na história significa que não advertiram as causas porque unicamente atenderam às conseqüências. A decadência é amiga do imprevisível. Houve uma só monarquia o suficientemente sólida para opor-se à ameaça de Bonaparte em toda a Europa? E o diz me olhando sem dissimular este que quer tatear entre a mata a razão da minha bronca. Nada digo: o silêncio é a voz suprema do mandado.

Não, respeitosamente, S.M. Não, continua procurando minimizar o vazio que deixou sua pergunta. Continua. Decidimos em conjunto esta viagem para salvar uma coroa, o fizemos livremente, cada um convencido de contribuir com a fundação de um novo reino longe da monarquia européia. Não há nenhum destino selado nem acidente nesse ato: simples vontade humana*. A história, S.M., explica o jardineiro político, é um sistema que serve para orientar casualmente os dados da realidade passada até achar neles um sentido único**. O acidente possui a amabilidade de se repetir raras vezes ou nunca.

Centenas, milhares de fatos podem explicar a história, mas apenas os atos racionais, capazes de resistir à inteligência sem ficarem reduzidos às cinzas, são fatos históricos. Somente as causas que ajudam a compreendê-las servem à História. O restante são historiazinhas, estórias. O verdadeiro historiador pescará no passado aquilo que possa se reduzir a uma fórmula racional de regularidade, eliminando o acidente e os dados irrelevantes.

** *O parente Hegel disse com maior poder de síntese: "Todo o racional é real, e a realidade é racional"*

Vejo que o conde-camareiro se aproxima urgido por alguma nova farsa de sua coleção. Ontem à noite estávamos recostados contra a armação do castelo de proa, S.M., quando saíram do mar peixes voadores, daqueles que vulgarmente os andaluzes denominam 'peixes voláteis'; mas lhe juro pela minha finada bisavó Adania – Q.E.P.D. – roga como se a sua linhagem lhe interessasse muito, que tinham olhos da cor do fósforo quando arde no laboratório do acadêmico Domenico Conti. E diz a má língua do senescal que são almas dos marinheiros que findaram nas tormentas e afundaram sem ter recebido os óleos sagrados, S.M. Querem se comunicar para contar suas penas!

Ao penal com as penas, ordeno ao cretino. Bela falta nos faz fofocas de túmulos quando nem sequer temos arado o caminho ao túmulo! Fecha a boca franzindo um pouco o lábio, a encosta de lado cavando um orifício à direita de sua barbicha e, como se ninguém tivesse ouvido, continua o caluniador.

O senescal quer que suba à Vidente, para dialogar com os defuntos.

O guiarão no caminho do destino, eles já se enganaram, sabem onde está o legado humano; além do mais, estão livres de qualquer paixão, sabem ver mais além da cegueira das idéias, S.M., manda dizer meu senescal Dom Madigo, sempre propenso a crer mais lá do que cá. Eu sei qual é o caminho mais curto, pois intercepto as mensagens do meu secretário. Não se esqueça da revolução, S.M., recomenda como que me ameaçando com a amnésia. É preciso atender às necessidades do povo, termina aconselhando, como se fosse meu confessor. Não preciso de receitas de governo. O Estado não está quando começa a caridade, de nada serviria desapropriar aos que têm mais para reparti-lo entre os que têm menos, de um miserável obteríamos dois: o que antes tinha e o que nunca teve. O Estado não é uma instituição de caridade. Nunca deu resultado repartir as riquezas alheias, visto que o que recebe o que não ganhou o desperdiça rapidamente; enquanto deixamos o proprietário sem seu devido lucro com desencanto e miséria. Primeiro, não é justo. Segundo, não é inteligente promover a miséria. O governo está para escrever as regras do jogo e fazê-las respeitar custe o que custe porque o jogo é sério. Quem não sabe jogar fica de fora aprendendo com aqueles que jogam. Quem faz trapaças fica sem cabeça, porque o jogo econômico é sagrado, muito mais do que as trezentas igrejas, paróquias e capelas da Bahia de todos os Santos. Mais do que todos os santos juntos. Sem lucro não se come, não se reza, não se vive. Essa é a única revolução possível: conservar a riqueza intacta. Sem riqueza, o que poderíamos repartir? A miséria já está adjudicada de antemão. Não termino as minhas investidas contra os repartidores de nada que querem acalmar suas consciências presenteando o que não há, quando vejo se aproximando, sempre concentrado em contas intermináveis, o meu Secretário da Fazenda do Estado, Dom Luís de Vasconcelos e Sousa. Deus salve à S.M.!, diz exaltando. Por hora prefiro que eu me salve. Estive revisando balanços, conta, concentrado em seus números ideais que remexem como as idéias platônicas sobre a cabeça de Dom Luís, e vejo que há vantagens no mercantilismo que havia passado por alto, Majestade.

Não diga! E o que foi que descobriu?

Note, prossegue estendendo um mapa de organização econômica no qual existe o senhorio de artilheiros, uma frota íntegra de barcos mercantes, outra de canhões, uma fábrica de cordas, outra de panos para velas e feitorias pesqueiras. Os armadores e comerciantes, explica assinalando o extremo direito do cartão, em aliança com o Estado, assinala agora a borda esquerda, onde sob o desenho da minha coroa jazem lingotes de ouro, promovem o trabalho e a exportação de nossos produtos com uma recarga que paga a mão de obra. Assim, o Estado fica cada vez em melhor estado. E os comerciantes?, quero saber. Conheço mais de um que venderia sua própria mãe em cotas se isso o beneficiasse, por que manteria a lealdade ao meu Estado se sua ganância enche-lhe de fumaça a cabeça? Fumaças libertárias, que hoje estão na moda entre essa gentalha do burgo, Dom Luís. Fica um tanto pensativo.

Quero que S.M. observe que Portugal não teve praticamente guerras de religião, nem sequer o Santo Oficio interveio em nossas terras onde as divisões de idéias foram a causa comum de um destino quieto como as águas, assegura apontando um barril. Traga o senhor um agitador para meter as mãos na tinta e verá como ferve a água mansa, Dom Luís. Não há como o ouro para agitar a mente: desde o começo dos tempos fez crer ao homem que era imortal. Cubra-o de ouro e terá um homem onipotente, e não ache que a Bíblia passou por alto em Portugal, há tantos sectários do anglicanismo como do galicismo, somente o senhor, meu fiel custódio, continua perseverando no papado dos católicos.

Deus não permita outra coisa, S.M.!, exorciza.

Já permitiu, Dom Luís. Note como ficaram os coágulos de sangue depois de São Bartolomeu nos empedrados de Paris. O homem é quem não deve esquecer, porque a memória de Deus não está feita para outra coisa, já que somente o esquecimento é eterno e Deus não está feito para contingências.

Deus preserva o direito natural, S.M., objeta Dom Luís. O direito natural nem é direito nem é natural!, exaspero-me, não é mais do que uma ninharada onde vão parar os monarquistas, os republicanos e os detratores de ambos! O holandês Hugo Grocio escreveu essa porcaria do *Mare liberum* para justificar a pirataria de Flandres contra os nossos navios portugueses.

Sabe que os corsários da Companhia das Índias Orientais, saídas da ratoeira de Amsterdã, nos desmantelaram quatro fragatas mercantes sob a bandeira portuguesa? E o Grocio tem a descaração de fazer a apologética dos bandidos amparando-se no direito natural! Diz que a liberdade de comerciar é um direito primário das pessoas. Como posso pensar bem desse direito de pessoas indecentes? Um direito distorcido não pode ser natural. Uma coisa é dar uma digna sepultura aos parentes e outra muito diferente é dividir o planeta ao seu bel prazer repartindo feudos marinhos em nome de Deus. Se Deus interveio nesses assuntos litigiosos ali tem as bulas papais, desde *Romanus Pontifex* do papa Nicolau até *Inter caetera* de Alexandre Borgia, outorgando os territórios virgens às coroas de Castela e Portugal. Nunca nenhum deus pensou na Holanda até que o senhor Grocio encontrou a forma de cortar uma fatia por meio de um sofisma. E tudo porque o seu "direito natural" autoriza o uso dos bens terrenos a todos os filhos de Deus por igual, incluindo os bucaneiros holandeses. Com esse critério, amanhã os siberianos reclamarão Porto Alegre, já que suas terras são tão tristes. Volta Dom Madigo, dando instruções a dois peões que tratam de armar um tablado puxando panos daqui e de lá.

Já não teme a anaconda nem os encantos da bruxa, o tal que está parado atrás do conde-linguarudo. Da minha parte, tantos são os meus desencantos que não há força oculta que não se rebele ao querer se revelar. Para que serve o poder, se não para limitar a distância entre o que podemos e o que não podemos fazer? Sorri, aliviado, o senescal. Estará esperando que se lhe profetizem venturas em vez de aventuras. Isso é uma loucura. Tirando os desvarios de Mãezinha, que pelo menos tem pretextos, o restante é efeito do enjôo, seguramente.

Mas já não há quem conserve um palmo de juízo a bordo. Quando cruzo com monsenhor Saraiva lhe pergunto, de supetão: o que nos espera o céu depois da morte? Olha fixamente o fumoso firmamento limpo, como o crepúsculo dos deuses. A paz, S.M., assegura seguro. A fera e o cordeiro comendo juntos. E o que almoçam?, pasto ou carne de cadáveres?, pergunto, mas o monsenhor faz de conta que não me escuta, para continuar com a sua visão.

O canto suave das esferas celestes: música de anjos. O coro dos justos louvando a Deus. Não haverá guerras nem pestes. E paz, uma paz que em vão buscamos nesta terra.

Deus prometeu tudo isso?, espanto-me.

Sim, S. M, está escrito.

Desconfie, abade, olhe que a Moisés prometeu-lhe o mesmo, "a terra de paz onde emana leite e mel" e perceba que desde aquele dia acabou a paz, o leite e o mel na Terra Prometida.

Chegam de longe as risadas da tripulação da *Odemira*. Onde estará a autêntica vida? No canto seráfico dos pálidos arcanjos, potências e coros, ou nas gargalhadas das cortesãs?

Vem a primeira safra de documentos do Arquivo Real: colheita do eremita Antises. Vejamos. O que é isso? Fábulas de arqueólogos ansiosos em achar escrita nas pedras a identidade lusitana. Vivem escavando como topos para chegar da escuridão do presente à outra escuridão, mil vezes pior, porque já não está. Ó clandestino que levas estas fábulas como quem quer, sem querer!

A brisa chega. Deixo-os ir, afundam por seu próprio peso as páginas do esquecimento* do mar.

> *Curiosa essa versão do rio-esquecimento, onde se lava nossa memória tão caprichosa antes de entrar no céu. Teremos que desprender nos Campos Eliseos tudo o aprendido nos campos terrestres? A memória humana não serve para nada?, terão de ser ressuscitados inocentes, e as lembranças só encontram culpas? Quem as acharia, mergulhando um instante? Imagino um acúmulo de lembranças dispersas, misturadas, híbridas, enxertadas umas às outras, traições com voluptuosidades, devoções com adultérios. Seria o espaço mais humano que caberia imaginar. Nem Anselmo de Aosta se aventuraria a explorar essa terra de homens e mulheres.*

E agora acontece que em Cabeço de Arruda um francês exumou sete ossos petrificados, e com isso armou o *Homo mugem*, que se não são ossadas, por perto anda o esqueleto reduzido a esquírolas. O francês já sentenciou que o homem de Mugem era de crânio alargado, e até a cor da pele, morena sem dúvida, advertiu o etnólogo do arcaico. Datou-o na Idade de Ferro e indicou à pilha de discípulos que deixaram semeados como lagostas no cemitério pré-histórico de Cascais** os rastros que faltam para completar o rosto do seu homem de Mugem. Nem na paz dos sepulcros acreditam. Leve o vento, ondulando, essas folhas de rituais profanos com pretextos arqueológicos. Que o mal vá ao mar.

*** O indígena mugense enterrava em necrópoles os seus mortos, não como os celtas, que os incineravam, nem como os ibéricos, que os deixavam no alto para comida de águias cuja missão era transladar as almas às alturas; deixo o tal assentado no Livro de Descobrimentos da Academia de Ciências; o mesmo livro onde meu ancestral Henrique, o Navegante, assentou as primeiras terras descobertas no seu tempo.*

E isso? Que significa esse risco de paradas? Grifos de Alvão, figuras de Cação da Rapa entre outros.

Não, meu estóico Antises. A esses montantes de cientistas não interessam o futuro nem o passado; o que acha se os deixarmos como presente ao mar? Talvez se juntem e se colem uns aos outros, empelotando-se, tecendo emaranhados até porem um pé em alto mar e transformar-se na ilha da *Utopia* do chanceler Tomas Morus. Ou, com velhos pergaminhos, ancorarem na fabulosa *Nova Atlântida* de Bacon.

O que mais tem? Outra lista? Vejamos; começa com os lusitanos, segue com os vetos, depois os cênicos, depois estão os galações... contos chineses: vão para a água que lava as terras imaginárias levando as romanadas e as províncias do Império dos doze Césares. Por conta do esquecimento, Antises. A nadar no nada. Até que não apareça uma cabeça, não pode haver coroa, e sem coroa, colocar tudo em ordem. Batizar o neonato e ressuscitar o defunto com a mesma ordem do Cristo: "Brasil, levanta-te! Arranca-te do sepulcro da tua própria ignorância, expulsa-te do Hades da caverna cheia de trevas do não saber que não se sabe".

Fora com esse monte de inutilidades! Nas suas montanhas da Anatólia terás aprendido a divisar a verdade desde as alturas e desde longe. Usa a mesma visão de falcão, cheira os embustes desde a maior distância que te permitam os sentidos! Eu lhe faculto, mais do que isso, lhe endosso a liberdade de queimar as folhas e escritos duvidosos dos registros do passado. Alivia minha carga. Faz de Simão Cirineu para este pobre rei sem reis, navegante e solitário, levando a cruz da história sobre suas costas no meio da multidão indiferente.

Conclusão do oitavo capítulo.

Dom Madigo! Inutilmente chamo com a imaginação fazendo soar o eco dos meus pensamentos: o mar leva tudo, as águas foram criadas para separar as terras, as coisas, os homens desesperados procurando unir-se numa prensa sub-humana. Ainda bem que vem o conde-camareiro interromper o fio das minhas cavilações. Trouxe pluma e papel?, indago suavemente sem olhá-lo;descobri que fica nervoso quando alguém lhe fala sem olhar, sente a indiferença como uma invalidez, como se lapidássemos uma insignificância. Sim, Excelência, me diz sem hesitar. Rápido, o conde. Quando se esconde não se esconde. Vou ditar-lhe o *Index aristotelicum*. O quê, S.M.? O índice das obras que penso proibir no meu Brasil. Não pode...! corta-se-lhe a dicção. Sabe que ele não pode me impedir de nada, mas a impertinência condal cruza-se no caminho das bestas.

Faço de conta que não escutei e continuo tranqüilamente. Posso, pelo poder que me outorga a história: mil, dois mil anos levando até a mim as águas lustrais do poder nascido no campo de Marte e transmitido pela força do instinto no campo de Vênus.

Quer provar? Nada diz. Cala o canalha. Não advoga pelo argentino que silenciou no calabouço. Nem sequer advoga por si mesmo. Faz-se o distraído cavando seus olhos claros na claridade do céu. Pendura no bolso da sua jaqueta uma folha desenhada e gabaritada. Como quem extrai um furúnculo, arranco suavemente a página: é a árvore de Porfírio que vai desde a substância máxima à espécie mínima para explicar como se distribui nas simples criaturas a rede infinita.

Conheço o enredo porque o professor Adulário de Parma me fez ler a *Isagoge* como se fosse o catecismo. Vejamos, digo com tom mais didático do que amistoso. Partimos da substância Superior, o gênero supremo por cima do qual não pode haver outro gênero mais elevado: Deus. Bifurca-se em duas substâncias, uma simples e outra composta. Deixemos a simples porque ela não é nada no mundo. Sigamos a composta que se transforma num corpo. O corpo pode ser vivente ou inerte. Deixemos o inerte porque neles residem os pensamentos, sigamos com os corpos vivos, que entre nós chamaremos "animados", voltam a se dividir em dois: sensível e inerte.

Abandonemos os inertes já que são incapazes de agir; sigamos a rota dos corpos sensíveis que se convertem no termo "animais". Novamente temos dois subtipos: racionais e irracionais. Se eliminarmos as bestas, ficamos com a espécie especialíssima: o animal – racional – homem, que culmina em mim onde conflui o poder que vinha de Deus pulando entre pedras, plantas, feras, escravos e o povão, metade besta, metade pessoas.

Viu como posso proibir legitimamente o que me apetece? Mas vamos ao veredicto:

1) *Da filosofia*, órbita de divulgação, autorizado.
2) *De anima*, a ninguém poderá causar dano essas divisões fantásticas.
3) *O político*; livro absolutamente proibido. Nada que contenha termos tendenciosos poderá circular pelas cabeças brasileiras.
4) *Das Idéias*, não tem nenhuma importância. Autorizado.
5) *Propético*, procurei lê-lo e dormi. Inócuo. Devidamente autorizado.
6) *Constituição de Atenas*, livro proibido que só faz alusão à democracia, como se toda a salvação humana girasse em torno de sua existência. Abolido
7) *As Categorias*, especulações inocentes que não podem atacar a raiz de nenhum poder. Autorizado.
8) *Analíticos*, autorizado porque guia o pensamento reto, e se algum grau de lógica resta à sociedade, irá da idéia de "poder" à de "monarquia", seguindo o reto caminho.
9) *Filosofia natural*; nada mais natural do que essas leituras afastadas da necessidade de atiçar o instinto social do homem. Autorizado.
10) *Física*, não está mal como preceito para o admirável "Tratado" do senhor Newton. Ensina que tudo no mundo obedece a leis precisas e dele infere-se que todo o rebanho humano está regido por leis imutáveis.
11) *Do Céu*, autorizado, ou melhor, quanto mais pensa o homem no Céu, mais se afasta dos assuntos da Terra.
12) *Da geração e da corrupção*; autorizado. Ensina que a corrupção ameaça constantemente a matéria humana.
13) *Metereológica*; nunca antes alguém dedicou quatro livros às tormentas e cataclismos. Merece respeito tanta abnegação. Autorizado.

14) *História dos animais*; apesar da obra do romano Cláudio Eliano ser mais divertida, a ninguém danificará saber algo sobre as aves, os quadrúpedes e anfíbios. Autorizado.

15) *Da Memória e a Remanescência*, obra inocente, apesar das insinuações do título. Autorizado.

16) *Da longevidade e da brevidade da vida*; coisas que só desembocam no vazio. Autorizado.

17) *Metafísica*; ninguém pensaria em ver o Estado como potência – ato, e nem ao primeiro motor móvel refratado no poder. Ajuda à fé. Fica autorizado.

18) *Ética a Nicômaco* ou *Magna moralia*; não danifica procurar saber da conduta que distancia o bem do mal. A obediência do desacato. Depois de tudo, como ensina o Gênesis, a origem do mal está na obediência do ancestral Adão no Éden.

Segunda Parte

Carta do príncipe Henrique, o Navegante, a seu escudeiro Gil Eanes, datada no dia de São Raimundo Nonato do ano de Cristo de 1418*.

Eu, grão-mestre da Ordem de Cristo, com o título de duque de Viseu, Henrique, filho do rei João I de Portugal e de Dona Felipa de Lancaster, e Proto-almirante da frota portuguesa, infante de Portugal, desde a torre sul do castelo de Sagres ao meu fiel escudeiro, António Gil Eanes, capitão da embarcação *Rio de Ouro*.

Não importa que vossa expedição tenha fracassado doze vezes. Eu, que cheguei a Ceuta com duzentas embarcações e mais de vinte mil homens sob o meu comando, atravessando as Colunas de Hércules, o instigo a continuar, sempre, percorrendo tantas léguas marinhas quanto possam alcançar os vossos olhos. Não há maior calamidade do que a própria ignorância. Somente um "não sei" deveria humilhar mais nossas consciências do que tudo o aprendido desde a Idade de Ferro em diante.

Quando Héracles partiu em busca do Jardim das Hespérides tampouco sabia aonde chegar. Averiguou o caminho perguntando às ninfas do rio Erídano, mas as ninfas também não conheciam o rumo para alcançar a terra onde brotava aquela árvore maravilhosa que produzia maçãs de ouro.

Enviaram-no em busca do deus Nereu: o mandaram ao mar, mas onde mais poderia ir a busca do mistério e da aventura? Ao mesmo mar onde eu vos envio hoje, confiando na vossa destreza. O deus marinho se negou a dizer uma só palavra: Héracles teve que acorrentá-lo à mesma pedra onde Prometeu expiava seu delito para obrigá-lo a conversar. O mar esconde seus segredos, é dever humano arrancá-los à força.

Atravessou do Cáucaso ao ponto Heleno e à Arábia desértica até que arribou na orla do Mar Vermelho onde embarcou na *Copa do sol* iniciando essa viagem maravilhosa nas quais viu terras insólitas onde os homens tinham duas cabeças: uma loira olhando de frente e a outra encrespada e morena voltada para trás*; dragões imensos que se remexiam como gaivotas sulcando o céu translúcido**; centauros bélicos que montavam donzelas nuas, tão brancas como garças e de uma inocência insana inclinada aos emparelhamentos indignos de gente cristã***; ursos imensos trepados em ilhas de gelo; gente avermelhada que vive nos confins (mais além da estrela Tramontana) e jamais dorme****. O vento o arrastou aos arquipélagos desconhecidos onde os moradores adoram o fogo*****. O que não viu o herói que amamentou Hera jorrando a Via Láctea? Que outra coisa poderia surpreender quem lutou contra o Leão de Neméia e a Hidra de Lerna******? No entanto, remando pelos quatro dedos da rosa náutica, não pôde chegar ao termo da maré oceânica, e ele mesmo a concluiu ao chegar a Tartesos, separando num golpe de massa os montes Abila e Calpe com um pé na Europa e o outro na África; porque muitas vezes o homem deve completar o trabalho da natureza. Encerrou num rodeio estreito os limites marítimos erguendo duas colunas de bronze onde estava escrita esta sentença para os marinheiros que se aventurassem mais além da fronteira: *Non plus ultra*******. Isso contou Pompônio Mela em sua *Coreografia*.

* Talvez para ensinar-nos que o homem é um ser dual, que tem em si mesmo seu próprio oposto, e que a única lei vigente desde o princípio é a contradição. Ou talvez para advertir-nos que um são dois e três e múltiplos, que cada pessoa encerra um mundo onde o que odiamos ou detestamos espera num espelho e que é só questão de tempo entender que vamos nos transformando pouco a pouco no que mais odiamos.

** Dizem que eram totalmente inofensivos, que em vez de vomitar chamas inflamáveis, as criaturas gigantescas e aladas exalavam cantos angelicais desde as alturas, que algum cronista confundiu com a música celestial da harmonia universal.

*** Desde a história de Neso já sabemos o que esperar de um ser metade humano, metade eqüino. Mas as donzelas! Mas as donzelas se entregarem a essas bestas? As enviaria

*como pupilas a algum beatério a se penitenciarem e
jejuarem das carnes vermelhas fora da quaresma.
**** Não sei se será correto o raciocínio, mas o meu
topógrafo, que leu relações de viajantes que recorreram às
terras de Tule, diz que lá o sol não se põe durante seis
meses; que, apesar de morno, está presente furtando as
noites. "As pessoas dormem quando cai a escuridão, se lá
não há noite, as pessoas não dormem", conclui sem dar
muita importância. Eu, que sei que sem sonhos não vivo,
nego-me a viver em Tule.*

****** Já o faziam os Persas e à sua maneira, Heráclito de
Éfeso. O fogo não é uma substância tão enigmática como o
homem, que está onde está? Pensamos em um grande
homem, coloquemos como exemplo a Dario, rei de reis, o
que restou de tanta glória? Apenas um punhado de cinzas.
Que rastro deixa o fogo ao passar? Cinzas. Perceba, meu
fiel Gil Eanes, ambos estamos condenados às cinzas.*

******* Hidra custodiava a lagoa de Lerna, que por sua vez
era o espaço do Tártaro que estava rodeado de almas e
álamos. Hidra tinha corpo de dragão e oito ou nove
cabeças de víbora, uma delas imortal. Não obstante, nos
inteiramos que Héracles conseguiu cortar a cabeça eterna e
cauterizar a base para impedir que brotasse. Não era
imortal? Ou apenas imoral? Veja a diferença, meu caro Gil
Eanes, toda a diferença que faz apenas uma consoante.
Sua simples falta transforma um deus num miserável.*

******** Bonita brincadeira essa de Héracles: fixa o termo e
proíbe transpô-lo; trabalha como aduaneiro, o semideus.
Mas se nem os ditames de Deus sujeitou o homem por
muito tempo, que dirá os de um simples semideus?*

Mas chegou a hora da ousadia, capitão António Gil Eanes, vosso príncipe e infante deu-lhe o exemplo chegando a Ceuta. Vereis muitas
coisas prodigiosas antes de chegar ao Cabo Num, que outros cartógrafos
chamam "Bojador". Sei que dizem que chegando a tais latitudes, ferve
o mar. Que no Cabo do Medo a vida é impossível, que a terra não

produz senão pedras e seca sem igual, que as águas estão infestadas de crocodilos canibais e o ar é tão espesso que asfixia. Nada do lembrado é verdade, no fundo. Desfolhai as dezesseis pétalas da rosa náutica se faz falta, mas lance-os ao espaço para ganhar tempo: deixemos o passado na anuviada neblina de sua extinção.

As lembranças ferozes devoram-se umas às outras e acabam impondo uma anistia que nos permite continuar vivendo com alguma esperança. Não se façam ecos de tais falatórios: as grandes empresas começam com lendas e acabam sendo mitos. Dê voltas e mais voltas ao redor do eixo e algum dia furarás a pedra. Tudo é uma questão de paciência e fé. Cultiva-se a paciência pensando no ontem e não no amanhã, que às vezes nem sequer vem. A fé já está concedida pela Bula *Romanus Pontífex*, de S.S. o papa Nicolau V, que selou a fissura entre Castela e Portugal: por uma ínfima ruptura pode-se perder toda a Terra, tem dito, com sábio critério S.S. que por algo é santa. Lembrai sempre que um pensamento é um insignificante cruzamento de sentidos, onde o olho, a mente, o coração e a alma se encontram e se desconhecem. Esse desconcerto instantâneo empurra o pensamento mais além de seus próprios limites, faz o trabalho de Héracles com um pé no passado e outro no tempo em que ainda não é tempo, e sim apenas uma promessa. Mas, abri os olhos àquilo que se possa cultivar em terras estranhas, ide aos mares desconhecidos. Fazei de conta que a Coroa vos adianta um estipêndio real para sondar o espaço desconhecido do qual vos farei proprietários num terço de todo o território descoberto e por descobrir; e ao mesmo tempo vos exonero de toda forma de contribuição ou imposto marítimo, livre de dano. Tudo quanto puderes trazer será dividido entre vós e a Coroa em partes iguais: o mesmo o metal que os negros, sobre os quais ainda discutimos se devem ser considerados irmãos ou gado. Se humanos, será perdido; se gado, será lucrativo para ambas as partes. Não foi em vão que convoquei no promontório de Sagres o maior rebanho de sábios dos nossos tempos, desde o erudito Lorenzo Valla, que analisou com olho de falcão a "Doação de Constantino" para terminar sentenciando que o documento não era mais do que uma farsa forjada no século VIII por aqueles que se sabe lá por que quiseram depenar Roma de toda sua história, até os humanitários Pietro Vergerio, António Bonfini e um exército de copistas, alquimistas, encadernadores, topógrafos que esparramaram os pensamentos de

Ovídio, Cícero, Platão, Virgílio, Homero e Sêneca. E que dizer das pilhas de manuscritos que pedi aos livreiros Leonardo Bruni, Poggio Bracciolini e Ângelo Decembrio: toda a civilização de Péricles, Aristóteles, Suetônio e Plínio interrompeu a missa de dez séculos de penumbras medievais. Bem dizia o livreiro florentino Vespasiano da Visticci: "Avançamos sem descanso rumo a uma meta que está fora do nosso alcance, como meninos querendo pegar a própria sombra". Que bem-aventuranças poderiam deparar a leitura de obras depravadas, como a *Medéia* do grego Eurípides?, perguntava com nojo o arcebispo Menezes. Disse-lhe numa memória rubricada com o Escudo Real "Todo escritor honrado (e nisso não implico a Moisés, Davi nem Paulo de Tarso), tem a obrigação de comerciar com o bem e o mal como o faria num sonho: sem prejuízos nem pré-juízos, com a mesma balança para as duas peças. O sonho de um justo e o de um iníquo merecem o mesmo respeito da parte do insone. Ninguém tem o direito de interromper essa confissão do autor, mesmo que venha das entranhas de Lúcifer. Nem sequer o próprio autor, porque não é dono da idéia, e sim seu escravo".

Não caiu muito bem meu depoimento ao monsenhor.

O indivíduo é um universo encarnado em um destino, capitão António Gil Eanes. Enquanto abre caminhos de pedra para que Portugal caminhe rumo ao seu futuro na maré oceânica, eu farei cavar nossa raiz no passado. O erudito andaluz Nuño de Guzmán descobriu o jardim que foi de Sêneca em um subúrbio de Córdoba.

Com um pouco mais de paciência não lhe será difícil encontrar entre as furnas de Cesárea algum indício para documentar a fundação de Lisboa como obra e graça do astuto Odisseu. Inventa-se o passado e tenta-se o futuro, Gil Eanes. Nosso tempo é que não existe porque ainda não está escrito. Outros serão os artífices, mas eu os venturo bem quando os aventuro pelo infinito; que maior glória pode haver do que a de atravessar em nome de Deus as portas do mistério? Doou-se esse prodígio ao nosso tempo. Os hispânicos estão inventando um certo compêndio de um tal Sanchez Arevalo, escrivão da cúria papal, que em vez de relatar escritos pontífices dedica-se a malograr o passado com fábulas épicas aparentando meus parentes castelhanos com a prole de Hércules. À força de genealogias espúrias querem parear a fidalguia espanhola com a aristocracia romana. O próprio Enea Silvio Piccolomini teve que apertar os bofes para não morrer de rir com a mania da galegada. "Ibéricos que prestam mais atenção aos seus cavalos que aos seus poetas, que descuidam toda a arte por cuidar a pele, pretendem herdar as glórias de Roma, Florência e Milão", disseram que disse numa ceia o senador da Cúria no palácio de Frederico III*.

* Talvez chegue a papa esse iluminado pela razão.

Ainda não sabemos o que é o mundo, Dom Gil Eanes. E, no entanto, vivemos nele. Mas há instigado Deus Nosso Senhor a curiosidade na criatura humana: não perca os detalhes, faça-lhe proveito essa insatisfação natural de não querer estar sempre onde se está. Se é verdade que existem os pigmeus, traga-os a Sagres. O doutor Gasparo Contartini, discípulo do Vesalius, aguarda no seu gabinete para conhecer e classificar todas as espécies zoológicas e etimológicas. Que há ciclopes o testificam desde a Antigüidade: capture um sem colocar em perigo a sua vida e veremos que se vê – através de um só olho – de um mundo tão vasto e gigantesco que nem o olhar de Deus o pode abranger integralmente. Dizem que há cinocéfalos e ainda descabeçada?, quadrúpedes?; eu, na Corte, tenho tratos com outros que, ainda tendo cabeça, nunca fazem uso dela senão para coletas. Se for verdade a relação que fez Gil Gonzalez D'Ávila, gostaríamos de ver em Sagres aquelas formas mestiças entre humanos e bestas, ou a raça dos acéfalos que enxergam e comem por meio de olhos e aberturas nas axilas. Caça-se exemplares da raça dos andrógenos, já acharemos com quem juntá-los nos gabinetes cosmográficos de Sagres. Também há relatos de sem barbas cujo esperma é preto e faz com que mulheres fiquem grávidas durante cinco anos.

O Mar Tenebroso está foragido das maravilhas, capitão Gil Eanes. Conte com as ilhas das Sete Cidades, as Antilhas, as do finado rei Salomão, onde dizem que ainda guardam relíquias do filho de Davi e da rainha de Sabá num cofre de prata. E um texto muito mais delicioso do que *Os Cânticos de Salomão*, dedicado às brincadeiras eróticas dos amantes reais, com páginas e iluminações em miniatura sobre as formas de jugo que a rainha aprendeu no Oriente.

O mar é como a mulher: repentinamente torna-se opaco; enche-se de serrações e vapores consistentes, de feridas que mudam seu temperamento em milésimos de tempo; ou se agita numa grande tempestade de ventos encontrados, encolerizados e impetuosos; e de repente sobrevém uma calma infinita que nos lembra a imortalidade. Seremos imortais, capitão, ou somente resplendores fugazes, iguais às luzes verdes* do fogo de São Telmo, que ardem como tochas nas noites quentes da região tórrida?

Conta o linguajar de Pigafetta, cronista napolitano da viagem de Magalhães, que passou o tempo todo rezando a Santa Úrsula três novenas inteiras por tê-lo livrado.

Se o Mar Tenebroso cultiva serpentes colossais, também deveis ter em conta que nas costas acautela o homem, mil vezes mais ardiloso do que qualquer criatura sem intenções. Apenas com tenacidade humana podemos vencer a fraqueza humana da nossa carne. As coisas não são como as vemos, senão como as amamos ou detestamos. Não se detenha até alcançar Cipango. Sempre que existe um desejo, há um caminho para chegar até ele. Não só todo o espaço da Terra é uma esfera, e os elementos e almas que alojamos: a natureza não constrói outra figura que não seja a sua própria imagem e semelhança. Também Deus, disse o finado Parmênides, é uma esfera perfeita, já que é a única forma de encontrar-se repartido por igual em cada uma de suas partes e não faltar ou minguar em nenhuma, ou é outra forma de negar que tenha partes um Ser tão íntegro. Buscai a borda do tempo, capitão Gil Eanes. Recuando, podeis chegar antes ao futuro onde vos espera todo o esplendor do passado condensado em um instante marcado como "Cipango"**. Mil, milhões de anos de civilização cristalizados num eclipse fugaz que está esperando que vás resgatá-los do esquecimento. Para descobrir a realidade é preciso esquecer do tempo e das coordenadas com seus meridianos. Em Sagres, o mestre Lombardini, não conformado com o quadrante, criou o quintante, inverteu as brasas do astrolábio e escreveu que: "por meio da imaginação, onde nem o tempo avança nem o espaço se divide, chegase primeiro às antípodas cuja capital é Cipango".

** De Cipango escreveu o veneziano Marco Pólo que, semelhante a um embusteiro, não deveríamos acreditar-lhe mais do que um terço da metade.

Dizem que lá as mulheres têm duas bocas; uma no rosto como as nossas, e outra no baixo ventre, no vestíbulo da matriz: dois lábios úmidos, tenros e cobertos por uma lingüeta tão suave que dela poderia se tecer um encaixe tão fino como o das Bruxas.

Imaginai a turbulência que poderia causar à velha Europa uma raça ainda mais velha cheia de novidades; porque não há nada tão novo e tão velho como o sexo que é capaz de converter um sábio em um energúmeno. Se os sarracenos são capazes de entregar a vida por elas, o que não entregaria um cristão por uma mulher de duas bocas? Temos lutado desde as épocas das cavernas para dominar a fêmea e agora compreendemos que macho e fêmea temos sido escravos do sexo que nos utiliza para procriar e repartir a espécie no espaço.

Já que estás treinado na arte do tráfego naval, não vos será difícil acarrear nas bodegas da embarcação *Rio de Ouro* o ouro da verdade, mesmo que em pedaços. Na volta, observe o crepúsculo num entardecer em alto mar, capitão. Chegará a hora em que deveremos partir ao nada, nadando. Vosso destino é o mar, o meu é o mal do mandado, o vosso, o do comando. Uma só letra varia entre um e outro, apesar de reconhecer-lhes a enorme vantagem que vós possui sobre vosso príncipe: durante essa última travessia do Estige eu deverei entregar ao esquecimento tudo o aprendido sobre a arte do poder, mas vós aproveitareis cada manobra e sabedoria náutica para conduzir a barca de Caronte rumo ao destino que melhor lês convenha. Eu deverei me resignar a chegar onde me conduza o último almirante. Sempre estamos na beira do tempo, capitão Gil Eanes. Creia-me como se vos falasse vosso próprio pai: é uma virtude acabar de viver antes que se acabe a vida. O que é o perigo? A ameaça de morte? Coisa triste é não saber morrer bem como não saber viver. Nunca muito custou pouco. Nada descobriríamos cobrindo nossas costas: o mar já esgotou suas ameaças; cabe agora aos homens desobedecê-las. Não vos amedrontem as fábulas de marinheiros: dentre todos os males, nenhum é pior que a opinião do vulgo. Apenas inventam continuamente malvadezas para remediar seus males. A felicidade não olha de onde vem mas sim aonde pode chegar. Avançai, capitão Gil Eanes. Com vós caminha a civilização e a benção de Vosso Príncipe Henrique, o Navegante[N.A.].

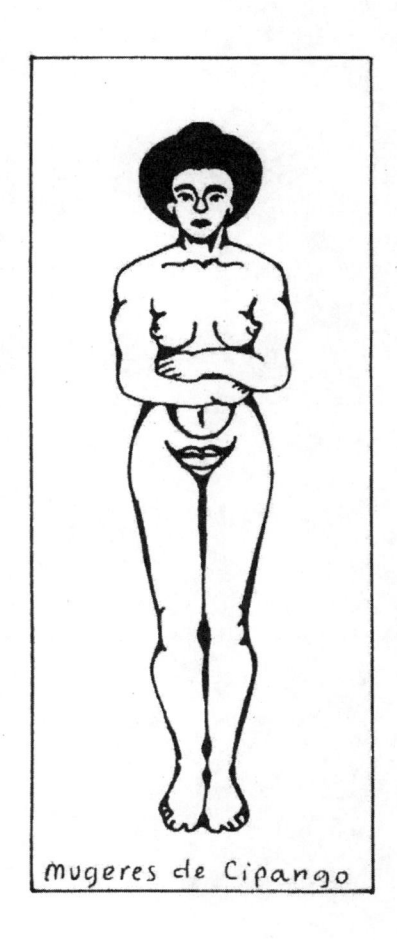

mugeres de Cipango

Capítulo 9
O Oráculo de Portugal

O que é isso, Antises? Deu agora em exumar epístolas dos Avis? Contos de fadas de Henrique ao pobre do Gil Eanes!, Puras invenções e delírios do príncipe que se auto proclamou "O Navegante" e jamais atravessou um riacho numa balsa, o picareta. Armou no promontório de Sagres uma fortaleza – escola mas obcecado pelas 'mulheres de Cipango' com duas bocas.

"...As terras de Cipango". Toda a história parece estar infestada de lendas. Não podemos andar senão entre invenções, fabulando ao mesmo tempo. Meu ancestral Henrique, o Navegante, valha de mau exemplo, nunca navegou.

Seus empreendimentos se reduziam a escaramuças entre barquinhos feitos de nozes na sauna do banheiro. Se bem fundou a Escola em Sagres, o papudo nem sequer atravessou um riacho, e aderiu ao sobrenome das artes náuticas, nem de nome chegou ao caso. Talvez foi posto em prática o que disse o finado Blaise Pascal, de Clermont: "para filosofar, é preciso caçoar da filosofia". Henrique, em terra firme, navegava pelo Oriente. Estava alienado pelos relatos do delirante Marco Pólo; não tanto pela pimenta, como gostam de apresentar as crônicas históricas dos acadêmicos, senão pelas "mulheres de Cipango", únicas no mundo com quatro lábios, dois em seu lugar e dois entre as pernas, mudos: sabe-se que têm a faixa atravessada do que um racho vertical como as demais", escreve o velho vilão. Essa boca pélvica e horizontal por onde podia gritar o estro* manteria em vigília e insônia o rei. Enviou quadrilhas de exploradores aos quatro ventos da rosa obcecado pelas bocas inferiores, sonhando ao mesmo tempo fazer um coito.

> * *Mesmo conhecendo os falatórios sobre o meu ancestral, acho que seria mais apropriado crer em longos bocejos dessas vulvas bivalves.*

"Ide aos confins dos mares se preciso, mas voltai com as mulheres de duas bocas, uma para falar e a outra para a cópula" ordenava a qualquer um que comissionasse a explorar a imensidão aquática. O mar te deixou tonto, Antises. Passamos de um pulo desde o Paleolítico ao século XV quando a tomada de Ceuta tornou valente o "Navegante".

Por que não incinerar sem cessar a maré queimando a carta seguramente apócrifa? Vê como ascende a fumaça das palavras incendiadas? Não resistem à prova do fogo divino; fez bem seu trabalho meu ferreiro Egano, também coxo como Hefesto, ao fundir esse infernal destinado a destilar a verdade. Cai sobre ele o fólio, e rapidamente são comidos os tições que ardem no centro sem terminar jamais sua consumação, como o magma no coração da terra.

Essa larva de lava incandescente vai lavando a opacidade das mentiras e das verdades escritas pela metade. Apenas respeita o indiscutível. O que restará das crônicas de Portugal, uma vez que tenhamos expurgado as lendas do poder. É preciso seguir uma ordem, Antises. Mesmo que nas tuas covas reine a desordem dos labirintos, aqui precisamos de um só curso para o rio do passado. Vamos desde as origens até a Casa de Borgonha, a primeira dinastia de governantes de *Portus Calle*. Depois vêm os Avis e recentemente, então, nos encontramos com Henrique, o Navegante; por enquanto a carta a Gil Eanes ficou anônima. Pertence ao nunca mais, ao lento trabalho do esquecimento roendo como um gusano as lembranças que à história não merecem. Depois da Casa de Avis, vêm os Braganças. Nessa ordem, Antises. Nem antes nem depois: já que estamos fora do tempo, respeitemos os fatos que estão dentro do tempo. Assim vamos lá.

O pintor Delerive me encontra na ponte da proa.

Majestade, já o possuo!, exclama. A função de estréia da ópera será ao entardecer, nas luzes do crepúsculo formaremos uma roda com as embarcações para instalar a balsa-cenário no meio do círculo. Os serventes atearão fogo de sebo ao mar. Soma-se o cozinheiro Alcântara, com um colherão na mão. Milhões e milhões de luzes exibidas no meio do mar, Majestade!, agrega o *chef* com toda forma de gestos retorcidos.

Ignoro o laço que une um do outro, mas não é difícil imaginar que andará pelos baixos ventres. O pintor Delerive é capaz de transar o comércio carnal com uma besta na intenção de melhorar sua ração. Pela carne entrega a carne. Diz o conde-camareiro que o Alcântara converteu-se no terror de donas e serventes porque de noite percorre buscando *lingeries* penduradas a secar para travestir-se como grande dama de honra do cortejo de Carlota. Viram-no de vez em quando se abanando com leque à luz da lua, sentado a num banco, suspirando fundo contra o inquietante sufoco do mar.

Faço indagar por meio do meu conde-camareiro se a Vidente está na sua cova oracular. A governanta Idalina estende um pano de linho para me acariciar, como faz sempre que me vê após uma ausência; acho que não quer me contaminar com suas sudoreses, por isso me acaricia e me beija através de panos com os quais amordaça entre os breves sussurros do seu amor tão antigo como o de Mãezinha.

Onde está a Pitonisa?, pergunto à governanta quando finalmente me desasfixia retirando os lenços que nos separam, unindo-nos num vínculo esquisito.

Sinto o amor dessa velha com a força de um terremoto mesmo apenas emitindo sussurros como da brisa quando me fala. Sei que, para me proteger, seria capaz de enfrentar um exército inteiro; não haveria militares nem soldados capazes de fazê-la retroceder um centímetro se me visse em perigo iminente.

Está na sua câmara, me responde, e em seus olhos brilhantes que quase ocultam as rugosidades das pálpebras brota uma umidade. Sei que está cheia de regozijo. Sou sua única felicidade. Cada vez que me vê, a governanta Idalina vê-se a si mesma adorando o filho que não teve. Vem de volta o conde-camareiro para me avisar que já podemos descer à bodega-cova onde a Adivinha adverte a turbidez do futuro imperfeito. Quero indagar do passado antes de expurgar a história por minha conta e risco. Escurece tudo à medida que descemos por escadas enferrujadas que se queixam ao passo de um peso. Aqui uma escotilha filtra um filete de luz, lá, outra, quase cega de tão submergida, deixa surgir um raio azulado que perturba a vista. Cheira a salitre, a secura, a sucos de cebola largamente estancadas em sacos.

Vê, S.M., o arco desta abóbada?, pergunta não sei por que o conde-camareiro, dando golpes à madeira escura. É álamo, álamo preto.

Nunca antes havia conhecido sua afeição pelo verde, mas neste mesmo lugar estranho as pessoas se tornam estranhas. Nem eu me reconheço na sombra que projeto ao meu passo, como se tratasse de um disfarce. Esse homem anônimo que me copia pareço eu visto de dentro, apenas como eu me posso ver. Mas supõe-se que é o meu corpo. A melhor madeira para um caixão, acrescenta, como se eu estivesse perguntando os segredos da arte funerária.

Ao divisar a entrada do camarote-bodega onde profetiza a Vidente, vejo brilhar no chão um filete de água turva como o Láteo ou o Estige*, que me separa da entrada. Cuidado, S.M., adverte meu nobre serviçal.

> * *O esquecimento da Antigüidade. Não há homem sobre a*
> *Terra que não o anele. Quem não sentiá um alívio divino*
> *ao se ver livre da carga das suas lembranças? Por isso,*
> *Deus esquece tudo e perdoa as nossas misérias. A religião*

prescreve o mesmo e não está mal que os homens e mulhe-
res esqueçam mútuas afrontas; apenas os governantes
estão presos à memória. Nosso destino é o desatino de
relembrar erros. Ego nunc et absolvo, e enchemos as prisões
de pecadores, inventando o Purgatório como fez o papa
Gregório, o Grande, no ano 600, por meio de um decreto
escrito com uma pena do Espírito Santo. Calou tão fundo a
pluma sagrada que inspirou no Sumo Pontífice a criação
da estância purificadora onde enviou de imediato aos
cardeais que o caluniaram por sua estranha manobra
exercida. Uns o acusaram de transpassar o tempo, já que
ao Purgatório iriam parar as almas penadas que faleceram
desde o momento do batismo de Cristo até o ano 599 prévio
à criação do Purgatório. Outros o difamaram por alterar o
espaço, já que as dimensões do recinto - alegavam - não
poderiam ser menores do que a própria Terra, considerando
o abuso da paciência divina por parte dos mortais através
da história. "Somai sete séculos e necessitareis três terras com
folga, Santidade", diziam os sediciosos: ao Purgatório foram
enviados in vitae por meio de uma sentença pontífica
suspensa até o dia das suas mortes sucessivas. Sabemos
que Satanás em pessoa preside o inferno, mas, desgraçada-
mente, Gregório Magno esqueceu de nomear um diretor ou
administrador do Purgatório que, por obra e graça da
pontífica amnésia, ficou reduzido a um antro de anarquia.

Quem ali se molha não volta a ser o mesmo jamais. Ainda não sei
por que suporto o conde-camareiro*. Quando cruzo a poça flutuante do
Cocito**, zizagueia com lentidão o lombo brilhante e musculoso do réptil
que ao bocejar cospe a língua dividida entre o bem e o mal. A anaconda está
enroscada em um galho e vejo-me obrigado a retirar com delicadeza a fria
cauda antes de entrar. Suavíssima, a pele lustrosa da serpente. Poderia se
dizer que a seda mais fina seria áspera ao seu lado. A iluminação intermi-
tente de velas e candelabros reflete-se na cabeleira eriçada da Vidente. A
túnica de cor crua segue cada uma de suas conjunturas com a fidelidade de
um amante pegajoso.

* É tão fácil dar a ordem de fuzilamento por sedição, traição
ou qualquer outro motivo do tipo. Ninguém investigará a

veracidade da minha acusação: o conde será fuzilado antes que se forme a primeira apelação.

*** Arisca, a geografia do Mais Além confunde e funde, nomes, estâncias, países. Há quem diga que o rio dos lamentos não é mais afluente do que a Estige (águas abomináveis) onde rema Caronte conduzindo as almas desde a beira da vida até as costas do Mais Além. A hidrografia do Averno, bem como sua topografia, são sempre incertas. Também está o rio Aqueronte (o espantoso), onde se atormentam as almas dos iníquos. Nas águas do rio Láteo ficam as lembranças, quem passa por ali não volta a ser o mesmo pois esquece o seu passado para sempre. Mas se alguma nostalgia rondar na alma desalmada, poderá recorrer à fonte Mnemóside, sempre disposta a devolver retalhos de lembranças, sempre gratas e felizes. Segui suas pegadas no mapa: Estige é um rio da Arcádia, o Láteo brota de certa gruta de Tebaida. O Aqueronte nasce perto de Cumas, onde viveu certa Vidente muito conhecida pelos antigos.*

Venho para que descubra o que me nega o coração, penso-medito, e faças subir desde o abismo o que deveria estar na luz. A mulher apenas se contorceu, abriu a válvula e começou a fluir o vapor das poções de ervas mágicas.

De lá de onde viemos temos sofrido perseguições***, previni com cautela. Por Deus te juro que ninguém te fará dano pela minha consulta, a acalmo.

*** *O Cardeal Primaz de Lisboa nem foi tão santo nem primo-irmão mais do que de turbulências quando começaram as revoltas em Paris. Quis aventar os rumores da sua "iniciação" iniciando uma perseguição à fraude em nome da fé, quando não. Convenceu à Mãezinha que cada antro de adivinhação era uma filial de Satanás a serviço dos maçons, pais do Iluminismo que escureceu os tronos europeus. Não houve bruxa ou tarô que não terminasse com as premonições nas masmorras de Sines.*

A quem deseja S.M. que faça vir?, segue a Vidente já em transe; os grandes olhos brancos, olhando um céu que não se vê senão em sonhos.

Quero que venha o meu avô, o rei José I, me surpreendo pedindo trazer a voz de quem representou a autoridade para mim.

Oeiras, o marquês de Pombal!, geme a Vidente como quem invoca as forças de mil demônios.

Sempre diante do meu avô está a imagem do homem que sustentou o poder durante os tempos difíceis.

Depois sobrevém a calma. Um homem idoso se aproxima, adverte a Vidente. E depois a voz torna-se-lhe áspera devido aos anos de repouso em criptas, pois soa como um canto velho entre pedras, é voz morta, de alma em pena.

Quem perturbou a paz do meu sono?, queixa-se enfadada a voz do avô José ressoando como um eco na garganta da Vidente. Sei que de alguma maneira ele está aqui. Tenho direito a apagar a memória ruim amontoada em fólios roídos? Posso ser dono da história de Portugal sendo o dono de Portugal?

Nada diz o velho moribundo. Algo no ar espesso absorve-se, suspende um vazio como o de tormentas sobre nossas cabeças. Vibra o nó do réptil fazendo rugir o ramo em que está incrustado. A vidente se retorce, baba e espumeja como os olhos em branco olhando para trás, mais atrás do que ela, muito mais que de todos os atrás e atrasos: atrás do tempo. Esfrega as mãos sobre os joelhos e sacode a túnica em cada hora em que os tremores a acometem. Que há no futuro para o Brasil e para mim?, pergunto. Eu não posso ver o futuro, apenas diviso algumas sombras no passado, responde a mulher, não sei se despossuída ou se voltou a si mesma por obra do medo. Onde começa o passado?, quero saber.

Longe, muito longe, responde com o olhar branco, as pupilas cravadas num esplendor do Paraíso Perdido. O Éden de Adão. Dali seguramente provém a luz sulfurosa que acende as pálpebras da Adivinha e faz retorcer-se de medo o conde-camareiro, mas a mim faz avançar, porque quero capturar uma centelha da verdade que está a ponto de escapar novamente.

O conde serviçal foge, deixando seu rei nas garras do mistério.

> *Um rei chamado Alonso houve em Espanha*
> *que os mouros lhes fizeram tanta guerra,*
> *e com sangrentas lanças, força e manha*
> *fez perder a muitos a vida e a terra...**

Os Lusíadas, Canto III, 23.

Diz a bruxa. A voz transfigurada pela ira de Camões. Depois reina um silêncio sinistro que apenas é interrompido quando os lábios da víbora deixam escorrer a língua aberta. Fsss... Fssss... Fsssss..., diz o ofídio musculoso enroscado no galho de cima, como a forca que enforca Lacoonte vaticano e seus filhos*.

> ** Triste o destino do sacerdote troiano Lacoonte e de seus dois filhos. Cada vez que os deuses discutem no Olimpo, os humanos pagam com vidas suas desavenças. Pensemos no momento: no céu divino a rancorosa Palas Atenas - mulher-macho parida de um tumor cerebral, um mioma por uma perfuração no parietal de Zeus à beira do lago Tritônio, e Apolo, que é outra forma de dizer que a força e a inteligência disputam como marchantes sobre o destino de Tróia. A astuta já havia erigido o cavalo de madeira nefasto prenhe de soldados, mas Apolo adverte sobre o trofu e faz avisar ao seu sacerdote em Tróia, justamente o príncipe Lacoonte, que não aceite o presente grego. Chega o momento da entrega. Às portas aguarda o corcel de cedro. Todo o povo comemora na cidade, acreditando que finalmente acabaram o sítio, a guerra e as necessidades. Apenas a voz do príncipe se opõe. Quem escutaria a voz de um sacerdote no campo militar? Ninguém o escutou. A massa sempre se deixa seduzir pelo que quer ouvir. Em vão insistem aos regozijados troianos.Um enorme réptil, talvez o mesma que acompanha agora nossa vidente, enreda-se entre os braços do pai e seus filhos transformando-os numa trindade dolorosa, atolada entre os braços trituradores dos anéis da enorme serpente. Assim morrem os que advertem sobre a verdade.*

Tudo fica em silêncio e no escuro. A vidente, muda e absorta. Na companhia do meu conde-camareiro que me chama, saio de novo pelos degraus malfeitos à superfície, também mudo e sem olhar para trás, relembrando a maldição de Perséfone e ao mesmo tempo à mulher de Ló sodomita, convertida em sal por querer olhar o passado. Deus castiga a curiosidade, senão, que o diga a finada Eva, ancestral das raças.

De quem me falam Camões e a bruxa? Alonso? Não será o fanático Afonso I Henríquez? Procuro Antises para consultar o arquivo. "Alonso de Castela, o que fez a guerra aos mouros" anotou numa folha caminhando à bodega descendo novamente pelas tortuosas escadas que gemem, mas desta vez rumo à proa onde lê quando não dorme o antigo eremita. O conde-camareiro vem vindo atrás lendo estrofes de Camões:

Henrique dizem que era segundo
filho de um rei da Hungria a quem
Portugal teve como prêmio... (III,25)

Coisas de castelhanos, sempre querendo reduzir a história de Portugal a um capítulo da história espanhola.

Quando Henrique voltava da conquista
da cidade davídica e sagrada*

> ** Cidade davídica refere-se à Jerusalém e tome-se por licença poética, não vamos chamar de "davinianos" os hierosolimitanos. Depois da pregação do papa Urbano II no Concílio de Clermont, em 1095, partiu a Primeira Cruzada com Godofredo de Bouillon tomando a "cidade davídica" em Julho de 1099. Começamos o século XII com um duque francês no trono de Salomão, mas no ano 1187 o sultão do Egito e Síria, organizou uma contra-cruzada e retomou Jerusalém.*

A qual Henrique refere-se, S.M.?, indaga o conde-camareiro, que se interessa mais pelo catecismo ilustrado do que pela história sagrada de sua pátria e de sua fé. Nem fé na sua pátria deve ter. Que continue lendo, pouco me interessa o que sabe ou o que não sabe.

Já desde o Jordão a areia havia visto
que veio de Cristo a carne em si lavada**
não tendo a Godofredo a quem resista
depois de ser Judéia subjugada
muitos que nestas guerras lhe ajudaram
para suas terras retornaram

> *** Refere-se ao batismo que recebeu Jesus no Jordão. É intrigante, mas o mesmo Cristo parece não ter batizado ninguém ao longo do seu ministério na Judéia.*

Depois? O que vem, conde? Esconde-se o conde atrás do seu silêncio. Cochicha alguma coisa a si mesmo se por acaso algo tem dentro que não seja possível refletir-se num espelho. O conde tem as suas idéias, mas as esconde. Vasculha o poço do passado para encontrar as explicações de suas dúvidas. Bebe da fonte Mnesoide porque ser jovem é relembrar somente a felicidade.

Morreu o rei deixando um infante infantil e, como sempre, Tereza, a rainha viúva, voltou a casar-se, diz o conde-camareiro. Não lhe parece que essa é uma perna das que mancam as monarquias, S.M.? O que começa numa missa de coroação acaba numa cama de fornicação. Já vínhamos lendo desde *A Orestiada** em diante.

> ** Rosna mal o burro do meu secretário. Homero adiantou-se a Ésquilo. Entre os deuses do Olimpo começaram as insídias de "xeque-mate ao rei" para se casarem com a viúva e ficarem com o trono. Treta de Édipo que mata a Laio para se casar com sua mãe; de Egisto e Clitemnestra, de Cláudio e Gertrudes. Algo de razão tem o conde-camareiro.*

Ácido, o conde. Sabe quando atacar fazendo-se o indefeso.

Aqui diz que a viúva deixou o príncipe Henrique sem terra, sem reino, sem trono, sem coroa; e o príncipe armou um exército no campo de Guimarães para defender o que lhe correspondia de direito. E depois? Depois compara a rainha cruel e desnaturada com Procne e com Medéia**

> *** Procne casou-se com o rei da Trácia chamado Tereo, propenso à bigamia conjugal. Como sabia que a sua cunhada Filomena levava vantagem em beleza em relação à sua esposa, mandou dizer ao sogro que Procne faleceu e lhe enviasse à Filomena como novo par. Ao chegar, arrancou-lhe a língua para que Filomena não o denunciasse, como quem extirpa uma carne inútil. A muda quis avisar à sua irmã do engano e bordou num pano toda a crônica. Quando Procne descobriu a trapaça, tramou outra pior: convidou-o a jantar um ensopado com base na carne de Itis, seu próprio filho. Quando as Fúrias começaram seu lento trabalho vingativo, os deuses transformaram Procne em andorinha e Filomena em outro pássaro devolvendo-lhe a voz multiplicada em beleza. Medéia também se vinga degolando sua progênie.*

Faz justiça o poeta onde não a fez o instinto, respondo. Na concentração que exigem essas indagações do passado interrompe o barulho dos meus servidores. Quem serve a quem? Tornei-me escravo dos meus escravos. Até que enfim o acho, Majestade!, corre a mim, desesperado, Dom Manuel de Figueiredo com uns esboços na mão.

A ópera, Excelência, a ópera! Diz, exaltado. Que ópera?, pergunto, estamos em estréia, por acaso? Ainda não, apressa-se em contestar, mas aqui tenho o princípio da obra, é uma história magnífica, S.M., digna da Corte de Portugal!

Façamos um corte na Corte, Dom Manuel. Estamos deixando de ser portugueses para converter-nos ao credo brasileiro.

Igual, Excelência. A ópera é digna de qualquer cenário. Note como começa a peça com uma tempestade. Imagine, Excelência, os timbales e oboés atacando com fúria sinistra dos elementos até sacudir os cimentos da terra?

Há um problema, Dom Manuel, advirto. Disseram-me que a obra estreará em alto mar.

Seja onde for, S.M., lhe asseguro que todos ficaremos mudos de emoção. Note, me entusiasma, estendendo-me as folhas pentagramadas.

IL RE PROFUGO

Drama per música in tre atti
Libretto di Du Bocage
Música di Marco Portugal.

ATTO PRIMO

Sinfonia: Um sonoro toque de alerta com *tutti* instrumental abre alas a uma melodia de encanto místico que envolve, com a atmosfera criada por cordas e ventos, o início imperioso. Os instrumentos repetem a fraseologia da música sagrada, com ecos longínquos de um lugar que está mais além do presente. Um eco sombrio e longínquo ao mesmo tempo.

Scena prima: Irrompe o coro das sereias com ritmo terno enquanto a orquestra acompanha com ritmo binário esse segundo tema melódico que sugere a calmaria marítima logo após uma violenta tempestade, com o domínio de flautas e harpas apoiadas em madeiras, sustendo a lânguida e sensual linha melódica.

Coro das sereias:
>*Ah se voltassem os tempos de Odisseu,*
>*Quando o mar não tinha mais confim que o desejo!*
>*O desejo de Odisseu, o desejo de Odisseu...*
>*Volta, tempo, teus passos*
>*Devolva-nos o que é nosso!*

O rei Adamante:
>*Que horrível temporal*
>*Agitou-se em meus sonhos!*
>*Sonhava que a Terra*
>*Devorava os ventos*
>*Que horrível tempestade!*
>*Que horrível desenfreio,*
>*Dos elementos!*

Coro das sereias:
>*O rei Adamante geme por dentro,*
>*Seu coração tem um calvário,*
>*Seu coração tem um veneno.*

>*De amargas profecias,*
>*O rei encontra-se preso*
>*Seu coração não encontra*
>*Consolo.*
>*Agita-se como um odre*

>*Dentro do peito.*

>*Disseram-lhe que sua casa*
>*Maldita está por dentro,*
>*Que alberga a traição*
>*Seu próprio leito.*

Um criado:
>*Chegou a hora, senhor,*
>*Já vem a rainha com o seu séquito.*

Coro de sereias:

> *Que horrível pesadelo se adianta*
> *Um sonho dentro de um outro sonho!*
> *A rainha está tramando sua vingança*
> *Seu duro coração está muito longe,*
> *A rainha só pensa na vingança,*
> *Seu duro coração de ferro,*
> *Só o luto respira desde o fundo*
> *E trama sua traição como um cachorro*
> *Que almeja o sangue do cordeiro*
> *Babando seu mal desde o Morro.*

Imagine, S.M., o coro de sereias submergindo entre as ondulações melódicas do diálogo entre a harpa e o violoncelo, com outros instrumentos de fundo? Essa partitura é mágica, Excelência!, diz, mexendo o ar como se dirigisse uma orquestra marinha invisível. Não tão mal para começo. E quem é o rei fugitivo, errante, da ópera? O tal Adamante, por acaso? De quem foge? Segundo vejo, a rainha conspira ou algo parecido. Será discípula de Carlota Joaquina?, com gosto a devolveria ao seu pai embrulhada num estojo de sedas. Maldita hora de núpcias com uma mulher tão manhosa! Nem dormindo deixa de tramar conspirações contra mim. Sonha sedições! Quem não pode estar de pé na Espanha sonha sentar-se no trono de Portugal. Será que não tem a Espanha seus próprios assuntos para ter que almejar constantemente nossas fronteiras?

Bem diz a sua letra, que trama sua traição como um cachorro, porque Carlota mordeu a mão de quem lhe deu de comer da sua própria mesa. Deixei que molhasse o pão no meu prato para que todos soubessem quem era a desleal.

O que acontece depois, Dom Manuel?, como trai a rainha na obra?

O senhor me disse que a arte se adianta aos fatos; pois bem, diga-me de que forma a infiel consuma suas felinidades.

Não sei, S.M., por hora o Maestro só me emprestou estas páginas. Eu tampouco conheço o final da história.

Posso antecipar-lhe, replico serenamente; porque quando odiamos é quando mais serenos devemos estar, se dá um passo em falso, rodará pelas escadas até desnucar-se. As víboras acabam tropeçando em sua própria cauda quando levantam muito a cabeça do chão. Voltam ao solo, sem cabeça.

Conclusão do nono capítulo.

Querido personagem,

Vejo que a autonomia que reclama a ficção encheu tua cabeça de fumaça. Achas que és fábula!

Ao ser a pálida evocação de nenhuma realidade, antologicamente nem sequer se poderia dizer de vós "és" e, no entanto, vos impusestes o direito de discutir ao vosso demiurgo, enviando-o ao lugar do vazio de onde te extrai, como o Vigário de Cristo na Terra quando pescava uma alma no *lacus animarum**.

> ** O "Lago das almas", essa crença, mesmo que pareça impossível, existia na tradição desde o século VIII. Supõe-se que o papa pescava anualmente nesse lago a quantidade de almas que se requeria para doá-las a cada recém nascido no momento do batismo.*

Colocaste-me entre parênteses, entre sinais de interrogação, entre aspas, à margem do texto, transformando-me em pretexto. E, como ensinava o Cristo, o mais difícil é resignar-se a dizer: "todos os teus pecados estão perdoados", as injúrias contra o autor fazem um favor aos leitores.

Suspeitam nas minhas pagas "o peixe morre pela boca"; tuas investidas contra a escrita se transformaram num inútil combate, em cuspir ao céu porque a escrita é o único recurso que te pode salvar. Sem escrita tudo desaparece. Quem te busque entre livros de história não encontrará mais do que as tuas ossadas. O João VI das crônicas é anódino, emburrado, um pouco cretino por efeito do costume e desgaste do sistema. Na escrita a imaginação apaga os contornos da realidade para roer a medula da verdade e procurar salvar uma explicação entre os escombros da dúvida. Bem dizia Mallarmé "no final, tudo é literatura". Reconheço meu erro, eu pecador confesso-me...

pôr os olhos numa pátria estranha é buscar um exílio nas letras, amparar-se nas palavras, buscar a história em campo alheio quando se abandona o próprio ao joio e os restolhos.

Por que João, o Regente, e não José de San Martin, Manuel Belgrano ou João Lavalle? Uma viagem é teu tema, escritor de folhetos?, não soa ocioso ou trivial?

Talvez. Mas Dom Artur* disse que o dever de um escritor não é relatar grandes acontecimentos, e sim tornar interessantes os pequenos.

* Schopenhauer.

Faltava essa! Comparar-te com os grandes para agigantar tua insignificância, autor, como o truque do teatro de sombras que de uma formiga faz um mamute. Nem te aproximes de Dom Arthur. Afasta-te imediatamente de tudo. Volta a se fechar para continuar escrevendo na escuridão. Volta à prisão da bodega, no ventre de salitre da fragata para purgar o delito de assaltar a Árvore da Ciência do Bem e do Mal que se tem apresentado sem frutos. Quem não sabe a ciência certa o que é o mal em nossos dias? Somos versados em delitos. Todos!

Capítulo 10
Moral Imortal

"*O acidente tem a gentileza de repetir-se raras vezes ou nunca*" disse ontem o botânico-acadêmico Pedro Dernardim José de Noronha Albuquerque Moniz e Souza, e no entanto agora vejo vindo o monsenhor Justo da Cruz Saraiva, abade beneditino, trazendo uma página em sua mão. Ontem à noite escrevi esta página das minhas "Crônicas Beneditinas".

O que diz a página, santo escrivão de Deus?, pergunto com um pouco de ironia, que o abade toma como sarna, já que se coça. O milagre de Santa Eusébia, S. M, diz timidamente.

Milagre? Pergunto um pouco espantado, como viciado na navalha de Occam* que usa como degoladora o renegado Otto von Güstrow. Sim, disse o abade. Santa Eusébia curou o duque de Osuna em uma noite rezando sete pai-nossos de trás pra frente e vice-versa. A pele do duque, antes cheia de chagas, ficou intacta como a de um bebê. Que estranho!, comento. O senhor já se perguntou alguma vez o que é um milagre? Fica perplexo o impetuoso monsenhor. Na realidade..., diz mas não diz. Um milagre, continuou como quem fala de guloseimas, é a interrupção das leis que o mesmo Deus impôs à natureza. Uma trégua na aldeia casual. Um efeito sem causa, ou uma causa sem efeito. Explicaríamos que o bom Deus do "melhor dos mundos possíveis"** poderia deter com sua mão um terremoto que se avizinha por efeito da fricção das placas de pedra e que não traria mais do que luto, pranto, destruição e morte de meninos inocentes***.

*"*Não convém multiplicar os entes desnecessariamente*": a sentença passou da Escolástica à Epistemologia. Que não digam que a ciência carece de fé.*

**Pode-se compreender que o monólogo de Leibniz suspeitava viver no melhor dos mundos possíveis, quando sabemos que passava da Corte à matemática, que é como dizer da formalidade às formas.*

*** "Talvez seja sua ventura morrer cedo e passar à Eternidade de Deus" diz o meu confessor quando lhe exponho o meu problema. Também será para as suas venturas e felicidade a morte de seus pais que o deixam órfão? Talvez seja uma oportunidade que Deus dá às pessoas para exercer a caridade e fortalecer a esperança no próximo". A Providência do confessor é inconfessável: em seu catecismo, o sadismo de qualquer deus transforma-se num atributo divino digno da maior veneração. Nota-se que não sofreu. A gordura que o enfeita confirma as suculentas noites de jantares e a mim me condena ao jejum por pecados miseráveis como o de trocar de cama, uma vez proscrito. A fria Carlota Joaquina exilou-me do leito e tive que buscar refúgio no da Mulata.

No entanto, leio sua "Crônicas" e fico sabendo que Jeová decide dei-xar cessantes as leis da patologia médica porque uma freira reza ao contrário sete orações numa língua morta. Deus nos livre de pensar assim, S.M.!, as-susta-se o abade abrindo a boca de careta. Toma delicadamente o papel ma-nuscrito como se retirasse suas palavras, esquecendo-se da sentença de Pôncio****: *"O que está escrito, fica escrito".*

****Evangelho segundo São João 19:22.

Este relato, justifica-se o monsenhor, só quer ser parte de uma tra-dição, talvez não seja um verdadeiro milagre*****. E agora que S.M. ilumi-nou minha razão vejo que esse pequeno episódio não merece ser registrado.

***** E o que é um "verdadeiro" milagre? Deter uma epidemia ou um furacão? Mas leia o senhor os evangelhos, Monsenhor. Verá que o Deus Filho driblou as leis da Química apenas porque em uma festa acabara o vinho. E perceba que já tinham bebido bastante. Parece que o Cristo fomentava o alcoolismo como seu primo Dionísio.

Viu, o que lhe disse sobre a história de Portugal? As bagatelas distraem, monsenhor. O que nos ensina sua anedota? Que todos os doen-tes de furúnculos deveriam conseguir uma freira poliglota que saiba rezar ao contrário? Tenho um contágio genital na embarcação *Odemira* e nem uma congregação inteira de freiras penitentes, descalças e nuas à intempérie não conseguiram diminuir um grau do profano, com novenas corridas a Santa Úrsula e as Onze Mil Virgens. E quer que lhe diga mais? Parar essas febres uterinas não será uma graça nem um milagre senão a ação conjunta do dou-tor Vitalio de Siena e a enérgica toscana.

Com Massimo e Assunta, assunto encerrado. Não faz falta distrair a Deus pedindo-lhe milagres ali onde só falta um pouco de ciência, paciência e consciência. Eu não proíbo que as cortesãs e os grumetes copulem, mas não faz falta ostentar arqueando-se ao cabo do espelho da popa ou trepando como orangotangos com as partes ao ar, em acrobacias imprudentes.

Vem até mim, caminhando com pausada indiferença, meu Secretá-rio da Fazenda do Estado, Dom Luís de Vasconcelos e Souza; quase tropeça ao arrastar sua vestimenta. Caramba! Diz e se segura para não cair. Minhas finanças andam aos tombos segundo vejo, Dom Luís, cumprimento para disfarçar a gafe. Deus dê saúde a S.M. por mil anos!, diz em tom de desculpas. Tomara não seja tanto, meu querido Dom Luís, não lhe parece um pouco de exagero viver mil anos?

Eu digo porque S.M. merece, se apressa a responder sacudindo não sei que coisa que acha que tem na manga.

Continuamos nossas conversas econômicas, Dom Luís?, pergunto amavelmente.

A economia é a ciência de administrar a escassez, diz com toda a segurança meu Secretário da Fazenda, não a riqueza como se acreditava. A ganância qualquer um conduz, só um economista pode dar curso às perdas para que devolvam bens ao Estado.

Isso se ensina agora nas missas, Dom Luís?

Comecemos por separar a Economia do espírito, S.M., diz com a mesma segurança de um bisturi rasgando tecidos, os puritanos do senhor Cromwell nos ensinaram que o dever de enriquecer-se e o dever de salvar-se vão de mãos dadas. Apenas os pobres em espírito entrarão no céu, Majesta-de. Diz claramente o Cristo no sermão do Monte, em Mateus 5:3, acrescenta como um pastor presbiteriano olhando o alto do céu como quem lê em mai-úsculas um texto. E para chegar a ser pobre em espírito precisa-se ser rico no campo material, esta é a prova de fogo, se ainda com a riqueza nas mãos o homem demonstra sua devoção, provou a Deus que nada é mais importante do que Ele neste ou em qualquer outro mundo. Para os indigentes é fácil ser pobre de espírito, Majestade. Que outra coisa lhes resta?*

* Os quackers chegaram a dizer que eram ascetas que exerciam a oração e a piedade no comércio, no escritório e na empresa, obtendo lucros que não eram mais do que a benção do Senhor em forma de dádivas e ouro. Se o Senhor dos Exércitos, Yahveh, exigia oferendas, o Deus de Cromwell dispensava moedas e juros.

Faz um breve comprimento, gira lentamente e se retira.

Parece que por um tempo me deixaram a sós.

Antes, a solidão me incomodava porque cria que ainda vivia. Hoje sei que era parte de uma ilusão. Deixei o entusiasmo de viver quando assumi o governo; no ato da coroação enterrei definitivamente o homem João Maria José Francisco Xavier de Paula Luís Antônio Domingos Rafael. O Regente de Portugal assumiu o corpo de uma múmia.

Todas as minhas paixões secaram-se como as pétalas daquelas tulipas da Bélgica que me enviou a esposa do nosso embaixador na Confederação Germânica.

O poder consome todas as forças da vida, extrai o tutano de cada osso, resseca os tecidos, deixa inertes os órgãos da harmonia vital.

O velho temor da morte deixou de me aterrorizar; receberia com beneplácito a formalização de um protocolo. No dia do meu óbito a irmã morte encontrará apenas uma casca oca. Virá a levar um finado esquecido entre os montantes de fantasmas que se arrastam pelo mundo imundo como larvas de cadáveres. Tristezas?, alegrias?, ciúmes? Tudo é indiferente pra mim. Até a fé me foi roubada.

O finado Montaigne define o crente como "uma pessoa sem olhos" e não lhe falta razão, a meu ver. Basta ver essa Terra para saber que o céu está vazio. Há tempos não há um interesse pessoal capaz de mover um dedo da minha mão: Portugal tem sido a minha única obsessão; agora será esse novo Brasil que fundarei como nação e está fundindo meu pensamento, palavra e obra.

O resto das minhas dores e prazeres continuam moendo entre suas rodas dentadas as poucas lembranças que me devolvem a fonte Mnemósine. Por isso resisto a me converter em escritura, espelho de coisas mortas. Toda escritura tem o horror vazio e recheia os faltantes com fábulas sem ver que assim deixam vazios mais monstruosos que o próprio Averno. Fim da paz.

Vejo vindo o conde-camareiro com uma saudação na mão. Não será uma porção de congratulações. A reunião da Academia de Ciências o reclama, S.M.

Quando se reinicia a sessão, pede a palavra novamente o botânico-acadêmico Pedro Bernardim José de Noronha Albuquerque Moniz e Souza.

Como dizia, história passada por alto, e se detém ali onde há valores que nos façam compreender o passado com a luz do presente, e o presente com a luz do passado.

Isso mesmo!, pula de sua cadeira o acadêmico escrivão Manuel de Figueiredo e Silva, ex-componente da Arcada Lusitana. As causas que buscamos interpretar na história têm valor moral. O presente, diz, estendendo os braços com as mãos unidas como se quisesse voar, é uma linha imaginária que nossos pais do Neolítico nem sequer traçaram.

Fora dos alces das cavernas de Lascaux que atravessaram a linha, todo o restante ficou nesse presente imaginário, o homem atravessou o umbral com a escritura, que mumifica os fatos e conserva o passado como memória do amanhã. Mas, que parte do passado, S.M.?

Terá importância saber se Teodósio, o Grande, se banhava todos os dias ou se Constantino era bêbado?

Não, S.M., o que interessa é apenas o que realizaram. Há que legar ao futuro os fatos determinantes, os que levaram a ele. As minúcias e fábulas ficam com o passado.

Espero que monsenhor Justo da Cruz Saraiva tenha escutado essa réplica, apesar de vê-lo dormindo: entre todas as cabeças da assembléia, a sua segue o vai e vem das ondas. Não acho que continue sonhando porque um deles volta com a voz rouca ao centro do debate.

A história tem tantos significados, S.M., que não tem nenhum.

Que César tenha sido esfaqueado por uma conspiração política, ou que tenha sido vítima de adversidades, ou que a sua própria glória o derrotou por temor a um homem que se converteu em deus, parece convencer por igual a um ou outro historiógrafo segundo o que li*. Seja como for, o assunto segue envolto no vago e se continuarmos dando voltas e voltas, acabaremos perdendo as duas coisas: a Deus e à História. Por que não deixar cada coisa no seu lugar, e a ciência no seu caminho terreno?

> * *César e Cristo seriam, então, casos contrários. O povo assassina César pelo temor que causava sua divindade; ao Cristo o povo o faz sacrificar para demonstrar que era um simples mortal. Seja deus ou homem, o povo não entende nada de jogos teológicos e ante a dúvida, a navalha ou o machado.*

Enquanto a nau parece sussurrar entre as águas, a sala se acalma e aproveito essa trégua para ordenar ao escrivão: façamos um quarto intermediário: a conclusão da assembléia será a primeira resolução da Academia no Brasil.

Um alvoroço se aproxima. Aproximam-se algumas criadas com as mãos segurando a cabeça, como se fossem voar do pescoço. Por trás, como quem instiga a manada, corre o incurável conde-camareiro, fazendo farra entre a mulherada.

Outro prodígio, S.M.! Outro prodígio Majestoso!, louva girando os olhos em círculo e os braços ao compasso, como as espadas de um moinho. O piloto Jonas, que montava guarda na nave *Paradiso* avistou de longe uma besta imensa, afundando e flutuando entre as ondas com as enormes mandíbulas abertas. Um leviatã* gigantesco. Monstro sabe-se lá de que abismos do inferno vizinho, S.M., e o coitado piloto Jonas, paralisado de terror ao ver semelhantes faces mais escuras, não acertou, às vezes as bocas imensas têm estômagos pequenos, disse, juntando o indicador e o polegar para tranqüilizar um pouco a barafunda histérica. Em Nicéia havia um mago que guardava um espelho estranho que tinha a capacidade de produzir espanto em todos os que o olhassem. As lendas e fábulas servem para conhecer a mente daqueles que estão à nossa frente, igual ao espelho mágico. Sabem por quê?, pergunto, mas não deixo responder, porque mostrava a cada um o pior que tinham por dentro. Refletia o mal de cada um. Não estará acontecendo o mesmo com a baleia?, sei que são inofensivas, se não mexermos com elas.

* O mesmo susto que causou o leviatã marinho ao conde, encheu de pavor a Leibniz ao ler a obra de Thomas Hobbes, verdadeiro monstro da politicagem. Hobbes chega a afirmar que não há Contrato Social nem delegação divina do poder ao rei senão a fundação da coesão humana pela força da linguagem. A escrita seria o fundamento do Estado. Curiosa hipótese, que refuta o contrato social, mostrando-nos que nem os ursos nem as girafas o têm e no entanto vivem em manadas organizadas. Apesar de sempre sustentar que Deus é uma realidade, no capítulo "Reino das trevas" denuncia os benefícios que as igrejas obtêm combatendo demônios com exorcismos, especulando com o medo humano à morte que é a fonte de todas as religiões. Define a "Religião" como "temor de uma potência invisível, seja uma fixação do pensamento, o fruto da imaginação segundo as tradições publicamente admitidas". Thomas e seu "Leviatã" empreendem uma cruzada para libertar o homem do medo causado por entesfantasmas.

Não, S.M.!, bate os braços o conde fabulador assegurando que o tal leviatã – precisam ver como abre os olhões condais para descrever o terror que lhe causa a criatura imaginária – engoliu o piloto e o empurrou até as suas entranhas. Comeu-o, Majestade. O capitão o anotou como perdido no seu diário de bordo porque Jonas esteve três dias desaparecido na digestão do monstro.

Já tinham começado a novena do *requiescat in pacem* quando aconteceu o milagre, S.M., se entusiasma o conde-cronista.

Não sei se terá sido a invocação à Virgem dos Mártires, continua o conde, ou à Santa Isabel, mas o piloto Jonas foi vomitado, ou melhor, a besta o cuspiu na cobertura da *Odemira* no terceiro dia.

Justamente foi parar lá? Pergunto, alarmado. Deus tirou o piloto do *Paradiso* para jogá-lo ao bordel marítimo? Não teria outra nave onde expelir seu almoço?, sabendo que mora a putaria no navio, se fosse milagre, o Senhor o teria mandado à proa de outra embarcação. Tinha 63 naves disponíveis, 63 possibilidades.

Mesmo parecendo incrível, é assim, S.M., assegura o conde-camareiro, fingindo ser piedoso catequista, o anarquista. Mas eu sinto cheiro de mentira em todo esse assunto. Como era o monstro marinho?, pergunto mesmo sabendo que ninguém poderá me responder. Quero imediatamente sua descrição, mais ainda, que enviem o pintor Delerive à *Odemira* para que escute o relato de Jonas e trace um croqui da besta aquática segundo as declarações da vítima e das demais testemunhas. Vai-se o conde desacreditado, chateado porque sente que abriu a boca do lobo. "Todas as notas e relatos sobre as baleias", envio escritas do meu próprio punho e letra a Antises esperando que me recupere velhos registros das naves portuguesas, quando exploravam os mares africanos, polares e asiáticos. Enquanto continuem os boatos, mais tardará minha depuração dos padrões históricos no purgatório dos quatro elementos do finado Empédocles; por fim compreendo que no meu documentário estão as quatro raízes de tudo: a água onde navego, a terra à que se referem os fólios do Arquivo Real, o fogo que consome cada página imprestável e o ar feito fumo com que se despede a matéria rumo à atmosfera.

Se o amor os uniu no passado, não será meu ódio e sim a minha indiferença que perturbará a convivência de agora em diante. Para onde iriam aqueles fantasmas de letras? Rumo à eternidade do esquecimento? "O único eterno é o esquecimento na memória de Deus", dizia o cardeal Pironnio na Catedral de Lisboa durante a missa de coroação de Mãezinha. Lá vão os dados da terra, o ar, o fogo e a água. Eu acrescentei outro elemento. Estou queimando tempo.

Reduzo a minúsculas cinzas imensas lutas, furiosos amores, cruéis mortificações, cruas guerras, amargas traições. À minha pequena vingança o tempo contesta com o esquecimento. Faz-me de ninguém no meio de todos. Afunda-me no anonimato do passageiro. Queimando seus rastros quero negá-lo umas mil vezes. Ele me converterá em terra, em fumo, em pó, em sombra, em nada.

Mas um minuto antes eu terei dito com meus atos que ele nunca esteve, que uma grande ausência ocupou seu lugar e nos fez crer dos relógios e almanaques que algo se desgarrava entre um instante e outro.

Que algo deixava de ser, quando na verdade tudo era fictício desde sempre, que é dizer nunca. O emaranho tecido por Dionísio, o Exíguo*, fechou para sempre a armadilha da memória humana. Como não advertimos que a florescência de uma luz maligna vinda desde o infinito – que não existe – projetava sombras contra o fundo da caverna? A fraqueza humana está em sua fé. Mas também a força está na fé. Entre uma e outra margem está o abismo onde se afundam todas as idéias, os fantasmas e as teorias. Somos criaturas condenadas ao desconhecido e entre sonhos adivinhamos retalhos do nosso destino; erramos como cegos num deserto buscando a luz que está incendiando o solo que pisamos, morto e árido; mas os pés não vêem a luz, queimam-se as plantas buscando a luz onde não está. Quando estamos concentrados, agachados e cabisbaixos; o mesmo Cristo em corpo, alma e espírito abençoando-nos sem aperceber-nos. Somos escravos dos sentidos. E os sentidos estão enroscados no calendário. *Omnes ferunt, última necat***.

> ** Quem pode acreditar no trabalho de um abade? No ano 532 d.C. o papa João I pediu ao monge-astrônomo, Dionísio, a reforma do calendário romano que se vinha usando tomando como ponto de partida a fundação de Roma. Dionísio pôs mãos à obra e iniciou o Anni Domini nostri Iesu Christi fixando o nascimento de Cristo como data de início. Calculou (mal) que o Verbo se havia manifestado (Epifânia) ao mundo lá pelo ano 753 do antigo calendário. De forma que no ano 754 depois da fundação de Roma passou a ser o simbólico ano 1 da Era Cristã, Era Comum ou d.C. Não houve ano zero porque essa noção não existia para os romanos. Além do mais, o que poderia significar um ano zero? Um vazio de tempo que no espaço não faria falta já que carecia de movimentos? Uma paralisia da*

*engrenagem do mundo? Um ciclo destinado a ficar fora da
história, porque todo movimento, que é combinação do
tempo e espaço, lhe estaria negado ou defraudado? Corri-
gindo os cálculos de Dionísio, soube-se que o Cristo deve ter
nascido entre o ano 748 e 749 do antigo calendário.
Dionísio nos trapaceou quatro ou cinco anos cujos fatos
passaram a ser patrimônio das mitologias. Nesses tempos,
a festa do seis de janeiro, da Epifânia, em que o Cristo se
havia manifestado aos gentios, era mais importante que a
do nascimento.*

***Todas ferem, a última, mata (Escrito num relógio de sol,
referindo-se às horas)*

Em alguma página, algum capitão deixou sentado um encontro a
quem tomou por criaturas bíblicas. Em outro caderno, um punho tremendo
diz que "o tal peixe gigante tem uma imensa cabeça, de uma impressionante
dignidade, realçada pela cor de sal e pimenta do alto do crânio, como sinal da
idade avançada que os pescadores chamam "uma baleia com cãs". Também
está escrito que junto ao ângulo da mandíbula, em ambos os lados, pode-se
ver o olho sem pestanas que diríamos ser o olho de um jovem potro, de tão
desproporcional em relação ao tamanho da cabeça.

Um olho por vez: jamais ninguém poderá dizer que olhou aos olhos
do peixe. E a baleia, por sua vez, pela posição lateral de seus olhos jamais vê
o que tem exatamente adiante nem atrás; só vê as paisagens laterais a bombordo e a estibordo.

Como se um homem tivesse os olhos no lugar das orelhas, separados por vários metros cúbicos de cabeça maciça que se ergue entre eles como
uma grande montanha; nessa situação não poderíamos ver um inimigo que
avançasse sobre nós em pleno dia no meio da rua com o punhal no alto, se
este viesse de frente. Somente veríamos as duas inocentes veredas com suas
árvores lânguidas enquanto a morte, que vem ao nosso encontro, passaria
absolutamente inadvertida. Em contrapartida, por ter olhos frontais, nós
humanos jamais podemos ver simultaneamente em detalhes duas coisas
que estão separadas, quando olhamos uma, somente vemos parcialmente a
outra. Se a vida está nos sentidos como se desprende no *Essay* do senhor John
Locke*, os cactáceos vivem duas vezes. Cada olho independente está fixo e
absorto numa realidade absolutamente distinta no mesmo instante, o que
equivale a pensar que há dois cérebros, duas mentes independentes. Dois

tempos ou um tempo duplicado. Sua conformidade lhe fez dividir um mesmo tempo em dois espaços separados, o qual, se não nos atemos ao aprendido até a data, fazem duas criaturas gêmeas vivendo no mesmo corpo.

Como se um homem tivesse que compartilhar eternamente sua vida com um vizinho ao qual está amarrado e com quem o une mais as desavenças do que os acordos. Como alguns matrimônios que arrastam seus ódios com a mesma paixão que os uniu o passado já pesado**.

* Não é por acaso o mesmo destino da criatura humana, que se enfada em não ver o que sobrevém quando se chama decadência, ruína e morte?

** Diz o senhor Locke: "Suponhamos que a mente (que resume nossa vida) é, como dizemos, um papel em branco, vazio de palavras, sem idéias. Como se enche? De onde provém a compilação de dados que a imaginação humana sem limites gravou nela com uma variedade infinita? A isto respondo com uma palavra: da experiência. Nela se funda tudo quanto conhecemos, e dela deriva-se tudo em última instância. Nossos sentidos, ocupando-se tanto dos objetos sensíveis externos como das sensações internas da nossa própria mente, percebidas e refletidas em nós mesmos, é que abastece o nosso entendimento e inteligência de todos os materiais do pensamento" (John Locke, "Ensaio sobre o entendimento humano", capítulo I).

Se os olhos são visíveis, os ouvidos da besta aquática são quase invisíveis, nem sequer têm orelhas e uma membrana delicada cobre o orifício. Estando aberta a boca, é fácil entrar nessa caverna luxuosamente atapetada que em vez de dentes tem uma cortina de laminas córneas cravadas, em umas espécies e em outras, uma dentadura de marfim tão perfeita como os pilares de um castelo[N.A.]. A baleia azul, a maior que se tem conhecimento, não tem caninos nem molares, mas tem uma fileira de dentes cor de pérola.

Todo o antro bucal brilha como raso nupcial que cobre o teto e as paredes da cova onde padeceu Jonas e foi ressuscitado ao terceiro dia*. Já

N. A. Os cetáceos incluem várias espécies. Em primeiro lugar figura a baleia Physeter, cientificamente é a *Physeter macrocephalus*. Pode alcançar dezoito metros de comprimento. É o único que pode prover o *espermaceti* (esperma de baleia usado em farmácias) e tem dentes verdadeiros. Existe outros tipos de baleia que possuem lâminas córneas em vez de dentes.

tinha a informação sobre os leviatãs. Se o falante conde-camareiro inventou as desgraças do piloto almoçado pela baleia, o farei passar a pão e água setenta vezes três dias e três noite. Para que aprenda de uma vez por todas a refrear a língua.

> * *Certo grumete que embarcou em Nantucket escreveu um tratado sobre a baleia branca.*

S.M.!, tem-me obrigado a exumar idéias! Avança na minha direção Dom Luís, meu Secretário da Fazenda do Estado, sacudindo as mãos no alto. O senhor Hobbes é um perigo, adverte franzindo a testa, depois tira o chapéu em sinal de respeito e o mantém sob o sovaco.

Exumou perigos, Dom Luís? Por que não os deixou enterrados?

Não Excelência. Quanto mais fundo estão, mais forças têm para brotar. Basta que alguém os regue...

Deixe-os secos, Dom Luís. Se dependesse de mim, jamais cresceria S.M., mas nunca faltam os anunciantes que começam a remexer os escritos, que é como dizer remexer idéias.

Escritos, escritos! Não há outro tema em toda esta viagem, queixo-me com todo o direito, só Deus sabe quanto me custou esta travessia e, no final, acabará reduzida a um escrito.

Pois, escritos, S.M.., o senhor Hobbes disse que apenas pensar no princípio da igualdade** entre as pessoas produz espanto e desconfiança. Todos receiam de todos se não há hierarquias, por que obedecerei ao meu vizinho, se tem tanta autoridade quanto eu?, pergunta-se o senhor Hobbes.

> ** *Não há maior desigualdade do que procurar desigualar coisas iguais.*

Para isso está o rei a quem se lhe confiou o governo!, reclamo de imediato. Meu Secretário da Fazenda incomoda-se, olha pra lá e pra cá buscando sair por onde não entrou até que encontra força para dizer: Aí está o problema, S.M., porque o senhor Hobbes não crê na origem divina do poder

---

A maior é a *Balaenoptera borealis*, que pode chegar a ter trinta e dois metros de comprimento: o mesmo tamanho de um *Boeing 737*, não tem dentes verdadeiros, e o jato que espirra pode atingir nove metros de altura. No entanto, a *Balaenoptera borealis* tem até dezesseis metros, e as lâminas bucais são tão finas que se chamam "barbas". A *Balaenoptera eden* chega aos vinte e quatro metros de comprimento. A baleia *Eubalaena australis* atinge dezoito metros, com calosidades na cabeça (canas) pode chegar a pesar cinquenta toneladas.

senão no *ius naturale*, o direito natural das massas, que é a liberdade de cada um de usar seu próprio poder para preservar sua vida; por isso convém um poder que esteja acima dos demais, é útil e necessário para manter por cima de todos o interesse geral que é o interesse do Estado.

Está bem, reconheço um pouco confuso, *mister* Hobbes continua pensando que o Estado é a transformação dos interesses particulares no interesse geral, e não é o rei: o maior interesse para o menor capital de cada um.

Não exatamente, Majestade, explica sisudo Dom Luís, tirando uma folha do bolso para aproximá-la a seus olhos brilhantes pela miopia. O rei é só uma parte desse interesse geral. Se o contradiz ou se aparta um metro dele, perde todo o poder

Perde todo o poder porque o interesse geral está por cima do governo.

Sabe de uma coisa, Dom Luís? Acabo de impor processo aos escritos falazes e perigosos. Seu "leviatã" acaba de ser condenado junto com o senhor Hobbes. Já figura no *Index* e peço-lhe uma humilde homenagem-oferenda: jogue-o ao mar, crocodilo é a besta aquática que Yahveh opõe à curiosidade de Jó. Viu que fácil é o truque divino?, basta semear curiosidade para ver surgir o mal. Arremesse o volume às águas, Dom Luís. Que volte ao mar o mal.

Conclusão do décimo capítulo.

Apesar de soprar uma suave limpidez do céu, não faz pressagiar temporais, o passado redobrado do meu conde-camareiro aproximando-se com um bilhete na mão anuncia algum contratempo.
O argentino envia-lhe esta carta, Excelência.

Deixe-a sobre a mesa e sirva-se de um pouco deste conhaque. Como se não tivesse dito nada, faz de conta que não escutou e volta à carga oferecendo-se: Quer que eu a leia?
Adiante.

Quarta bodega, cela número oito, data incerta.

Excelentíssimo Senhor João Maria José Francisco Xavier de Paula Luís Antônio Domingos Rafael:

Um anônimo autor, biógrafo seu, manda-lhe esta epístola para reivindicar pela minha liberdade. Considere serenamente Vossa Majestade este ato de censura prévia como um atentado contra a soberania da sua própria razão. A obra "O Rei Errante", fugitivo, que está em questão, lhe é e me é desconhecida ainda, não tem alcances nem limites; todos saberão perfeitamente que estão lendo ficção antes de começá-la, não ofenderá sua lembrança nem haverá resquício algum no rastro do passado. Apenas o vício nefasto de escrever me leva a transformar fatos dos quais só restam pegadas escritas. Re-escrever o escrito. Como os monges que poliam aqueles textos para voltar a escrever seus pretextos. Esse delito merece a prisão? Deus salve Vossa Majestade.

Trouxe o tinteiro e a página em branco?, pergunto ao conde-camareiro. Não sei pra que, já está sentado e apoiando os braços na mesa com a pena na mão.

Anônimo autor:

Para que escreve? Por quê? Faça o que fizer, igual morrerá, e uma roda de larvas devorará seu corpo, sua alma e seu espírito, seus escritos como esta História-história parida pela sua imaginação, todas as estórias e finalmente a História. Tudo será pasto da aniquilação. Fumaça da Gehena. Haverá um devoramento final até o extermínio, porque a fome do nada é absoluta. Continue meditando na quarta bodega. A falta de sol e o cheiro do sal avivam os miolos.
Nem Deus o salve.
Volta a vir o conde-camareiro com uma nova carta. Ainda não terminei meu aperitivo e o argentino já envia outra missiva como resposta. O faço pular de barco em barco, de bodega em bodega, cada vez que mudo, pois o uso como minha consciência. Sei que está no fundo, esperando um instante de distração ou fraqueza para dar-me o golpe. Assim atua a natureza com todas suas criaturas.

Senão, note a amizade entre o leão e a gazela.
Leia a carta, convido o conde.

Quarta bodega, etc, etc...

Excelentíssimo Senhor João Maria José Francisco Xavier de Paula Luís António Domingos Rafael:

Já vê Vossa Majestade que em alguma coisa coincidimos: os dois acreditamos que os nossos destinos nadarão no nada. Mas voltamos sempre à dedução de Parmênides: Por que há *algo* em vez de haver nada? Por que há em vez de não haver? Essa mesma tensão criou o que hoje nos impulsiona a inspirar fundo contra a asfixia. Por que arrecada e acumula letras um financeiro? Por que tal pessoa coleciona amantes e sua sede de amar nunca se esgota? Por que um investigador se desvela noite a noite para procurar empurrar um pouco mais além os limites da ignorância humana arrancando-lhe confissões forçadas às leis da realidade? Por que todos procuramos fazer alguma coisa do que não fazer nada? Com certeza somos néscios, teimosos; procuramos traspassar o mar infinito num furo que fizemos com nossas próprias mãos*. Queremos que a pequenez contenha a imensidão.

Somos a minúscula peça de uma máquina que não tem princípio, princípios, nem fim; mas como nos custa imaginar isso, queremos converter-nos no motor para controlar seus movimentos. Sabe de uma coisa, Vossa Majestade? A máquina já sentenciou o dia de nossa trituração e marchamos contentes a encontrar-nos com ela.

A comparação é de Agostinho de Hipona, antiga cidade de Numídia.

Tem pronta a pluma?, pergunto em vão ao conde-emissário. Quase diria que já começou a resposta por sua conta. Vê-se tensa a mão ainda quieta mas cheia de força a ponto de disparar a carreira dessa escrita hipnótica para marcar no papel o que está no pensamento.

Anônimo autor:

Manter-se atento aproveitando o silêncio e a escuridão que restam na quarta bodega, reclusão, corretiva, masmorra em algum momento poderá escutar uns golpes secos, de machado atravessando uma árvore com ritmo lento, porém incansável. Estão cortando a madeira com a que farão seu caixão.

Capítulo 11
Que Fazemos com os Pobres?

Quando o sol resplandece sobre o toldo que mexe com o vento, reaparece o bendito beneditino enquanto estou num amontoamento de fólios que Antises exumou do Arquivo Real: pergaminhos comidos, pairos roídos, coros envelhecidos e mil vezes esfolados, onde está a verdade, se seus rastros são tão precários?

Saúde, S.M.!, inclina-se o abade com sua própria colheita em baixo do braço. Entre histórias andamos, respondo.

É verdade, consente muito solícito e aperta seu pacote contra o sovaco direito. Depois da discussão sobre o milagre da santa rezadora, suponho que não voltará com seus ímpetos imperativos a tratar de impor à minha consciência contra minha vontade. Quebro o silêncio com um comentário: a história do Brasil funda-se em mim, digo em tom neutro enquanto jogo na fornalha uma folha arrancada do Arquivo Real, e que na imaginação do abade será algum documento fundamental da dinastia. Para a minha surpresa, monsenhor sorri. Não reage querendo redimir do *Sheol* o passado de Portugal.

Brasil?, pergunta com tom inocente sem desarmar o sorriso curioso, olhando um pouco de lado. Sim, meu querido abade, respondo escrutinando a lonjura brilhante, Portugal ficou definitivamente para trás, lá, vê?, aponto o rastro de espuma que deixa a embarcação como um rastro de neve entre as pedras e continuo. Como disse o padrinho Tulcidides "nada importante aconteceu antes que eu começasse a escrever"; por isso estou redigindo a fé do batismo do Brasil.

Perdão, S. M., não já foi batizado pelo seu ilustre antepassado, Dom João III, com os óleos de Martín Afonso de Souza, lá pelo ano 1500?, ou antes ainda, quando Pedro Álvares Cabral em quem o senhor crê mais do que em Deus, mesmo tendo sido um bêbado, batizou a Ilha da Vera Cruz em nome do rei Manuel I?

Considere, meu ilustre abade, que estou fazendo o que me ensinou o finado Titus Lucrécio* Carus: "as idades passadas ao nosso nascimento têm pouca importância, tanto como as imagens do futuro que se refletem como um velho espelho na natureza: nosso tempo é o que vale". Não lhe parece uma boa idéia, monsenhor, viver em função do presente? E não quero continuar citando para não parecer um livro de aforismos, mas milhares de vozes concordam com o meu pensamento. O espelho de Lucrécio estava cego, Majestade, por isso os mesmos romanos nunca acharam o sentido da história e seu *carpe diem* afundou com os doze Césares. Cristo arrastou o passado até o madeiro para dar-lhe o último sentido. Manias de rabinos, monsenhor! Cristo apenas carregou o madeiro e depois seus discípulos arrastaram a anedota e nos relembraram por séculos dos séculos como se esse sacrifício tivesse sido o único de todos os tempos. Cada dia morre um inocente, e daí?, iremos erigir-lhe uma catedral por isso? Vejo que monsenhor fica pálido. Baixa os olhos e lhe custa tragar sua própria saliva como se se tratasse de cicuta: acreditará que com ela tragará suas palavras e não há de ter muita fé no que diz. Quando o vazio entre nós se torna incômodo, vem o conde-camareiro trazendo meu vinho português.

> *De quem São Jerônimo escreveu que "enlouqueceu depois de tomar uma poção erótica", e conhecendo o biógrafo, bem posso desconfiar da biografia. Quem é mais insano, o que deseja apaixonar-se ou alguém que dorme numa cova como um leão?*

Apressa a primeira taça o abade sedento. Somente existe o presente, continuo, no qual fundo o Brasil e um argentino copia meus pensamentos como um primata na jaula, procurando assemelhar-se ao homem que observa.

E como pensa falhar S.M. na questão histórica de nossa disputa acadêmica?, quer saber monsenhor, como mudando de assunto. Não sabe que volta ao mesmo de sempre porque nós dois estamos presos no mesmo problema.

Se não pudermos fazer com que a história seja parte da ciência, comento, arrancando três páginas de um código do século XV cheio de hieróglifos que o abade não vê e na sua imaginação são dados fiéis a respeito de algum convênio real, façamos que a ciência seja parte da história encarregando aos meus ilustríssimos eruditos uma "História da ciência" para ver até onde uma é fiel à outra. A ciência da história já fracassou quando o compadre Hegel adivinhou que a perfeição do progresso humano havia-se alcançado com o Estado. Eu deixaria aos teólogos a profecia do Armagedon, quando o mundo será consumido como este pergaminho imprestável destinado ao fogo, explico enquanto outra folha do código vai parar na fornalha. Os membros de número da Academia da História se oferecem para ajudá-lo a selecionar os documentos do Arquivo Real, Majestade.

Sei o que traz o beneditino; de novo quer resgatar documentos do que considera minha irrefreável piromania e oferece a ajuda que será estorvo na hora de apurar meus registros.

Muito obrigado!, contexto procurando ser afável, mas como dizia a governanta Idalina "muitas mãos num prato/ fazem muitos garranchos"; diga aos membros do número que aqui se trabalha com letras. Mais ainda, com palavras. Não sabe o quanto temos de lutar para segar uma espiga entre tanta erva daninha regada com o sangue e o suor dos nossos antepassados. Acabei com a vaga pré-história e antes de chegar ao Brasil, durante a travessia, posso assegurar a tranqüilidade dos membros dos números, que da primeira das três dinastias, a da Casa de Borgonha, ficará o indispensável. Quando terminar com eles passo à outra e por último aos Bragança que é onde começa e termina minha prole.

É muito trabalho para um só homem!, exclama pondo os olhos em branco e bufando como se carregasse três sacos pesados.

Não ache, monsenhor. Os assuntos do Estado estão repartidos entre tantas embarcações que praticamente cada capitão conduz a Portugal rumo ao Brasil neste momento. O que pode fazer o rei?, coçar-se?; acredite que isso de por em ordem os documentos me faz ver com clareza nas trevas do passado. Tome-o como pensamento de um aficionado.

Quando amanhece se filtra um raio de sol avermelhado pelas frestas da embarcação. Quem sabe como atravessou essa minúscula linha do esplendor que no fundo não é mais do que um reflexo. A questão é que veio a posar sobre minhas pálpebras direitas transluzindo "A aurora primeira de dedos rosados"*.

> * *Não sei por que razão, cada vez que o cego Homero queria ver a imaginação a Telêmaco o envolvia antes com as luzes da "Aurora primeira de dedos rosados". Talvez para nos dizer que na adolescência tudo é transparente e lúcido, mas nos negócios adultos é preciso se cuidar da ofuscação humana.*

Batem na porta do camarote. Bom dia, S.M., entra com uma bandeja de prata o conde-camareiro. A superior das irmãs o espera na sala de visitas. Não é possível. Quando chegou a freira? Ao amanhecer, mal irrompia a aurora. Mas se acaba de amanhecer!, defendo-me.

Do lado de Deus amanhece mais cedo, diz o camareiro servindo-me chá com uma mão e os guardanapos com a outra. Já nem dormir podemos, resmungo com a boca espumosa enquanto escovo os dentes.

Nem sonhar com sonhar!, replica imediatamente o muito ruim.

Louvado seja Deus, Nosso Senhor!, saúda a irmã.

Saberá, caríssima monsenhora, começo dizendo, que se desatou uma loucura numa das naves da comitiva. Fornicação da pior espécie!, denuncia a religiosa se benzendo. Febre uterina por todas as partes, continua como que rezando.

Não há forma de conjurar isso?, averiguo dissimuladamente e ofereço-lhe os serviços do doutor Massimo Vitalio de Siena.

Deixemo-los no momento na santa paz!, pede, ao mesmo tempo em que se benze. Se S.M. me comissionasse, insinua, eu saberia como abrandar a espada da continência no meio da fanfarrice erótica.

Gostei dela. Apesar dos longos contornos do seu rosto magro preverem seu caráter enérgico, a santa varona ataca com a franqueza. Não adorna com o tim-tim dos cristais as palavras que diz. Alta e ossuda, apenas os grandes olhos oblíquos parecem estar feitos de alguma brandura. O restante é austero, seco, preto e branco. É preciso buscar a madrinha, S.M., me explica. Que madrinha?, pergunto, já que da minha, Deus saberá, se os milênios ensinaram-lhe alguma coisa de aprendizado. Em toda quadrilha ou tropa de bestas, explica textualmente, há sempre uma égua madrinha, capitã do desvario da manada. Precisamos procurar a "madrinha" da *Odemira*, S.M., alguma negra desarraigada será. Alguma escrava de Angola que não sabe nada da vida decente; sei de umas que têm como alguma coisa na matriz, e se depende-se delas, viveriam ajuntadas aos machos como cadelas no cio. Torce a boca em sinal de desgosto; abre as narinas e inspira fundo como se quisesse embutir todo o frescor nos seus pulmões para vencer o calor de seus termos. Cauta a irmã, reserva diante de mim o que espremeu ao conde-camareiro. Diz a freira que nada, nem hissopo bendito, S.M., basta uma abordagem punitiva e a *Odemira* ficará mais limpa do que a Imaculada Conceição que ela ostenta no seu medalhão. E o que é esse tal de "punitivo"? Que a chicotadas, como o Cristo aos mercadores, terminará com o assunto, assegura o conde-camareiro esfregando as mãos como quem presente algo.

Que seja!, respondo à disciplinada. E na sua mente começa a edificação moral do desvio sexual. Volto ao meu quarto para recostar-me um momento a descansar, mas os inconfundíveis passos do conde-camareiro (Deus seja louvado se o deixasse em coma e cama uns três dias!) se aproximam com o ritmo dos seus nervos quando estão atiçados por algum assunto, boato, dos quais gosta de ser o porta-voz. Outra vez na cama, S.M.!, reprova, e eu corren-do por toda a embarcação para alcançar-lhe este ofício de S. M. a rainha Carlota Joaquina de Bourbon.

Era o que me faltava, digo com um fio de voz para que não escute o crápula. O que quer saber mais a malfadada?

Resumindo, S.M., quer saber quanto resta de seu dote e bens lucra-tivos para comprar um terreno no Brasil.

Vejo vir a traição para o rei Adamante. A ópera tinha razão: como sempre, a arte se adianta porque tem o valor de fazer todas as perguntas sem respeitar a dor que nos causa.

Pergunto-me, então, sem dizer uma vogal porque as orelhas condais são como armadilhas de lobo para as palavras comprometedoras. Para que quer a minha esposa um espaço próprio?, quer uma zona liberada para me exercer um governo paralelo?, quer um município que se estenderá de província a Estado para invadir meu poder como a gangrena ao corpo? Crerá que o poder lhe trará felicidade? Somos o que nos acostumamos a fazer. O homem não nasceu para a boaventura, muito menos a mulher. Somos autômatos aos que alguém, ou ninguém dá corda no momento de nascer para começar a repetir rituais sociais que ninguém compreende cabalmente. Este mundo tem muitas coisas imundas, mas a pior é a sociedade, invenção de pessoas infelizes que acreditam que suportar os demais é melhor do que se suportar a si mesmo.

Posto a rodar o mecanismo perverso, produz uma música que se vai desgastando com os anos. Sempre cremos que a felicidade está adiante, mais além, amanhã. Se alguma vez chega, não é a felicidade e sim a sua sombra; primeiro assombra e depois decepciona. Seguramente quer governar, não lhe basta ver as calamidades que me asfixiam: tem sede de água amarga; quer beber a esponja com fel dos lábios do Cristo. Não lhe bastou um pai estúpi-do que levou a Espanha à pior ruína do que a dos antepassados Felipe III, Felipe IV, Carlos II e Carlos III, um pior do que o outro. Inválidos profissio-nais para o exercício do governo, rodearam-se de privações, válidos inválidos que intrigaram o coro que cantou a tragédia de Espanha*: desde o duque de Lerna**, nem o que dizer do conde-duque de Olivares, Luiz Mendez de Haro, o jesuíta um pouco cretino Everardo Nithard, Fernando de Valenzuela...

e dessa safra de frenéticos, delirantes e hipocondríacos vem Carlota Joaquina pretendendo ser a "Imperatriz da América do Sul".

"O cortejo fúnebre da coroa de Espanha".

**A Hidra de Lerna deveria ter governado no lugar do duque de Lerna: pelo menos tinha nove cabeças, alguma lhe serviria para pensar.*

Alguém lhe entoa cantos de sereia fazendo sonhar fantasias que poderiam converter-se em pesadelos. Em vão seu confessor-conselheiro, Juan Angel Martín Valdeverde e Urrutia a admoesta advertindo-a contra os perigos do poder. Várias emboscadas sofreu o santo varão por seus conselhos, mas como ele mesmo disse: "tenho mais medo há meus anos que a meus inimigos". "Esperança é sonhar acordada, diz a "imperatriz".

"Quando ambicionaram poder, caíram os anjos diante de Deus. Quando ambicionou conhecimento, caiu o homem. Agora você quer o poder sem ter chegado ao conhecimento, senhora", replica Juan com as mãos cruzadas.

"A liberdade, confessor, explica minha mulher, é pensamento, decisão e conduta. Quero exercer minha liberdade, nasci de estirpe régia e não posso apartar essa imagem de mim: esprema-a se quiser que me transforme num dócil consorte".

Note a imagem do seu pai!, Excelência, recomenda com bom tino Juan, sempre de impecável branco e preto.

Nem retratado resultou favorecido Carlos IV com sua família: o lenço revela a torção da consorte Maria Luísa de Parma*** e o semblante insensível do Borbão posando, esperando sua ração.

O embaixador da Rússia descreve a rainha Maria Luísa de Parma como "uma velha desdentada e amarelada e adúltera"; at dizia-se da infanta Isabel "a pequena bastarda epilética" atribuindo-se sua paternidade a Manuel Godoy guarda em 1788: cadete; maio 1789: coronel da cavalaria; novembro 1789: cavaleiro de Santiago; agosto 1790: comendador de Santiago; fevereiro 1791: marechal de campo; março: gentil-homem de câmara; julho: tenente general; 1792: duque de Alcudia, grandeza de Espanha, Tosão de Ouro, duque de Sueca, marquês de Alvarez e

Senhor de Soto de Roma. Essa carreira meteórica o levou a ser privado de Carlos IV, um inválido profissional para o exercício político mais elementar.

A mesma Carlota Joaquina ficou convertida numa figura fumosa atrás de Luís de Bourbon, o destinado a ser rei de Etrúria. Com essa estampa familiar bastaria para intimidar a qualquer pessoa sensata; mas Carlota Joaquina insiste. Quando lhe perguntei de quem havia herdado a paixão pelo poder, respondeu "do meu pai", como se ele tivesse governado alguma vez na Espanha. Primeiro se valeu da Floridablanca*, declarou-se inimigo da Revolução Francesa. Quando começou o Terror, Carlos expulsou a patadas a Floridablanca para ir com os revolucionários e colocou como ministro a Xavier Aranda, conde de Andrada, amigo de Voltaire e Diderot, homem estéril em estratégias mas fértil em festanças. Se soava alguma rebelião entre os vascos, Aranda-Andrada organizava uma festança para tapar com música o barulho dos fuzis; e assim, entre galos e meia-noites o barco do Estado se afundava. Finalmente o pobre Carlos IV, atontado por tantos vai-e-vem políticos, seguiu o conselho de sua mulher – o pior que poderia ter feito – e valeu-se do polícia Manuel Godoy como ministro. O misógino Schopenhauer dizia que o defeito fundamental das mulheres é que elas não têm o sentido da justiça. No caso de Maria Luísa de Parma, não errou. Godoy** dirigiu o Estado com todos os recursos do despotismo do pior calão, que resultaram no prejuízo moral de toda a Espanha.

> ** Francisco António Moñino, conde de Floridablanca. Advogado de Murcia, promovido como Fiscal no Conselho Criminal de Castela, propôs a expulsão da má Companhia de Jesus dos territórios americanos, aliado com o marquês de Pombal.*

> *** Manuel Godoy, o "Príncipe da Paz", trouxe sua amante Pepita para viver em sua casa, pouco depois arranjou um casamento com a marquesa de Chinchón e os três, Pepita, Teresa e Godoy, jantavam juntos num harmonioso adultério.*

Quando o Corso ameaçava nos Pirineus, Manuel Godoy hasteou a bandeira branca antes de ordenar o primeiro disparo para defender a Península. Fez assinar o tratado de Fontainebleu à Espanha, aliando-a com a França para invadir Portugal, onde reinava a filha de seu próprio rei. E dessas lições de "táticas políticas" Carlota quer extrair um manual de estadista quando nem sequer serviam de estatísticas as cifras escandalosas de tanto desatino.

Volto ao conde-camareiro, que espera minha resposta. Escreva o ofício que lhe ditarei, por favor, peço ordenando para evitar que se intrometa entre o meu pensamento e as letras.

O dote, segundo o convênio real, devolve-se no momento de dissolver o vínculo conjugal. Sem divórcio, não há divisão. Não posso ceder-lhe os meus bens já que, como minha real esposa sabe melhor do que ninguém, só me restam males. Suas prendas as doou por iniciativa própria para a construção do Teatro "São Carlos" de Lisboa e o "Hospital dos Pobres", converteram-se em máscaras, palcos, ventosas e ungüentos de beladona.

Em resumidas contas: não tem conta. Como é bem sabido, em Espanha já não governa seu pai nem seu irmão, ambos abdicaram a favor de José Bonaparte para dar sua parte ao Corso. Sem dinheiro, o Estado não concede latifúndios nem fazendas, de outra maneira, Dom Luís porá o grito no céu e despertará os anjos, arcanjos, coros e potências do trono de Yahvé. E não é questão de andar alarmando a Deus por dívidas públicas.

Para finalizar, a única terra que lhe ofereço em dádiva são os dois metros quadrados que precisa no cemitério para o dia que chegar o seu fim. Nada mais. Firmo a carta e a entrego ao conde-camareiro que porá suas sandálias aladas para espalhar a fofoca.

Quando chego ao meu despacho encontro Silvestre Marinque esperando sentado, com o rosto concentrado. Quanto tempo, Dom Silvestre!, digo fazendo notar que o vinho me aparta ultimamente e quase não nos vemos.

Assuntos graves, gravíssimos, Excelência, me diz de entrada. Diga-me. Venho da nave *Andorinha*, onde acontecem coisas estranhas, Majestade, começa dizendo com esse tom inocente que usa quando não quer alarmar. Mexe a cabeça de um lado a outro, como negando, mas ao fechar os olhos acentua o drama que quer impor no seu cenário.

Lástima que já conheça sua tragédia de cartão; sei que acabará denunciando algum inimigo, ou um grupo de adversários, ou simplesmente o último, ou o pegou jogando cartas. O que aconteceu lá, Dom Silvestre? Por acaso voou de volta a Lisboa? Faz um gesto com os ombros, como não fazendo caso da brincadeira que nesse momento é patética para ele, e volta ao tom inocente do início.

Há uma mulher que se dedica à feitiçaria, S.M., acrescenta, como se a indignação o asfixiasse. E sai a voar pelas noites, transtornando as leis da matéria, segundo me fez ver o alquimista Helmundt Shörbritten*.

> * *Faz tempo que não vejo a Helmundt de Friburgo, em plena Selva Negra. A última vez que o visitei em seu laboratório estava cozinhando ossos numa ampola de cristal. Apenas me viu, ruborizou-se sobre o suor que lhe cobria o rosto viscoso. Explicou-me que o processo da transmutação dos metais vis para chegar ao ouro não era mais do que uma metáfora alquímica para convidar ao homem à sua própria perfeição. "Somos feitos de carne promíscua, Majestade, e é nosso dever buscar os procedimentos para tornar imortal o que é mortal". O fogo do alquimista tremia e seu resplendor refulgia nas pupilas de Helmundt, estaria se refletindo parte da verdade? O Aquinate demonstrou que a Verdade, efetivamente, apenas pode existir. E dizia que todos o sabíamos. Arrazoemos, Majestade. Aquele que nega que existe a Verdade, é verdade que a Verdade não existe. Portanto, existe. O que é a eternidade Dom Helmundt? A simultaneidade de tudo. Mas o tempo, como verá dia a dia, tem um antes e um depois e este agora que se nos desfaz entre as mãos. Portanto, tempo e eternidade não são a mesma coisa.*

Helmundt viaja lá?, quero saber.

Com todo o seu gabinete, Excelência!, assegura Dom Silvestre olhando de soslaio a uma negra que passa levando uma merenda, e a bruxa monta uma enorme cenoura, Excelência, para revirar pelo céu lançando mil maldições e malefícios, acaba dizendo, esfregando as fontes.

O senhor viu uma mulher voando sobre uma hortaliça?, pergunto carregando de dúvidas a versão para ver se consigo a conversão do dito.

Bom, ver não vi, mas na sexta-feira à noite uma sombra alteava ao redor da embarcação e um homem que montava guarda jura e perjura que era a bruxa convocando um concílio satânico, já sabe, me diz quase confidenciando como se eu fosse o Grande Inquisidor.

Sim, Majestade, essa junta demoníaca de bruxas que celebram as sextas-feiras de lua cheia, Excelência; com missas ao contrário e coisas do estilo, para beijar o cu de Lúcifer e pisotear crucifixos com a imagem da

Virgem do Carmo. Além do mais, se descobriram plantas de mandrágoras machos e fêmeas, leite de cabra e outras unções para fazerem-se invisíveis na recâmara da bruxa, Excelência, e o licor que aumenta os materiais à vontade, visse a cenoura que encontrou na ponte da proa!

Tivesse trazido para que visse, S.M., com seus olhos esse prodígio mas pesava muito sendo tão imensa, pesava como uma pedra de granito.

Sete negros tiveram que forçar para lançá-la ao mar, Majestade. E ao afundar nas águas, brotou um fumo como de fervura que a vidente disse que é o sinal de tudo o que vem do inferno.

Que barbaridade! Digo começando a revisar os ofícios que estão sobre minha mesa, e como foi prejudicado o senhor, Dom Silvestre?

Faz silêncio, inspira profundo, nega duas ou três vezes com a cabeça como quem resiste a uma confissão forçada, veja Excelência, me diz, desde que me olhou a bruxa não posso ter intimidade com mulheres... Por acaso tornou-se tímido?

Não, Majestade, mas o pêndulo não funciona, não sei se me entende..., deixa em suspense as palavras. Faz alguns anos trato de evitar confusões por meio de confissões. Não há outra forma de saber a verdade de primeira mão. Não, Dom Silvestre, não entendo o que tem a ver seu relógio com as mulheres.

O membro sexual, sua Excelência!, deixou-o impotente.

Tivesse começado por aí!, dou-lhe consolo dando três palmadas no braço, e desde quando pende o pêndulo?

Desde que discutimos e me olhou, denuncia Dom Silvestre.

Serei curioso, quantos anos o senhor tem?

Cinqüenta e seis, Majestade.

Vejo por seus lábios que fuma muito, não é certo? E, além disso, todas as noites empurra seu vinho e até alguns licores destilados, não é assim?

Olha para o lado, para o teto, com olhos de boi. Sei que está incomodado. Então é o momento.

Olhe dom Silvestre, os assuntos do Estado estão em mal estado. Não me entretenha com contos para crianças. Há muitos anos deixei de crer nas maldições e lhe aconselho algo mais prático.

Vá ver o doutor Vitalio de Siena, o italiano tem mais ciência que consciência e já saberá o que fazer com o pêndulo pendente. Aqui fazem falta medicinas, e não exorcistas.

Tem algo mais que deveria saber, Excelência, acrescenta enquanto passa o cajado de prata de uma mão para outra, nervosamente. À condessa de Tentugal, Dona Londrina Epifânia que sofria de torções de ventre, a bruxa indicou-lhe umas poções e ela começou a ter pensamentos chamativamente diabólicos.

Teria que vê-la Majestade, essa senhora, já entrada em idade climatérica, perseguindo o pessoal desmesurado da nave por todas partes. À Nicolau Delerive, que tem a fama de desenvolvido das partes de baixo, enviava-lhe citações com palavras obscenas, desenhos de pênis e vulvas, uma verdadeira calamidade que envergonhava as cortesãs, Majestade. Parece que em cada dose via vaginal, a droga atiçava os calores dormidos de Dona Londrina e a coitada, atormentada por anjos dia e noite, não dava trégua a seu clitóris, friccionando-o sem cessar.

Teve que acudir a essa freira vidente que faz prodígios. A freira, Dom Silvestre enxágua a testa com um lenço, introduziu água benta pela mesma via genital, Majestade.

Assunto solucionado então, Dom Silvestre, corto para abreviar, a hidro-matriz de Dona Londrina curou-se com água santa.

Não, S.M., replica, o malefício da bruxa persiste e não há águas que a acalmem. Agora há um demônio que acomete Dona Londrina todas as noites. A monta em sonhos e a coitada da vítima tem medo da gravidez diabólica, como aconteceu uma vez em Queluz, com aquela mulher que pariu um feto anormal, com patas de galo e cabeça de cabra, fruto de seus comércios com o maligno.

E como descreve Dona Londrina o tal demônio, Dom Silvestre?

Anima-se subitamente, sacode um pouco a testa e começa a remexer entre a sua roupa até que extrai um papel dobrado.

Fez um retrato, S.M.!, não sabe se em estado de transe ou como, porque ela não lembra, mas parece que Dona Londrina desenhou no seu lençol com sangue, ou se o próprio espírito iníquo imprimiu suas formas por meio de uma exalação magnética, o certo é que temos essa imagem, de corpo inteiro, assegura exibindo a cópia impressa no lençol endiabrado onde o demônio deixou sua marca. E agora parece que ela está prenha e, Deus nos livre e guarde, S.M., ter que embalar um rebento de Satanás!

Deixe esse assunto nas mãos da Madre, ordeno já impaciente ao impotente Dom Silvestre. Entregue a ela o lençol diabólico e tudo o que encontrou no camarote dessa bruxa. Diga a Dona Londrina que consulte o doutor Vitalio e agora deixe-me continuar com o meu trabalho.

Toc,toc,toc, o bastão de prata vai-se antes que Dom Silvestre, cujos olhos enojados como os de um Iago continuam a me seguir a partir de sua corcunda e dos badulaques cardinalícios .

Boa hora para S.M.!, cumprimenta educadamente o Secretário da Fazenda, Dom Luís de Vasconcelos e Souza, que aparece discretamente para me convidar a um passeio.Que fazemos com os pobres? Como?!?, ainda não temos reino e já temos pobres, Dom Luís? Continua andando com os olhos fixos nas tábuas do chão, sempre haverá pobres, Nosso Senhor Jesus Cristo os colocou sobre a Terra para dar-nos a oportunidade de exercer a caridade, que é uma das virtudes teológicas, diz convencido, e passando a um terreno menos espiritual, continua Dom Luís como quem responde fórmulas litúrgicas no meio de uma missa, S.M. saberá que pobreza e violência vão de mãos dadas, amontoe cem homens com fome e não passará um dia sem um crime, assalto, assassinato, furto ou atropelo. E é aqui onde aparece um conflito, Excelência.

Mesmo sabendo que faz silêncio, sei que está arrazoando. Continuamos caminhando com passos lentos como peregrinos que sabem que seu destino vai mais além dos seus passos. Impõe silêncio à calada meditação de Dom Luís.

Foi o cardeal Richelieu tão bom cristão como estadista?, pergunta com dúvidas, porque em seu "Testamento" escreveu que a política é uma arte*, não uma ciência como queria Hobbes.

> *Também escreveu: "Se o homem é soberanamente racional, deve fazer reinar soberanamente a razão"

Acredite Excelência, diz, me detendo um instante enquanto se aferra a meu braço, que a diferença é fundamental. A ciência é mecânica, a arte é criativa, tem a margem suficiente para admitir escravos, militares, guerras e extermínio. A ciência é a lógica aplicada a cada ato de governo, como se o poder tivesse alguma lógica. A razão do Estado é a única sem razão que me havia desvelado.

Imagine se eu tivesse que aplicar os preceitos evangélicos do perdão e a outra face e setenta vezes sete: não existiriam as classes, que na razão do Estado existem. E me reafirma como se eu duvidasse: note esse montante de negros, aponta quase com nojo uma junta de angolanos que estão levantando uma vela, são a mesma coisa que a reunião dos ilustres acadêmicos que presenciamos ontem? Quem se alarmaria se neste preciso instante os jogássemos ao mar?

Ninguém, Excelência, ninguém. Mas façamos seqüestrar a monsenhor Saraiva, ou a Dom Olímpio Batista da Silva e verá a confusão que se arma. As classes existem na Terra mesmo que Nosso Senhor as tenha desterrado. Até mesmo monsieur Descartes diferenciou a moral do súdito e a do governante. Também o cardeal Richelieu fez da arte política um instrumento razoável ao serviço do Estado. De todas as formas, com ou sem razão, com ou sem cardeal, a pergunta continua de pé: O que faremos com os pobres?

Conclusão do capítulo onze.

Dom João: O que faremos com os pobres, autor?

Alejandro: Com os autores faremos pobres, hoje.

Dom João: E com os pobres autores?

Alejandro: Vejo que me segue o jogo, personagem.

Dom João: Um joguinho perigoso o das palavras, como dizia ao secretário cretino que me colocou como ajuda de câmara. Diria que se parecem, não?, não chamam "projeção", vocês, os psiquiatras a esse truque de por na boca do outro o que estão pensando?

Alejandro: Esqueça, *herr* Freud, personagem, não pude tê-lo conhecido já que *A interpretação dos sonhos* apareceu no ano 1900.

Dom João: Fá-lo-ei sonhando então e o senhor me interpreta ao longo e ao largo da obra.

Alejandro: Eu?, esqueceu que me enviou à prisão?

Dom João: Libertá-lo-ei de ti mesmo. Parece-lhe pouco? A escritura é um regateio, amigo argentino. Sempre há *algo mais* do que está escrito e isso tem o seu preço. Em seu caso concreto, o joguei para obrigá-lo a ganhar dignamente o ensopado que se lhe entrega no almoço e na ceia.

Alejandro: Sua linguagem não basta para silenciar sua história.

Dom João: O senhor sabe tanto da minha história como eu de asteróides, não fez mais do que adulterá-la, transtorná-la, retorcê-la e encher de buracos com invenções e embustes.

Alejandro: A História é uma coleta de verdades atadas com mentiras.

Dom João: Sua história é uma coleta de mentiras atadas com ficções.

Alejandro: "Os fatos acontecidos..." mudaram com o tempo, Majestade, nem sequer a história pode permanecer idêntica nadando no rio do tempo. Tudo muda, se transforma: apenas o sentido, que está oculto permanece idêntico, porque estar envolto por sua condição incógnita lhe permite burlar as aparências. Claro que para chegar ao sentido é preciso atravessar as capas do corpo até a alma, para quem a tem. Eu que sou desalmado me conformo com os símbolos.

Dom João: Esses pensamentos estão escondidos, que lhe fez crer que tem as chaves para lê-los em minha pessoa?, *A interpretação dos sonhos*?

Alejandro: Lembra-se da *Lição de anatomia* de Rembrandt?

Dom João: Um doutor ensina anatomia aos seus discípulos.

Alejandro: Um patologista, como eu.

Dom João: Onde eu vou, o encontro no meu caminho.

Alejandro: E eu o encontro no meu. Digamos que nossos destinos se cruzaram. Continuemos com Rembrandt. Se observares detidamente a tela, verá que os alunos buscam entre as vísceras o que está no olho do mestre.

Dom João: Francamente, está dando a si importância em demasia. Agora quer ser a obra, o autor, o personagem e o leitor, tudo ao mesmo tempo. Apenas se me responder: o que fazemos com os pobres? Posso dar-lhe essa oportunidade como liberto, se encontrar uma resposta original, de outra forma, não perca o seu tempo. Não me terá como colaborador nessa cruzada autocrática que deveria ser autocrítica. Esqueça de mim e de sua mania, deixe em paz a Portugal e ao Brasil. O passado não é bom nem mau: não pode ser movido. Fuja do futuro, fuja do presente. Saia do tempo e talvez tenhamos a sorte de perdê-lo no espaço. Não há outra forma de escapar do passado se não for pela porta do amanhã. Quem semeia miséria, colhe miseráveis.

Capítulo 12
Genealogia do Mal

Reviso as entregas do ex-eremita Antises. Três mulatas, um tanto obesas, vinham reclamando, carregando os rolos; livros e folhetos pesados como se todo o passado tivesse impregnado em cada página do Arquivo Real. Deixaram cair alguns com grande alívio, exagerando um pouco o fato de terem se livrado de tal peso. Se soubessem quanto pesa o passado na minha consciência! Uma delas, a mais audaz e faladeira, com os braços em jarra perguntou, fazendo-se a amável, serve-se-lhe uma página mais?; a que estava ao seu lado, uma negra, deu-lhe uma cotovelada disfarçadamente e foram-se as três, fazendo uma reverência um tanto afetada. Não me interessam as impertinências dos criados. Basta que me sirvam.

Que diz esse princípio sem príncipes, Antises? Que povos ibéricos se instalaram em algum lugar, quando foi isso?

Quando as águas ferviam de ninfas, silvanos, faunos e camenas*...

*As Ninfas, no geral, refere-se ao espírito anímico que informa cada elemento da natureza. As dríades são ninfas das árvores e ligadas a estas. Ao morrer a árvore, sucumbia a ninfa. Oréstias são ninfas das montanhas. Nepéias, dos vales em chamas. Limoníadas são ninfas dos prados. Naiades e outras são ninfas dos mananciais, rios e poços. As Nereidas (filhas de Nereo) são ninfas marítimas. Os Silvanos são figuras misturadas entre o sátiro e o semideus humano; os faunos são seres dos bosques, protetores de pastores para a fertilidade das cabras. Já as Camenas, curiosas, não são nada mais do que ninfas de Vênus que viviam nas águas de certa fonte inesgotável que brotava do monte Célio, no pleno bosque dos Camenos. Ali trabalhava Numa Pompílio com outra mulher assessorando como organizar o culto romano, os rituais, festas a guardar, etc.

Começa historeando a suspeitosa *Crônica Lusa* em língua latina.

As palavras de ofuscação têm o estranho poder da ubiqüidade. Estão onde não devem estar. E não estão onde deveriam, mas é coisa sabida que as palavras não conhecem deveres, por isso, muitos deveres, ficam reduzidos a palavras.

Aqui falta a metade mais um. Por que os pergaminhos hesitam sobre as rebeliões de Indibil e Mandonio* contra as tropas de Cipião? E os pesadelos que as sublevações de lusitanos e outros fizeram chover sobre Roma até a chegada de Misculcio no ano 196**?

> *Depois da batalha de Zamma (ano 202 a.C). Cipião conseguiu fortalecer o domínio de Roma em todo o Mediterrâneo. Aprendeu de seus inimigos e incorporou cavalaria estrangeira em seu próprio exército e adotou o gladius hispanicus (espada espanhola de 63 centímetros). Para a guerra, pediu reforço de caudilhos ibéricos em troca da liberdade. Indibil e Mandonio colaboraram com suas tropas, mas Cipião esqueceu suas promessas ao terminar a batalha. No verão do ano 202 eles se ergueram contra o domínio romano, ocasionando fortes reveses ao Império por meio de guerrilhas nas montanhas.*

> ** *No ano de 197 a.C, distintos povos a mando de Budero e Besadino ergueram-se contra Roma. O pretor Misulcio sufocou a insurreição na batalha do Ebro em 196.*

Esta história de pergaminhos diz que "Roma dominou a Hispania Citerior e Ulterior". Como se hoje disséssemos que o Brasil nasceu do nada e nos economizássemos todos os quebrantos que trouxe à Coroa ter um domínio em plena Amazônia; com nativos que engolem vivos os vencidos. Vamos, Antises! Remexer um pouco mais a história! Vamos sacudir estantes! Ou acaso terá que voltar a arranhar até a exaustão os palimpsestos para encontrar a verdade atrás da nova versão? A conversão da versão! A velha Dama de Elche de rosto austero está olhando sem ver, porque o passado tem a cor branca do sol. De sal ficou embalsamada a mulher de Ló ao voltar a cabeça para trás porque não entendeu que a palavra de Deus estava adiante, e Deus não admite dúvidas. Nem Deus nem sal: os dois cegam e mumificam juntos qualquer história***.

*** Os paradeiros de Mugem, os petroglifos de Ahão e até as antas de Beira Alta antecipam-se à hermética senhora do Elche, boa e severa ao mesmo tempo, como uma madame de bordel portuário de Aveiro.*

À procura embaixo das frases, Antises! Não temos que deixar nada entre sílabas. Nos tempos de Sócrates não faltaram fenícios colonizadores de Algarves, e se levaram metais do alto da montanha, deixaram a indústria do azeite dos olivais.

Não podemos esquecer o assédio dos cartaginenses , SM!

Como, agora deu em falar a língua Lusa, iluso? Até que enfim desatou-se a tua língua! Antises? Finalmente falaste em português?

Silêncio!

Nem o eco das minhas palavras responde no alto mar. Apenas os golpes das ondas na costa. Antises continua mudo, somente reza na sua cela na profundidade da bodega; mas há alguém que lê em voz alta o que escrevo e me confunde. Alguém que lê como em sonos retalhos da verdade, e a escreve como se a soubesse na íntegra. Prossigamos, que a guerra é entre fantasmas.

Amílcar Barca, Asdrubal e Aníbal, com seus paquidermes, já estão sepultados por Rômulo e Remo, os gêmeos a quem pariu Réa Silvia, filha de Numitor para que os amamentasse uma loba cuja fome infernal alimentou o apetite da eternidade de Roma. Se os romanos tiveram seu César, os lusitanos tiveram a César, e em 155 antes de Cristo já tingiram de sangue romano o Betis-Guadalquivir. E cinco anos depois, ou antes, porque então a História hesita, os mesmos lusitanos, acaudilhados por Cauceno, cruzaram as Colunas de Hércules e tomaram Tanger até que Roma enviou Sérvio Galba, que à força de armadilhas conseguiu dividir os lusitanos até derrotá-los*.

* A luta pela hegemonia no Mediterrâneo entre Cartago, potência do mar, e Roma, potência das terras, iniciou a primeira guerra. Os exércitos cartaginenses somente tinham oficiais de lá, as tropas eram mercenárias: infantaria líbia, ginetes cobertos com pele de leão. Sicília era domínio de Cartago mas no ano 263 e 262 a.C. os romanos ocuparam Siracusa. Os cartaginenses diziam que "sem nosso aval, os romanos nem sequer podem lavar as mãos no mar"; a princípio as batalhas se deram no mar, depois Roma enviou o cônsul Régulo à África para sitiar Cartago, e contrataram o espartano Jântipo como assessor militar. Cartago atacou e

*venceu o exército romano na batalha de Tunis no ano 255
a.C. Todos os romanos foram degolados, menos Régulo. O
general Asdrúbal o enviou a Roma para pactuar a paz,
mas ao fracassar a comissão, voltou Régulo a Cartago com
a negativa e foi sacrificado. Roma foi ganhando terreno na
Sicília. Cartago enviou o general Amílcar Barca para
reconquistar as terras perdidas, mas ao fracassar uma e
outra vez, Amílcar assinou o armistício no ano 241a.C.,
terminando a primeira guerra com a Sicília em mãos de
Roma. Morrendo Amílcar, o sucedeu seu genro no governo
de Cartago, apoiado pelas tropas. Fundou Cartagena e ao
morrer, no ano 221, deixou o trono ao jovem Aníbal que
vivia em irmandade com suas tropas e adotou a vestimenta
para seu exército. Mostrou sua personalidade ao sitiar por
oito meses a cidade de Saguanto, à qual entrou no ano 219.
No ano 218 cruzou os Pirineus e chegou até o Ródano, e, em
dezembro, Aníbal, com seus guerreiros montados em
cavalos e elefantes, derrotou Cipião na batalha do rio
Trebia. No ano 217 voltou a vencer o cônsul romano
Flaminio na batalha do lago Trasimeno. Aníbal perdeu um
olho na travessia mas ganhou também a batalha de
Cannas em agosto do ano 216 a.C., na qual fez degolar
setenta mil soldados romanos. É admirável a paixão que
possuem os impérios em buscar precedentes ilustres.
Nascidos da desonra de suas menstruações, não desejam
senão limpar seus escudos com o brilho de um passado
ilustre que sirva para sanar um turvo amanhã. Roma se
apoderou das glórias da Grécia usando Virgílio, e, como
herói, a Enéas, um obscuro personagem secundário na
história helênica. Segundo Virgílio, Enéas foge da destruição
de Tróia levando seu pai idoso Ânquises nas costas e seu
filho Ascânio pela mão. Isso pode querer significar (todos
os símbolos nos remetem a um olhar mais amplo e profundo) que para fundar Roma foi preciso a experiência de um
rico passado, apesar de tolhido, a força da maturidade e a
audácia da infância. Antes de fundar Roma, peregrina por
toda a Grécia, Sicília e até Hespéria, e por que não, Portus
Calle. Em Cartago, três bruxas maquinam a perdição da
rainha Dido, fazendo-a apaixonar-se perdidamente por*

Enéas. Seguindo sempre o fabuloso Virgílio, Enéas chega ao Lácio e funda Alba Longa; na sua morte o sucedem doze reis no trono. Por volta da morte do décimo segundo, ficam dois candidatos-irmãos: Amúlio e Numitor, este último venceu Amúlio e ordenou o assassinato de seu irmão e descendentes: ordenou jogar ao Tibre os gêmeos Rômulo e Remo, filhos do deus Marte com Réa Silvia, filha de Numitor. Sabe-se que os infantes se salvam e os cria uma loba. Rômulo terminará demarcando o perímetro de Roma. Depois do triunfo do Betis-Guadalquivir se uniram os belos e os títios aos lusitanos para formar uma compacta frente anti-romana que se concentrou em Numancia. Triunfantes na Bética, os lusitanos da Cauceno cruzaram Gibraltar e fundaram Tanger no ano 150 a.C. E se continuarmos remontando às origens, poderíamos reclamar Marrocos em algum tribunal internacional do Estado de Flandres, com o tempo. Não podendo vencê-los pelas armas, o pretor romano Galba simulou pactuar com os celtiberos dividindo-os em três grupos, concitando o receio entre eles e degolando os levânticos lusitanos.

Em que folheto achado está registrada a batalha de Trígola, na qual o lusitano Viriato exterminou o exército romano no ano 147 a.C.? E Púnico, onde o deixamos?*

* Da traição de Galba somente escapou com vida Viriato, voltando a reunir um redil de guerrilheiros até formar uma frente sólida que atropelou as tropas romanas em Trígola, as quais derrotou por dez anos seguidos. Tomou Segóvia, avançou até serra Morena e derrotou finalmente o exército do Império, comandado por Serviliano no ano 144 a.C. Viriato ficou dono de toda a Hispânia. No ano 140 cometeu um erro ao aceitar um convite para jantar com o cônsul Cipião. Ao terminar o banquete, os romanos assassinaram a Viriato, o que nos ensina o quão perigosas são as festas italianas. Impugno as trapaças de siciliano Diodoro e seus quarenta volumes. Quem poderá prestar fé, se até seu mais consumado médico e filósofo, Empédocles, se propôs a negar o vazio jogando-se à cratera de Etna?

Estranhas essas crônicas suas, Antises, que vêem onde não vêm. Não gosto disso, de que "Roma dominou a Hispânia Ulterior e Citerior" como quem diz um verso no meio de uma epopéia. Porque esse verso se esquece do lugar de Numância*. Negociemos, Antises. Iniciemos os *Anais de Portugal* assentando que "No ano 27 a.C. criou-se a província Lusitana, fundando-se Portus Calle". Isso está bom. A política, entre outras coisas é a arte de fazer possível o necessário. E então precisava ser, Antises.

> ** Depois das sucessivas derrotas dos guerrilheiros de Viriato, à Roma nasceu-lhe outro chamado Olonico, que ficou em Numância. Fez cavar um fosso, talvez para demonstrar ao império que o solo era seu, e se fosse necessário jogar raízes para defendê-lo, antes estariam enterrados do que desterrados. Os vascos e os cantabros vieram em sua ajuda. Roma enviou sucessivamente Pompeu Aulo, Marco Pompílio Lenas, Mancínio, que terminou rendendo-se aos celtiberos de Olinco na batalha de Renivelas, no ano 138 a.C. Depois de dez anos de aferrada resistência de Numância, o Império enviou o esperto Públio Cornélio Cipião, que já havia assolado e destruído Cartago. Cipião optou pela espera, sitiando Numância sem atacá-la, e depois de uma longa espera os numantinos, instigados pela fome e sede, decidiram matar-se entre eles do que se entregarem. No ano 133 a.C. Cipião entrou na praça de Numância, onde encontrou vinte pessoas vivas: todas mulheres e crianças de peito. Glórias assim não se esquecem jamais.*

Deixar de parecer um rebanho de pastores ocupando-se de ovelhas e cabras para começar a ser cidadãos romanos. Começa-se uma história com um decreto do senado Romano, corpo colegiado e nobre. Os romanos nos deixaram os municípios de Olisipo, Oporto, Évora, e Mértola. Caracala** nos converteu em cidadãos romanos por meio de um édito. Isso está bem, Antises; Portus entra nas crônicas com o *jus latinum* sob o braço. A lei é a sagrada forma da consciência coletiva. Portanto, está por cima dos demais porque a ampara a razão.

> *** O imperador Séptimo Severo morreu no ano 211a.C. deixando dois filhos: Bassiano e Getta. Como aconteceu desde o princípio, o maior mandou matar o menor e ficou com o governo Marco Aurélio Antônio Bassiano.*

Sei que monsenhor Saraiva reprovaria minha conjectura: pouco me importa, apesar de querer diferenciar claramente os preceitos religiosos das regras morais e as leis que levo ao Brasil. Os primeiros originam-se na revelação divina, em então varia conforme cada deus o que se pode e o que não se pode. Sua pena é íntima, brota da culpa de ter ofendido a majestade divina. As regras morais derivam-se dos costumes, que são filhos da experiência humana largamente decantada pelos anos. Sua transgressão implica a sansão social: ver-se diminuído, desconsiderado e até repudiado por seus pares. A lei é soberana porque nasce da razão. Seu atropelo consente o castigo que impõe a força punitiva do Estado. A raiz racional da lei a converte num diamante bruto. A lei é a encarnação dos *universais ante rem*. Desde que Boécio traduziu a *Isagoge*, de Porfírio, a questão do *status* ontológico dos universais não se deixou de discutir. Se a idéia do reto está antes da retidão, na retidão, ou somente se poderá pensá-la depois de experimentar a retidão, está em íntima relação com o que considerarei que isso não é a verdade e o modo em que esta se vincula com a linguagem que a expressa. Expresa dos cárceres do conceito, a linguagem se libera no instante preciso em que anuncia algo. Mas, anuncia partindo de um conceito que pré-existe?, ou convertendo em conceito o que está anunciado?, ou só sabemos reflexivamente depois que o objeto reúne os atributos do conceito? O que está antes e o que está depois?, essa é a questão. A lei foi escrita *antes* do delito. Portanto, é *ante rem*, precede ao delito, que é seu objeto. É essa precessão da precisão.

Que depois se perdeu? Não importa que no século V as tropelias de suavos, vândalos e visigodos* tenham dominado o território, devastando a civilidade romana entre o ano 585 até a invasão islâmica do ano 711 d.C. A lei sempre volta. Vai da frente para trás quando se executa, de trás para frente quando se pensa.

* Na periferia da civilização, durante a longa agonia de Roma, as terras lusitanas foram saqueadas pelos bárbaros: os suavos tomaram a Galícia at Mondego; e os visigodos, o restante. Tem um século de tempo, porque no ano 622 d.C., na cidade de Medina, Maomé já inicia a fuga-expansão teocrática que levará os muçulmanos a atravessar as Colunas de Hércules para invadir Roma no ano 711 d.C. Somente Mérida resiste ao invasor e obriga Al-Boacem a assinar um contrato que respeita em Coimbra um conde lusitano, conservando suas magistraturas e foros. Quando Abderrahmán funda o califado de Córdoba, Lisboa transforma-se no seu vigésimo reinado islâmico.

Cuidado, S.M., não podemos esquecer o decreto do ano 734 assinado por Al-Boacem!

Os cultos da encima sagrada em lua cheia foram arrasados pela mesquita da meia lua e os surtidores, Antises, apesar de emirato* consentisse um conde do país em Coimbra.

> * *Na realidade, um pequeno vice-reinado muçulmano, satélite do califado cordobês de Abderrahmán.*

Esqueça-se dessas mitologias, S.M., e começo os *Anais* com o finado Henrique de Borgonha. Lendas? Adivinhações do tempo? Subam a Vidente, a escutar as confissões dos náufragos afogados sem o Q.E.P.D. que outorga os óleos papais!

Os peixes voadores que olham da cor do fósforo?, nem mais nem menos, que não são peixes: animas são, segundo diz o linguarudo do mais-além, esse fabulador do conde-camareiro que nem sequer sabe que há mais aqui e pretende noticiar-nos coisas de ultratúmulo em ultramar.

E depois? Desde Pelayo de Galícia, armou-se a reconquista dos territórios mouriscos, e nos tempos do rei Fernão, o Grande, pôs Nuno Mendes como guardião de Portus Calle. Para que detalhar as marchas e contramarchas de almoravides e cristãos? O rei Afonso VI, de Castela, com toda a península abarrotada de mouros, cortou o nó górdio entre espadas conclamando uma cruzada contra os infiéis aos príncipes cristãos de toda a Europa. Alistaram-se Raimundo de Tolosa e Henrique de Borgonha**... Um momento!, Antises, isso seria começar a épica com franceses e já sabemos que um francês é tão perigoso no final como no princípio de um assunto. Mesmo que monsenhor Saraiva sofra um pouco, desterremos esses documentos dos *Anais de Portugal* comissionando-os à Gehena. Não lhes iria mal uma temporada no inferno.

> ** *Henrique de Borgonha era o quarto descendente do duque de Borgonha, descendente direto dos Capetos.*

A Vidente está em pleno transe jorrando espuma, S.M.!, interrompe, quando não, o conde-camareiro. A mandei parlamentar com os peixes, não a retorcer o pescoço em contorções de circo.

Que diz que, apesar de o conde Henrique possuir sangue dos Capetos, era adúltero, avarento e cobiçoso.

Chegou tarde, meu conde, vê essa fumaça branca como que romano que trepa da fornalha? São as atas de fé com a história de má fé de Henrique e dona Teresa, a qual vai trânsfuga voando ao céu platônico. Já foram expulsos da História*. Ele perde-se no lugar de Antioquia, procurando resgatar o Santo Sepulcro. Deixemos morrer em causa santa a quem nunca viveu em santa causa. Morreu**, e a viúva alegre castelhana entrava no quarto do conde de Trava que sempre estava sem trava; a regente indecente.

* O condado de Portus Calle chega a Henrique de Borgonha por seu matrimônio com Teresa, filha do rei castelhano Afonso VI. Teresa ansiava o governo como a minha doce Carlota Joaquina, mas o marido a empregou na empresa de intrigar entre os nobres para assediar os domínios galegos de sua irmã Urraca. Enquanto o casal empurrava tropas ao norte, os árabes entraram tranqüilamente pelo sul, arrebatando Lisboa e Santarém.

*** Luís de Camões, Lusíadas, estrofe 28 do canto III:
Quando chegou ao fim já de sua vida
o conde famoso e extremado,
tendo a sua carreira já cumprida,
o espírito deu a Quem deu-lhe.*

E o filho?, Afonso Henríquez teve de disputar o mandato*** à sua mãe Teresa, a viúva alegre irmã de dona Urraca, prima do rei de Castela e Leão, Afonso VII. Entre tantos Afonsos aqui e lá, já parecem as *Tábuas Afonsinas***** nossos *Anais de Portugal*, ô Antises?, Antises? Estás e não estás. Não é Antises senão o bendito beneditino, monsenhor Justo da Cruz Saraiva que vem até mim mancando do pé esquerdo, sabe-se lá onde meteu a pata.

**** Luís de Camões, Lusíadas estrofe 31 do canto III:
De Guimarães o campo se tingia
Com sangue próprio da interna guerra,
De tal mãe, que não deveria ser,
E ao seu filho negava amor e terra...*

**** Na realidade, as "Tábuas Afonsinas" referem-se às questões astronômicas. Voltemos à Terra.

Como está, S.M.?. Bem, obrigado. Estou armando o delicado tecido da história portuguesa que servirá ao Brasil como túnica de batismo. O ajudo? Vejamos, leia-me estes dois rolos que explicam como o condado de Portugal se transforma em um reino. Enruga um pouco a testa, o monsenhor, toma os rolos com mãos trêmulas de emoção, os olhos brilham, acesos pela Antigüidade dos documentos. Acredita tocar o passado. Não ama a História: ama a seus rastros.

Depois de vencer cinco reis mouros* em Ourique, nosso Afonso Henríquez convoca uma Assembléia de Bispos e às Cortes em Lamego. Quando todos estão reunidos, num momento solene, Afonso (no peitoral, os escudos inimigos**, e carrega a espada ainda ensangüentada nos campos de Ourique) sobe ao palanque. O arcebispo de Braga se aproxima ao ainda conde e, tirando um diadema de ouro que os reis visigodos haviam doado ao mosteiro de Lorvao, o coroa como primeiro rei de Portus-cale".

> ** Luís de Camões, Lusíadas, estrofe 44 do canto III:*
> *São cinco reis mouros inimigos:*
> *e o principal Ismar se chama;*
> *todos os destros em guerras e já testemunhas*
> *de batalhas com ilustres famas;...*
>
> *A luz matinal, serena e fria,*
> *Às estrelas afugentava*
> *Quando na cruz o filho de Maria,*
> *Mostrando-se a Afonso o animava:*
> *Ele, adorando ao que aparecia,*
> *Aceso de fé assim gritava:*
> *"Morra o Mouro, Senhor, que eu bem acredito*
> *Vosso imenso poder apesar de não o ver!"*
>
> *Com tal milagre depois, aquela gente*
> *Portuguesa movida , exaltava*
> *Como rei natural a este excelente*
> *Príncipe a quem de fato amava:*
> *Diante do exército potente*
> *Dos mouros ao céu levantava*
> *A voz dizendo: Real, real, real*
> *Por Afonso, alto Rei de Portugal*

Assim o peito do novo rei, aceso
Por Deus e o povo juntamente,
Al bárbaro acomete, apercebido
Com um armado exército valente;
Os mouros levantam alaridos,
Batem o gongo, ferve o campo de gente,
As lanças eriçadas. Já soavam
Trombetas que os céus entronizavam".

** *Luís de Camões, Lusíadas estrofe 53 do canto III:*
Já fica vencedor o Lusitano
recolhendo o troféu e presa rica;
desbaratado e quebrado o mouro hispano,
três dias no campo o rei se aplica.
Aqui pões no seu branco escudo, ufano,
Que agora esta vitória notifica,
Cinco escudos azuis repartidos,
Por estes cinco reis aqui vencidos.

Linda a novelinha, monsenhor Saraiva, mas eu preferia esquecer o assunto de tanto bispo esperto ao redor. Que tal se queimarmos esses dois rolos? Afinal, Afonso Henríquez já ganhou a coroa em Ourique*** Não faz falta a cruz quando há a espada. Mas, com todo o respeito, S.M., interpela o abade com a voz sutil dos que querem parecer inofensivo. Se não há Deus, de onde procede o bem?, pergunta, afirmando ao mesmo tempo. Eu sei dessas coisas, por algum motivo me treinei na capela iluminista que sempre nos deixa às escuras.

*** *Luís de Camões, Lusíadas estrofes 50 e 55*
Deste modo, atônito e turvo
arremete às armas sem surpresa:
não foge, senão espera confiado
e entre eles o ginete os atravessa:
O Português o acha denodado,
Jogando-lhe a lança avessa:
Uns caem meio mortos, e outros vão
Em sua ajuda chamando Alcorão.

> *Cabeças pelo campo vão rolando,*
> *Braços, pernas, sem dono e sem sentido,*
> *E de outros as entranhas palpitando*
> *Com uma cor e gesto amortecido:*
> *Já se encolhe o exército profano,*
> *E de sangue, corre um rio bem crescido,*
> *Com que a cor o campo também perde,*
> *Torna-se carmesim o branco e verde.*

Muito bem, concedo. E se existe, de onde procede o mal, que é mais que seu pouco bem? Monsenhor abre os olhos e fecha a boca; melhor, não seria oportuno o que estava a ponto de dizer. Trança as mãos em gesto de oração como as pinturas dos santos mártires; vejo que gordas gotas de suor brotam-lhe repentinamente sob o cabelo branco: é como um Cristo que, em vez de sangue, desprende água salubre. Olha com êxtase a fumaça esbranquiçada que sobe ao céu para sempre desde as chamas dos códigos. Isso é o bom: o céu não tem retorno. Vejo o conde-camareiro fazendo chacota com duas negras e um tripulante. Por que não me serve um pouco de *brut-nature* que trouxe?, peço. Cara custou-lhe ao rei a missa do arcebispo de Braga. Teve que se declarar rei-vassalo da Santa Sede perante o papa Inocêncio II, que de inocente não tinha um dente; se não, pergunte a *Padroleón*, seu rival no trono de Pedro, o papa- antipapa - ortopapa Anacleto II. Se não tivesse mediado Bernardo de Claraval* até hoje não saberíamos em que segundo rasar-lhe, se a Inocêncio ou Anacleto.

> ** Esse assunto da cátedra de São Pedro tem os mesmos*
> *meandros que os subterrâneos e câmaras vaticanos. As*
> *mesmas intrigas e lutas do poder. O papa Honório II*
> *morreu dia treze de fevereiro de 1130. Reuniram os maiorais*
> *e cardeais e imediatamente se dividiram em dois bandos,*
> *um apoiava a candidatura de Anacleto, o outro, a de*
> *Inocêncio. Procurou mediar o cardeal, mas foi defenestrado*
> *pela turba vermelha dos capelados, que se antes não*
> *tinham entrado em acordo sobre quem seria o papa, dessa*
> *vez, enquanto os inocentistas abriam a janela, os*
> *anacletistas hasteavam para dar-lhe o empurrão final.*
> *Vendo essa baderna na Santa Sede, o eleito Inocêncio fugiu*
> *para França, pedindo asilo a Luís, o Grande.*

O reinado de Afonso I Henríquez de Portugal... não, monsenhor. Não quero um minucioso informe sobre o rei. Ah!, com esses franceses, que ressuscitam um morto com essa bebida cheia de estrelas!, celebro erguendo o néctar *Brut*, deveriam dedicar mais tempo às bodegas e não à mania de misturar política com idéias, rogo enquanto brindo o copo com o abade, deixe esses negócios em paz, já sabemos que o rei é o rei. A mesma estratégia que transplantarei no Brasil. Da mesma fonte desce o poder de ramo em ramo e até às rameiras, como a praga da *Odemira*. O que me conta, monsenhor? Poderia imaginar tamanho descarrilho? Cala o abade. Faz bem; bonito seria um prelado comentando obscenamente as obscenidades alheias. Volta os olhos aos documentos.

No descanso para a colação, olho o mar. As ondulações brilhantes como pele de zebra perdem-se no reflexo do sol. Relembram-me outros entardeceres, em Carvoeiro do Ribatejo: a governanta Idalina com sua túnica branca guiando-me pela mão rumo ao mar frio para o batismo da deusa.

Rituais misteriosos como os de Elêusis resplandecem lá longe, em algum canto da velha memória. A mão morna conduzindo-me com suavidade rumo ao frio vento aquático, dando-me forças, que sempre estiveram na minha mão direita quando precisei. Essa mornidão era capaz de atenuar o frio do mar, o gelo, o vento cortante que vinha do Atlântico.

Aprendi a dividir em dois cada lote do meu corpo. E de minha alma. Um rei vive duas vezes como os crocodilos; um olho sempre no futuro, tratando de escrutinar os apostos da história; o outro sempre no passado, para adiantar-se às desgraças que constantemente voltam e retornam o curso do tempo de trás para frente. Nenhum olho no seu tempo: ficamos fora de nós mesmos. Alheios.

Falando de regressos, voltam o conde-camareiro e o monsenhor Saraiva. Seguimos escavando a história.

Afonso reconquistou Cintra*, Santarém e Lisboa que estavam no poder dos sarracenos, S.M. Ah, é? Em Cintra estava a delegacia moura. E a expedição a Ceuta**?

> * *Luís de Camões, Lusíadas, estrofe 56 do canto III*
> *Cintra onde as ninfas, escondidas*
> *em fontes, fogem do doce laço,*
> *onde o amor as enrola brandamente*
> *acendendo na água o fogo ardente.*

** *Luís de Camões, Lusíadas, estrofe 81 do canto III:*
A Portuguesa fúria acostumada
Os mouros afugentam destroçados;
A campanha, que está toda coalhada
De marlotas, capuzes de soldados
A terra boa,
Com seus mortos senhores que enche.

Teve que intervir um santo para declarar o "toque de queda" no Vaticano. Bernardo pregou durante oito dias aos bandos, jurando solenemente que estava inspirado pelo Espírito de Deus (apesar de não deixar claro qual das três pessoas), declarou Inocêncio II como papa legítimo, dando fim à Cisma Anacletina. No ano 1139, Inocêncio II convocou o Segundo Concílio de Latrão que tratou, entre outros temas, a simonia, a usura e os pontífices apócrifos.

Serviu para mostrar ao muçulmano o caminho de casa, abade. Portugal perdeu e ganhou ao mesmo tempo.

Majestade, isso é impossível. Na realidade, não existe impossíveis, abade, não lhe ensinaram no catecismo?; lá dizem que Deus não conhece o impossível; e a realidade é parte de Deus, tudo é possível na realidade. Até o irreal da realeza. Dizia-lhe que Portugal perdeu a batalha mas ganhou o temor dos filhos de Ismael.

Não serviu de muito, já que em 1171 invadiram os almoades e pegaram tudo o que encontravam no caminho. E tudo pela força da *Jihad*, a guerra santa, essa fé que é má fé.

Mas a fé, que é amor, não pode ser imposta pela força, S.M., volta a discutir o abade. A vontade encontra fechada a porta da fé. Por mais que chame uma e outra vez, por mais que bata com força, apenas ressoará o nada no vazio.

A fé faz mil vontades, mas mil vontades não podem fazer um só ato de fé.

Menos mal, digo, olhando a linha quebrada do zênite, que a maioria não reflita, note, monsenhor aquela turma de negras discutindo sobre vontade, a graça ativa e a graça passiva e sua relação com o poder. Que Concílio de Trento que nada! As mulatas despertariam os anjos de Jeová discutindo as naturezas do Cristo e se Maria é *teótokos* ou *cristótokos*. Continuemos com nossas ilusas crônicas lusas, monsenhor.

Antes de morrer, Afonso Henríquez fundou a Ordem de Avis colocando seu irmão Pedro como grão-mestre.

Basta de bagatelas, monsenhor!, morto o rei, viva o rei.

Seu sucessor é seu filho Sancho I, em 1185.

Ofício de secretário real, monsenhor Saraiva; faça-se cúmplice do segredo, mas sem sofrer. Não sei o porquê de neste universo mundo haver criaturas que têm o costume de serem infelizes. Não o encheria de vergonha ter pena por uns papeizinhos queimados? Deixe as penas aos penitentes, monsenhor. Prossigamos com nossos *Anais de Portugal-Brasil*.

Brasil, S.M.?

Pela minha alma, posso-lhe jurar que sim! Já são a mesma coisa, o que acha que estamos levando nesta viagem transoceânica? Cosméticos e pimenta? Não, monsenhor; levamos o cordão umbilical de Portugal para oxigenar o bebê Brasil. Com a metrópole em plena Amazônia, o orgulho brasileiro borbulhará nas veias desde o centro até o último canto.

Quem pode fazer mais, se levamos o mesmo sangue materno e ata o leite da loba política para revigorar uma nova nação em território bárbaro?

Falando de neonatos, S.M., interrompo o conde serviçal que chegou um pouco antes, como é seu costume, sem fazer barulho, como fazem os gatos. Quer pegar *in fraganti* o rei. Não sabe que há anos deixei de ter segredos para meus secretários.

O que dizia, meu querido conde-camareiro?

Que o neonato de cinco anos que viaja na matriz de sua santa mãe, que viaja na embarcação *Invicta*, adivinhou um grave perigo para os barcos ao cruzar o Trópico de Câncer.

Não lhe dê trela, conde, são os efeitos do vinho sobre o feto alcoólico.

Diz que há algo enorme, maior que a Fragata Real, que vigia, como as irmãs fatais Escila e Caríbdis no estreito de Messina. E o senhor, como soube? A verdade voa, S.M. Ah, é? E o informe que lhe pedi sobre o famoso leviatã que vomitou o tal Jonas no prostíbulo da *Odemira*? O que aconteceu?

Melhor não falarmos na *Odemira*, S.M., diz, fazendo-se de desentendido; sei que está a ponto de mudar de tema porque teme ser pego nas mentiras uma dentro da outra que armou. Coça um pouco a axila como um cachorro e depois diz: O alvoroço que quer armar assunta na nave! Praticamente pode-se dizer que tem sitiada a *Odemira* com salmos, rosários e mirra. Se visse a panela de freiras repartidas em botes, cantando cantos gregorianos ao redor da nave dos perdidos e pervertidos. Para o cúmulo de males, a marquesa Braga, que pelo visto é a mestre de cerimônias do alvoroço sexual, inventou um novo jogo para as pupilas.

E que jogo?, quero saber, mas disfarçando um pouco para que o conde não se sinta encorajado a despejar tudo. Firma-se no vai e vem com um pé adiante e outro atrás. Diz que dividiu as donzelas em dois bandos. Às brancas mandou pintar os lábios da vulva com *baton* francês de cor avermelhada. São as "boquinhas pintadas"; enquanto às mulatas e negras, as fez preparar com uma brocha e abundante sabão, como se fossem depilar-se. Um barbeiro de Sevilha esteve ensaboando os montes de Vênus até deixá-los brancos como a neve dos Alpes. São as "Papai Noel". E estão sentadas, as donas, os rostos cobertos com um véu de encaixes para não serem reconhecidas, as saias recolhidas e as pernas abertas num banco, em fila. Passa um marinheiro, e se reconhece uma dona pelas partes genitais mesmo que com esse disfarce, ganha três moedas de ouro. O grumete Gonçalves está ficando rico com a roleta vaginal.

Desfilam os infantes da marinha para reconhecer as vulvas. Quando uma é identificada, armam toda forma de farra com aplausos que o coro das irmãs fica mudo. Enquanto as cortesãs uivam como lobas no cio, as coitadas freirinhas, que nada podem ver pois estão vendadas, intercalam preces com vozes angelicais. Quem sabe o que imaginarão nesse inferno carnal!

É verdade, consinto, O que os olhos não vêem, o espia a imaginação, mil vezes mais sagaz.

Falemos de Sancho I, o protetor de Santarém, monsenhor, e perdoe as coisas do poder.

Sancho dá um passo adiante e Bem-Yusuf, de Marrocos, dá dois. Por alguma razão o xadrez veio do Oriente, dizem. Morreu no ano 1211, continua o abade. Mas a luxúria já se instalou no seu imaginário, cada vez que escuta uma gargalhada ao longe, se lhe eriçam os pêlos do braço e abre sem querer as asas do nariz, tratando de olfatear o odor a menstruação que emana da *Odemira*.

Mas até aqui só chega a fumaça de incenso e mirra.

Viu, estimado abade, que fácil é suprimir parte do passado? Um dia o Senhor dos Exércitos apagará toda a memória humana de um supetão. Alguém chorará desconsoladamente por isso? Para que serviram essas crônicas da época com os mínimos atos de governo, fundação de feudos, repartição de terras e outras minúcias? À Gehena!, asseguro fechando um olho enquanto deixo que o vento leve os manuscritos ao mar. Ficam flutuando as páginas, ocres no azul índico, até que a distância as tornam insignificantes.

A tinta dos escritos se desfaz, se espalha por um momento à fatia de água que a rodeia e afunda ignominiosamente no ventre do oceano.

Conclusão do capítulo doze.

Vem o Secretário da Fazenda, Dom Luís, e ao seu lado, marchando com o passo apressado da fofoca, o acompanha o efusivo conde-camareiro. Algo traz sob a manga. Boas notícias, SM, da parte do recluso!, agita-se ao me ver. Dom Luís o olha, um tanto surpreso. Não esperava essa conversa sobre réus que escrevem desde a prisão. Se soubesse o obstinado que foi o argentino, escrivão, psiquiatra.

Aproxime-se, homem!, animo a Dom Luís, acredite que esta epístola do cativo na bodega lhe diz respeito. Parece que sabe o que fazer com os pobres e, segundo entendi, nem em sonhos ocorreu-lhe uma saída decorosa, não é verdade?

Bom, tudo está acorrentado na economia, excelência.

Sei que nesta semana jamais faltou às suas duas missas diárias, mas deixaria que me cortasse o pescoço, como a meu parente Borbão, apostando que não se ocupou do tema da miséria alheia. As missas não o deixam pensar na miséria. Verá, acrescenta rapidamente para diluir essa idéia sediciosa que me apeteceu ao vê-lo, se não há bens, somam-se os males; sem fundos circulando não há arrecadação possível e sem arrecadar, as finanças estremecem; sem financiar, os hospitais e sanatórios adoecem; reduz-se a educação e o que não se ensina na lousa, aprende-se nas ruas; tudo isso multiplica o erro e não há maneira de encontrar a porta da armadilha.

Por outro lado, excelência, continua Dom Luís, não há pensado que o enxerto nem sempre brota? Não sei o que quer me dizer com essa comparação botânica. Vamos a um país desconhecido, não levamos uma história arrastada da pele, transplantamos instituições que cresceram na Europa madura através de séculos de ir e vir, de marchas e contramarchas.

Prenderão na América selvagem esses políticos? Que noção de um compilado jurídico poderia ter um nativo da Amazônia, se dizem que até comem vivos seus próprios parentes sem a menor indigestão moral? Evidentemente seus códigos não são desconhecidos. E os nossos?

Serão conhecidos e reconhecidos por esses nativos, o sentirão por eles a mesma repulsa que causam a nós o almoço de seus parentes? Sempre penso que a nossa é uma grande aventura, mas que tem muito perto a desventura, como bem sabe S.M.

Tudo o que não se entende, se combate, excelência. E dizer combate é dizer atropelo, descontrole, fúria, insubordinação, choque, insolência, anarquia, ressentimento, malevolência e crime. Estaremos levando essas pestes às novas terras?

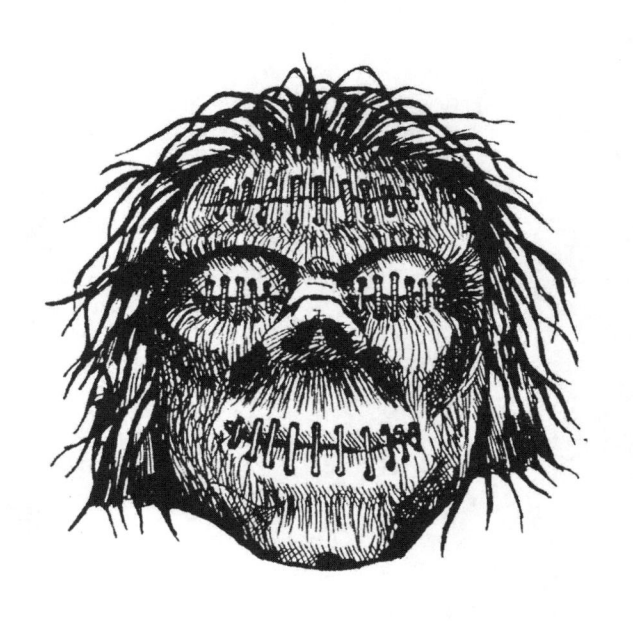

Capítulo 13
Pedro, o Justiceiro, e Dona Inês de Castro

Quem vem depois? O sucessor foi seu primogênito, Afonso II, S.M.

Ah, que bom! Entre Afonsos e Sanchos nós sairíamos da Casa de Borgonha como os penitentes do sétimo círculo do Inferno de Dante, que se vêem obrigados a rondas eternamente para não serem castigados com a chuva de fogo.

Excomungado, S.M.!, aqui está o decreto de excomunhão assinado pelo arcebispo de Braga contra Afonso II.

Mas o rei seguiu combatendo mouros e o arcebispo, escrevendo homilias.

Mas o excomungou, S.M.

Não deve ter sido por falta à missa, monsenhor*. Busque a causa e chocará com o barulho das moedas. Afonso II morre em 1223, diz este documento, rezando uma oração de contrição. "Eu pecador, me confesso, a Deus Todo-Poderoso, à Bem-aventurada...", deixemos isso em paz e continuemos, abade.

> *Efetivamente, Afonso II convocou as Cortes, apoiou-se no Terceiro Estado e começou a subtrair a soma da Igreja. O arcebispo desacatou a ordem real, o rei deixou de comungar. E cada um voltou ao seu assunto.

Sucedeu-lhe o filho, Sancho II "Capello", casado com Dona Mência Lopez de Haro. Quase o leva à loucura, dizem! Quem, S.M.? A tal Mência**. Tanto que os duques do Conselho reunidos jogaram-na do palácio e conseguiram que o papa Inocêncio IV depusesse*** ao rei para colocar no trono o irmão sucessor, Afonso III, casado na França com Matilde de Bolonha no ano 1248.

> ** Mência López de Haro foi comparada à bíblica Jezebel, pasto de cachorros.

*** *Na verdade, o exonerou do cargo, segundo o veredicto*
papal.

O que é o poder, monsenhor? Viu que coisa tão sutil atrás da qual vai uma Mência, um rei, um príncipe, os duques, os monges e até o papa? Todos acreditam saber o que é melhor para todos e nenhum percebe o pior de si mesmo. Não será um espelho deformado?

Não sei, S.M. Afonso III também se casou com a princesa de Castela, Dona Beatriz de Guzmán. Rei bígamo? Morreu em 1279 deixando o trono a seu filho Dom Dionísio****, o qual casou-se com a infanta Isabel, filha do rei Aragão.

**** *Luís de Camões, Lusíadas estrofes 96 e 98 canto III:*
Depois veio Dionísio quem parece
do bravo Afonso estirpe clara e digna,
com quem a fama imensa obscurece
do valor e grandeza Alexandrina:
Com Dionísio, o reino próspero floresce,
Conseguida a paz santa e divina,
Com leis e costumes.
Da terra tranqüila, claras iluminações.
Nobres vilas novamente edificando,
Fortalezas, castelos seguros,
E quase todo o reino reformado
Com grandes edifícios e altos muros;
Mas depois que a Parca foi cortando
O fio de seus dias bem maduros,
Um filho lhe restou pouco obediente
Afonso Quarto, príncipe excelente".

O que são essas folhas e folhas amontoadas que enviou Antises? Tantos documentos para a história do rei Dionísio? Viu, monsenhor, como faz falta uma limpeza? Os escritos têm vida própria; deixamos três páginas e amanhã haverá dez. Amontoam-se como formigas. Dom Dionísio fundou a Universidade de Coimbra, S.M. Buscou em Gênova os melhores mestres da náutica, entre eles Manuel Pesaguo, que foi o almirante da frota portuguesa. Semeou pinheiros à beira-mar para armar as embarcações que pensava construir: adiantou-se à era das conquistas, S.M. Vamos por partes!, a santa era ela, não ele. As *Crônicas dos Sete Primeiros Reis de Portugal*, que por certo ontem queimei na íntegra porque cheiravam a mofo, diziam que Santa Isabel vivia atormentada pelos amores de Dom Dionísio, que era dado ao vinho e às mulheres de má reputação, ou seja, as putas, comento, colocando as palavras exatas ali onde o abade mendiga alguma omissão para o vínculo entre o pensamento e a realidade. E depois, como se fosse explicá-lo, também temos uma santa no poder! Renunciou ao poder, S.M. No dia que faleceu o rei Dionísio, vinte e oito de março de 1325, a rainha cortou os cabelos, vestiu o hábito e entrou num convento de Coimbra, deixando o governo em mãos do seu filho Afonso IV, o Caçador.

Apesar do reino balançar por conta dos mouros na costa, Afonso IV preferia dedicar-se às artes cinegéticas e corria aos bosques como Diana, buscando javalis em vez de pegar os sarracenos. Sua mãe Isabel entrou no claustro.

Há quem se afaste do poder, S.M. Segundo parece, os papas se aproximam, os santos se afastam, querido abade.

E os santos papas? Querem tirar a César o que é de César!

Não, S.M, querem dar a Deus as coisas de Deus.

Vamos por partes, monsenhor. De que lado está?

Os cínicos da Antigüidade, como Antístenes e Diógenes de Sinope, ensinavam a não se submeter à política, já que a mesma não tem nenhum valor. O Cristo diz que devemos nos submeter a ela, justamente por não ter nenhum valor. Em que pé ficamos? Todos lhes atiram pedras, mas ninguém pode viver sem ela. Vejamos a crônica de Afonso IV e sua nora Inês de Castro, velho folheto de amor e morte que hipnotizou a mente de Mãezinha até levá-la à loucura.

Afonso tinha um filho chamado Pedro, como eu. Em nossa família, a árvore termina dando sempre o mesmo fruto; e o poder é tão miserável como a pobreza ou a enfermidade. Ontem falava na sala capitular com Dom Luís de Vasconcelos e Souza, S.M., e me dizia que as contas da colônia Brasil estavam sem fundos.

Ao fundo iremos buscá-las, se necessário for, monsenhor, o tranqüilizo, o poder tem o dever do otimismo; sei que a miséria faz gente miserável e não quero esse destino para o meu Brasil, acrescento, para continuar contando minhas aventuras: quando escavei procurando os ossos afonsinos, quis ir ter com o crânio, monsenhor. Sabe por quê? Suspeito que o defunto era um criminoso nato.

Como, S.M.?! Não se assuste. O poder é criminoso. No Arquivo Real de Ajuda ficavam os retratos de Afonso IV feitos à mão por algum artista. Os retratos do cinegeta* mostram-no com o crânio peculiar dos criminosos congênitos.

* Suspeito que a arte da caça tem algo a ver com os cachorros, daí sua origem em 'cynos'.

O gosto pelo sangue pode nascer no berço. Li uns estudos de Weimar sobre a *Kephalogramme*, ou seja, a relação entre o conformismo do crânio e a conduta. Sabia, monsenhor, que a plagiocefalia, ou o grau de obliqüidade cranial, se vê em cada oito de dez criminosos? E no retrato de Afonso IV não só aparece esse rasgo, senão também certa simetria do queixo e o nariz, características dos delinqüentes natos, segundo o doutor Blomberg de Weimar.

Fora isso, esse achatamento da testa praticamente sela a presunção; por isso, os olhos aparecem separados um do outro, como os de um peixe. Um peixe assassino, digamos, um tubarão tigre.

O rei Afonso IV teve dois ódios. Um, seu irmão bastardo Afonso Sánchez; o outro, a mulher do seu filho, Inês de Castro. Que houve, monsenhor?, porque vacila? Não entendo, S.M. As crônicas se contradizem, se maldizem. Chamem a Vidente com sua anaconda! O que contradiz a história o dirá o passado, por boca dessa mulher que fala com os peixes e seres voadores surgidos do mar, que é o mal, Peixes e tubarões compartilham segredos.

A Vidente diz que Afonso, o Bravo, proibiu a *vindicta*, a mania que tinham os senhores de fazer justiça com suas próprias mãos em seus feudos! A Vidente entra em transe, quando diz "justiça", a víbora se encrespa como quando falava do tema com a mãe Eva: todos sabemos que não há outro assunto fora do Paraíso que não seja a causa da Justiça.

Afonso IV mandou explorar as ilhas do mar. Fez frente à peste negra do ano 1348 e fundou a Universidade de Coimbra. Uniu-se à Cruzada de Aragão e Castela contra o mouro Abul-Hassan na Batalha de Salado**.

** Luís de Camões, Lusíadas, estrofe 115 do canto III:
Quando o poder do mouro
foi pelos bravos reis destroçado
com tanta mortandade, que a memória
nunca no mundo viu tanta vitória.

Mãezinha ficou fechada no espelho de Inês de Castro***.

*** Ignoro como chegou às mãos da governanta Idalina
aquele espelho de bronze fundido que diz pertencer a Inês de
Castro e conservava rastros de sangue seco do dia fatal.
Mãezinha o guardava entre os seus tesouros. Não poucas

vezes, entrada a noite, como a madrasta da Branca de Neve, consultava a imagem, sua imagem, para predizer o amanhã, mas em vez do futuro, veio o pesado passado. E confundiu os tempos. Quem está livre de cair na armadilha do tempo?

Desde o berço, a governanta Idalina contava-lhe e cantava as desventuras de Inês de Castro e Pedro, o Justiceiro, em vez de embalá-la com os tropeções de uma menina vestida de vermelho que leva coisas à sua vovozinha e encontra com o lobo no meio do bosque. Ou a da princesa que dormiu por obra de um encanto até que um príncipe a despertou com um beijo. Nunca saberemos até onde nos levam as loucuras alheias. Por que não contava histórias nobres? Mas não, Idalina insistia: "O rei Afonso IV, o Bravo, tinha um filho chamado Pedro, que casou com Dona Constança Manuel, filha de João Manuel e Constança de Aragão. Ela trouxe uma donzela galega com a pele suave como as porcelanas de Cipango, o pescoço fino e esbelto da garça real quando submerge num tanque, e os olhos vivos, cor de mel*. O rei prendou-se imediatamente de Dona Inês**, e ao morrer a Dona Constança, em Santarém, no ano de 1345, o príncipe casou-se com a bela Inês em segredo, no ano 1353, e chegaram a ter quatro filhos. Vozes que iam e vinham advertiram ao rei Afonso que um dia se sentaria no trono de Portugal um bastardo de Pedro. Um bastardo da Galícia. Tanto intrigaram os nobres da Corte*** que finalmente Afonso consente a execução de Inês****, Santa Clara de Coimbra*****, por mãos de Pacheco, Gonçalves e Coelho".

Ao apaixonar-me pela dama do séqüito da minha desgraçada Carlota Joaquina, repetiu-se a história. Dona Elvira era cheia de graças como a Ave Maria. A rebatizei "Elvira", acreditando que o amor muda tudo. Atrás ficou Dona Eugênia de Meneses e em frente, Carlota Joaquina; a doçura de Eugênia-Elvira apaziguava minhas noites no Palácio Real da Ajuda.

** *Deixou escrito em um opúsculo quase lírico, entre outras coisas, que nem sua epilepsia nem seu poder poderiam separá-lo de sua amada Inês, já que "só por meio do amor, o homem é capaz de salvar a si mesmo", deixou assentado no rodapé do manuscrito. Vivia suspirando por sua mulher, a quem via às escondidas às quintas-feiras. Muitas noites,*

em sua câmara do Palácio Real, apoiado na sacada,
aprendia que o amor é a escravidão dos livres e a liberdade
dos convictos.

*** À parte de ser uma relação adúltera, já que os amantes
eram primos segundos, Dona Inês era madrinha do
segundo filho de Pedro e Constança.

**** Luís de Camões, Lusíadas, estrofe 119 canto III:
Somente tu, cruel amor, com força crua
que ao coração humano tanto obrigas,
assassinaste à de culpas tão nua
como se fosse pérfida inimiga"

***** Luís de Camões, Lusíadas estrofes 125-127 canto III:
Ao cristalino céu levantado
com lágrimas os olhos piedosos,
os olhos (que as mãos atam-lhe
uns dos sicários rigorosos),
e depois, seus filhotes contemplando
tão meigos, tão queridos e mimosos
cuja orfandade, como mãe temia tanto,
ao avô cruel, ao rei, fez este lamento:

Tu, que de humano tens gesto e peito
(se de humano é matar uma donzela
tenra e sem forças porque deu de fato
seu coração a quem soube vencê-la),
detenham estes netos teu despeito,
pois não pude a morte escura dela
mover-te a compaixão deles e minha
vendo como de culpa estou vazia.

Queria perdoar-lhe o rei benigno
Escutando as palavras que o exortam,
Mas o povo pertinaz (e seu destino
Que assim o permitiu) não a perdoam.
Botam mão ao aço duro e fino

> *Os que acreditam fazer o bem, pregam:*
> *Contra uma dama, valentes carniceiros,*
> *Ferozes os cavalheiros!*

Chegam de noite no inverno de 1355 os três, pedem refúgio, abrem-se as portas da casa santa e desde aquele momento começa a degolação. Sem olhar, Pacheco assassina as freiras. Gonçalves e Coelho vão direto à estância de Dona Inês e a sufocam no seu próprio sangue, degolando-a. O príncipe, longe de todos, na sacada, suspira pensando em Inês ao ver a lua cheia*. Nem dizer o que chorou; as formas que foi tomando o ódio em seu coração, umas vezes com o rosto paterno, outras com a fé da vingança.

> ** Luís de Camões, Lusíadas estrofes 120-121 canto III:*
> *Estavas, bela Inês, posta em sossego,*
> *dos teus anos colhendo o doce fruto*
> *num engano de alma alegre e cega*
> *que ao destino pagará cruel tributo*
> *no florido campo de Mondego,*
> *de teus olhos belos nunca em lutos,*
> *ensinando ao monte, ao rio, ao prado,*
> *o nome que no teu peito está estampado.*
> *Do teu príncipe ali te respondiam*
> *As memórias que nele se apontavam,*
> *Que sempre ante teus olhos te traziam,*
> *Quando teus lindos olhos se apartavam,*
> *De noite em doces sonhos que mantinham,*
> *De dia em pensamentos que voavam*

Erínias teciam outra história com os mesmos fios de sangue**. O infante fez celebrar os funerais mais solenes para Inês. Uma carroça com seis corcéis banhados em púrpura e negro levou Inês a um purgatório terreno a esperar o dia do seu próprio juízo. Nessa mesma noite, louco de fúria, Dom Pedro, o Justiceiro, chegou a galope até os campos de Pacheco, Gonçalves e Coelho que estavam foragidos. Arrasou plantações, fez cortar até a última árvore e deixou um deserto onde havia vinhedos e olivais, para antecipar aos seus inimigos o que lhes aguardava. O arcebispo de Braga conseguiu apagar o ódio pouco a pouco. Acerta quem suspeita que se equivoca: quando morreu o rei Afonso, no ano 1356; dormiu a consciência principesca e voltou a apresentar-lhe o passado falecido***. Pedro fez exumar os despojos de Inês, sentou a defunta na sala do trono e a fez coroar como "Rainha de Portugal" obrigando toda a nobreza a beijar-lhe a mão que fervia de larvas, pus e ossos. Desde os buracos dos olhos, Dona Inês olhava a escuridão. As damas que não desmaiaram viram as ameaças do Hades nesse olhar de alguém que não perdoou. Nunca perdoaremos o que amamos".

*** *Luís de Camões, Lusíadas estrofe 135 do canto III:*
As ninfas de Mondego esta escura
morte, por longo tempo choraram
e por memória eterna, em fonte pura
as lágrimas amargas transformaram;
e o nome lhe pôs, que ainda dura,
Os amores de Inês que ali passaram;
Olhai que fonte rega o prado e flores,
As lágrimas são água, o nome são amores.

*** *Conseguiu de Pedro, o Cruel, de Castela a extradição*
dos assassinos fugitivos, os fez julgar e executar, após prévio
suplício em Santarém.

Por que não deixamos à lenda essa fábula, governanta Idalina, já que não encontro a moral do assunto?

"É preciso aprender a perdoar". O Juiz é a lei que fala, e a lei, um juiz mudo, Idalina. Os mandamentos retóricos de Galileu não têm curso legal no poder.

Como é isso, S.M.? A lei é a sombra de Deus, aqui e na China, sempre. "Tal coisa é isto, tal outra é aquilo"; passamos a vida fazendo conjecturas e afirmações temerárias, monsenhor, até que a morte nos nega tudo.

Se tivéssemos um pouco mais de prudência antes de usar a linguagem, saberíamos um pouco mais de verdade e um pouco menos de retórica. Leia Nicolau Maquiavel se quiser conhecer os princípios do príncipe. É preciso entender que a política é o verdadeiro "reino do outro mundo", monsenhor, com suas próprias leis e indultos. Se um homem mata por dinheiro, normalmente vai para a prisão; mata-se para conservar o poder, mesmo sendo ilegítimo, espera a anistia e mais cedo ou mais tarde vem outro governante, faz apagar, e conta nova nos delitos políticos. E todos em suas casas, tomando limonada. Pedro sabia que cada senhor da nobreza havia tomado a lei em suas mãos e lhe fazia dizer o que convinha a seus interesses.

Por isso recorria à comarca portuguesa com um chicote na cintura selando a lei, Pedro, o Justiceiro*. Voltando ao assunto de Inês, por que não pensar que a Corte de Portugal estava alarmada pelo crescente poder castelhano? A história se desfaz em minúcias e caprichos de príncipes e reis esquecendo-se que o povo é como o coro das tragédias gregas: quando não comenta, intriga os crimes. Os reis obedecem ao que crêem ser seu destino, e que não é mais do que a cega voz da massa que nunca se amansa. Melhor fecharmos o capítulo de Pedro com o mesmo sinal que alguma mão anônima esculpiu sobre sua lápide: "ou não deveria ter nascido, ou não deveria morrer". Talvez Afonso IV tenha plantado a flor galega quando ainda poderia conservar o frescor da idade: salvou-a do tempo que humilha a beleza**. Com isso, tudo está dito. Pedro, o Justiceiro, deixou o trono ao seu filho Fernando I.

> * *"... estava possuído de uma loucura justiceira" dizem as crônicas. No Brasil que está por nascer quisera renascer com a mesma loucura santa. O que mais do que a justiça pode justificar a loucura humana? Dizem que dançava com o povo na Praça de Coimbra, que açoitava tantos quantos delinqüentes pegasse no flagra. Que freou as restrições: unicamente se aplicariam as decisões da santa sede se não contrariassem as leis de Portugal. O Brasil precisa do mesmo pensamento imperial. Apenas se aceitarão os negócios estrangeiros que não prejudiquem os interesses do Brasil.*

> ** *Certa freira cortesã o diá de outra maneira:*
> *Goza sem temor*
> *o curso breve de tua idade*
> *pois não poderá a morte de amanhã*
> *tirar o que tiveres hoje gozado.*
> *E mesmo que chegue a morte apressada*
> *E a fragrante vida se afasta,*
> *Não sintas o morrer tão bela moça*
> *Olha, que a experiência te aconselha*
> *Que é melhor morrer sendo bela*
> *E não ver o ultraje de ser velha"*
> *(Juana de Asbaje: "Celia e a rosa")*

A Vidente se agita de novo, S.M.! O que diz? O conde sacode a mão como quem se queima sem querer. As pavorosas visões da bruxa se enroscam no seu semblante como a anaconda esverdeada: sobra-lhe a fé ao conde-camareiro.

Gostaria de aconselhá-lo que a poupe para quando cheguemos ao Brasil, onde precisaremos de mais fé do que a existente em todo o Vaticano. O que poderá me assustar de Fernando I, rei insípido e negligente? Que faltou com o seu compromisso com a infanta castelhana para casar com a Téllez*, mulherenga do cornudo Lorenzo Acunha? Bem cara nos custou a coisa quando Espanha declarou essa guerra e nos sitiou Lisboa.

> * *Luís de Camões, Lusíadas estrofe 142 do canto III:*
> *Mas, quem pode livrar-se, por ventura*
> *Do laço que o amor ata brandamente*
> *Quando entre rosas e a neve pura*
> *Põe ouro e alabastro transparente?*
> *Quem de uma peregrina belezura,*
> *De um rosto de Medusa propriamente,*
> *Poderá se libertar, se o ser cativo*
> *Não em pedra transforma senão em fogo vivo?*

Não senhor, quero dizer, S.M., o rei Fernando morreu jovem e ficou governando como regente a rainha Leonor Téllez e um galego, ao que diziam, "conde de Andeiro", apesar de ser conde de Ourem. Diz a Vidente que aconteceu como a Agamenon e Clitemnestra; eles envenenaram o rei Fernando para ficar com o trono. Já dizia o Corifeu português:

> *Casa odiada pelos deuses,*
> *Testemunha de inumeráveis crimes,*
> *Laços de sangue homicidas!*
> *Que nova maldade se está tramando sob este teto?*
> *Crime odioso, contra o próprio sangue.*
> *Faz entrar no banheiro ao esposo que compartilha seu leito,*
> *Armadilha do Hades: o canto das Erínias*
> *Fartas de celebrarem sobre esta raça:*
> *Aí está o crime consumado*
> *A leoa de dois pés, que jaz com o lobo*
> *Está afiando o punhal para ferir de morte ao esposo.*
> *Oh, condição humana: à tua felicidade radiante*
> *Qualquer sombra põe em fuga; ao teu desdém*
> *A fricção de uma esponja úmida serve para apagar*
> *Tua imagem da terra.*

Será um vaticínio, monsenhor? Uma profecia do passado? As crônicas, e conste que restam poucas páginas delas, já que o vento praticamente arrancou-me das mãos as mais ligeiras, só admitem que Dona Leonor
enviuvou jovem e ficaram como sucessores do trono dois Joãos bastardos:
Dom João, o primogênito da defunta dona Inês de Castro, e Dom João de
Avis, filho de Pedro, o Justiceiro, com Dona Teresa Lourenço. Dom João de
Castro tornou-se um Otelo e assassinou a esposa, a prole do justiceiro. A
raça dos Borgões extinguiu-se no meio do fogo da baixa Idade Média.
Subiu ao trono o outro João, o mestre da Ordem de Avis.

Viu, monsenhor, que pouca substância ficou de uma longa crônica
cheia de furos? Os Borgões nos ensinaram a recear de França e Espanha,
sempre alertas como feras famintas farejando a costela de Portugal. Que
história de que lugar não ensina o mesmo? Quando nascem, os povos têm
que se defender de seus vizinhos. O Brasil ainda não aprendeu essa lição. E
também, que na sua criação os povos precisam uma cabeça. O que se pode
esperar de colônias que repentinamente se transformam em repúblicas
pequenas onde todos acreditam ter o mesmo direito de mandar? A anarquia, a desordem, o embrulho e a confusão da massa acrata que atropela o
lugar sagrado do poder, o *sancto sancturum* da política, o tabernáculo da na-
ção-manada. Eu serei a cabeça do Brasil. E sobre a cabeça, a coroa lusitana,
que não há não-leão que a dispute ou a furte. O que não será do Brasil
quando o pensamento estiver em seu lugar?

Sabe até que dimensões um povo pode elevar-se que sabe quem é?
A consciência é a mãe da ciência, monsenhor. O pai Adão comeu a consciência de si mesmo ao morder a fruta. A mãe Eva pariu o pensamento, ins-
tigando-o. A mulher sempre se adianta em tudo, monsenhor. Vê onde não
vai, vai onde não vê. Por isso a Igreja sempre fica na metade do caminho
entre o céu e o inferno; porque presentearam as mulheres ao lugar do silêncio. A bordar panos com ponto cruz e recitar pais-nossos, enquanto no
Vaticano os monsenhores decidem em quatro paredes do que precisa o
mundo imundo, sem muros. E as monsenhoras, quando?

É curioso, mas para remontarmos às alturas do espírito, que é puro
pensamento, há que atravessar a terra onde combatem os povos associados a
seus caudilhos para assegurar-se da identidade própria, a independência e a
liberdade do pensamento; e para sacudir o jugo de qualquer domínio violento e estranho. Nessa luta a manada passa do estado de rebanho ao Estado
consciente de si mesmo, manifestando seu poder no mundo da realidade.

E voltamos ao ponto de partida: a realidade, monsenhor, não o osso dela, que é a história. No entanto essa história desperta a necessidade mais profunda do espírito que é o conhecer. Sem história não há ciência.

Nem consciência.

Conclusão do capítulo treze.

Alejandro: A História deve acomodar-se a seu reflexo, excelência.

Dom João: É o que estou procurando fazer, mas o senhor se interpõe constantemente no meu caminho. Consegui expurgar o Arquivo Real de todas as lendas que o infestavam até o final da casa de Borgonha para continuar com os Avis, mas o que joguei pela porta entrou pela janela da mão dos seus delírios literários.

Alejandro: Não fui eu que criei um leitor/ledor.

Dom João: Interessa-lhe essa crônica Lusa? O que vê?

Alejandro: Palavras escritas que me levam a pensar num passado desconhecido. S.M. deve saber que os hispano-americanos não nos ensinam a história de Portugal nem a do Brasil, nosso gigantesco vizinho. Estamos incomunicáveis por um passado dividido. Apenas por meio das palavras pode-se devolver o legado negado.

Dom João: Palavras. E que outra coisa são as palavras senão reflexos? Vislumbres enganosos dum passado sepultado. Cuidado! As palavras estão ali como armadilhas para incautos, tratam de refundar na mente a cidade perdida dos césares dedicada à sua memória.

Alejandro: Que memória?

Dom João: A sua.

Alejandro: Eu não tenho memória.

Dom João: Excelente! O melhor que se pode fazer com o passado é imaginá-lo. É necessário voltar a fundar cada lembrança, dando-lhe a forma original e não a deformação das evocações.

Alejandro: Eu não tenho memória, mas a lei, sim. Primeiro teriam de governar as leis e somente depois, os homens. Não acha?

Dom João: Usando qualquer de seus escritos, e aplicando a lei que o senhor defende, tenho de sobra para fazê-lo enforcar.

Alejandro: E por que não dá a ordem?

Dom João: Não! A vida é muito mais cruel como vingança.

Capítulo 14
Anatomia do Mal

Quando me conformo a passar outra noite sem dormir, enquanto olho o lento raiar da lua sobre o mar um pouco arisco desde a ponte principal, vejo que se aproxima novamente o acadêmico doutor Vitalio di Siena.

Conceder-me-ia um instante, S.M.?, roga em tom calmo. Entrou-lhe o nervosismo aquático pelos olhos e se for capaz de amansá-lo no centro de suas contradições, o doutor pode domar um furacão. Quero mostrar-lhe uma coisa. Abre um livro e aproxima a lanterna às páginas de garranchos com peças anatômicas em tinta preta. Sob cada figura há anotações minúsculas e firmes, perfeitamente enquadradas, cujo traço revela a obstinação própria do caráter. De que se trata? Pergunto, voltando os olhos ao mar porque pressinto o mal.

Ontem à noite, S.M., faleceu uma das donzelas do cortejo da rainha.

Outra morte em alto mar?, de novo essa peste?

Não, adverte o doutor, morreu sangrada em seu leito; estava grávida e mantinha oculta sua gravidez por essas questões do medo. S.M. deve compreender que era quase uma menina, apenas havia feito quinze anos. Mas quero que veja o croqui da autopsia, entusiasma-se logo no meio do duelo, passando três ou quatro folhas com lâminas. Não desenha mal, o forense. Vejo o cadáver íntegro estendido com as mãos agarradas prendendo-se ao hálito da vida que escapou-se-lhe; mas a fumaça foge... dilui-se no ar. A vida, em vez de ser um sopro divino, parece a exalação dum deus doente. A hemorragia sobreveio quando o feto atolou entre os ossos pélvicos, aclara virando a folha onde está retratada a finada num esboço a carvão, traçado delicadamente para atenuar o brutal do corpo virgem aberto no ventre segundo o costume secular dos patologistas herdado pelo doutor Vitalio.

Preste atenção, por favor S.M., diz. Do ventre da morta emerge a matriz, também aberta de par em par pelo afiado bisturi; dentro, encostado e encolhido segundo as manias da natureza, jaz o feto.

O que vê de estranho?, quer saber o médico apontando diretamente aos olhos que esquadrinham a lâmina.

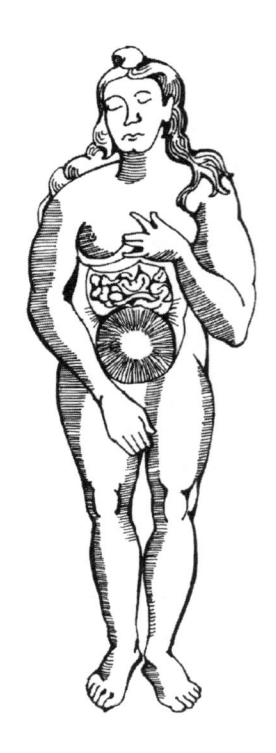

Vejo que o feto está quase íntegro, respondo.

O que mais?, volta a indagar o patologista virando outra folha para descobrir um terceiro croqui no qual aparece ampliado o feto: os olhos volumosos e fechados, um rastro de impaciência na boca, o pescoço e o queixo contra o peito. Um feto velho que não pôde chegar a novo. Múmia pré-natal. Auto-autopsia.

Por que tem o abdômen tão inchado?, pergunto antes que o doutor volte a sucumbir à sua mania de perguntar à morte. Era o embrião de uma menina, esclarece apontando a imagem do feto, e também estava grávida.

Como?!, espanto-me. Estremece-me pensar nessa dupla gravidez, uma dentro da outra. E o que é mais estranho ainda, continua com a voz fria, mas firme, o doutor, o embrião que contém o feto também tem um germe em seu ventre, outro embrião dentro da pequena matriz e suspeito que se conseguíssemos explorar esse último órgão também acharíamos que está prenho. Sinto uma espécie de vertigem ao pensar que essa sucessão de fetos e embriões enfiados uns dentro dos outros como bonecas russas poderia prolongar-se até o infinito. Eu, que retrocedo ao passado enquanto avanço no espaço aquático que me separa do Brasil, encontro-me cara a cara com o futuro em forma de seres predestinados a outros séculos que me esperam no corpo de uma donzela falecida por uma obstrução do útero.

Até onde chegaria essa genealogia antecipada se seguíssemos os passos da raça? Que filho de quem seria? Como se chamava a moça?, assalta-me uma dúvida no meio das minhas divagações. Beatriz Isabel Noronha Coutinho, filha de Dom Pedro de Noronha e Goitia. Beatriz? A menina Beatriz é a finada? Não será minha a prole, então?, vasculho dentro de mim, que já é bastante isso de reconhecer diante de mim o resultado profano das minhas uniões adúlteras com as moças que não desçam o olhar quando jogo o meu olhar aceso onde se revela a minha rebelião contra o jugo marital. De formas que a filhinha que guardava em seu seio a doce Beatriz bem que poderia ser minha filha? E a filha do feto, minha neta? E a que segue, minha bisneta? Não será que escavando uma a uma das matrizes poderei chegar até o fundo da minha raça, até a última raiz da minha prole, que viria a ser um proletário real? Bem que posso ser o gene dessa progênie.

Não lhe parece prodigioso tudo isto, S.M., pergunta o doutor Vitalio.

Ordeno que amanhã mesmo, ao raiar do sol, sepultem o cadáver multiplicado da menina Beatriz na unidade do mar[184]. Não quero relembrar o que nunca será. Do outro lado as almas se despem de lembranças; deixam a memória (e nela todas as suas passadas canalhices e virtudes) abandonada nas águas turvas que jamais devolvem nada.

> * *O mestre Aristartes me dizia que Deus, no princípio, estava só no meio da imensidão e por isso chamava-se 'Primitivo'. Solitário no espaço, teve a idéia de quebrantar a monotonia e rompeu a harmonia iniciando o tempo. Que precisava demonstrar o movimento criando diferenças a partir de si e multiplicou-se na diversidade. Primeiro foi ele e seu espelho, ele não, ELE, antíteses e contrário que deixava opaco seu caminho. Buscou a união, mas antes de consumar-se e anular-se mutuamente criou o terceiro. O terceiro neutralizou a união dos contrários fertilizando um mundo de diversificação que criava à medida que minguava a imensidão do Primitivo mas, cedo ou tarde, tudo voltaria a submeter-se a ele, Nele restituindo o Primitivo em toda sua potência e ato. O sinal do retrocesso será um paulatino distanciamento de sol até ficar reduzido a uma mancha negra.*

Leitor, serei sincero. O poder é a arte do embuste; exige constantemente o uso da máscara mais cara ao ouvido do outro. Não há um João Maria José Francisco Xavier de Paula Luís António Domingos Rafael: há milhares. Um para cada embaixador, cortesão e servidor de S.M. A morte nos livrará finalmente dessa longa cadeia de fingimentos e depois da vida, serei por fim sincero.

Se não estás, não há ninguém e minha existência nada no vazio como nessa infinita maré oceânica, cheia da maior das vigilâncias e o mais ignominioso dos castigos: o silêncio. Não ponhamos o silêncio entre nós. Prossigamos a viagem sem destino do destino que chamamos "viver". Já foi selado o pacto. Este livro que estás lendo entrou no meu destino pela porta do teu. Teremos que atravessar a tempestade unidos, ou melhor, enxertados um no outro. No final da viagem eu estarei no passado do Brasil. Teu caminho seguirá o meu, já que se sabe que a vocação humana pela sepultura é o único certo num mar de mentiras. Não é tudo uma grande ilusão entre nós? A desilusão da memória humana, capaz de romper o pacto com o passado, ressuscitando-o sob formas servis. Ignominiosas. Perversas.

Sigamos unidos. A mesma força invisível que une vogais e consoantes, que agrega palavras uma atrás de outra até que delas brote o sentido, pode garantir que estaremos pendentes um do outro. Se o único real é a morte, poderemos ser sinceros quando se abrir o livro depois que os diáconos tenham acabado de fechar minha lápide. Falaremos através da morte. O véu delicado que separa a vida da morte servirá como pálpebra para semi-fechar meus olhos e entreabrir os teus, leitor. Seremos a mesma substância, metade carne metade dor, durante a travessia-leitura. O mar é o mal. Veja senão a distância que separa as costas: existe maior sinal de iniqüidade e desespero que não ver as cartas com as quais joga o destino, apostando-nos? Minha sorte não está lançada. Desde o amanhã terás de estender-me uma cadeia sutil, leitor, uma mão amiga para resgatar-me do esquecimento. Eu prometo *in articulo post mortem* dizer pela primeira vez a verdade que um governante sempre disfarça. A política, saberás desde agora, é a arte de fingir aparências quando se fala da realidade.

Comecemos por recobrar do passado uma história de Dona Elvira, a única mulher que me amou nesta vida desamparada à que me condenou o poder. Desde que me viu, me amou. Depois de Dona Elvira, fiquei na solidão do poder, encurralado no autismo dissoluto onde cada palavra não é mais do que o eco de algo que já se extinguiu há muito tempo. Aprendemos a ressuscitar à medida que aprendemos a amar. Tinha a doce idade da juventude quando desembarcou Elvira; com a morte dela, há quinze dias, envelheci até tornar-me um saco seco, mas como estou afundado no silêncio ninguém escutou meu pranto. Nem o leitor soube de tudo o que padeci. Debatiam meus acadêmicos que sim e que não, e entre os argumentos que se cruzavam o céu foi-se escurecendo até tornar-se tão negro como uma aranha. Para mim desde essa morte começou o retrocesso dos tempos. Durante a tempestade foi a desgraça.

Mas voltemos ao passado feliz, leitor. A magnitude da escrita é tão ínfima que pode atravessar de um lado a outro a frágil fronteira do tempo. Passa da tua mente que sempre está presente ao pretérito onde estou condenado por morte.

Quem senão um escrito pode reencarnar ao dor e a glória fugaz? Voltemos a um momento de felicidade, durou mais do que um instante essa coisa frágil em tuas mãos, esse resplendor na colina[185] que é o jubilo efêmero da felicidade? Ave de passo, foge a passo de ave quando cremos pegá-la. Voltemos ao tempo da minha juventude.

* Esta rosa de cristal nas mãos de um cavaleiro.

Ainda tudo não estava pronto na embarcação que a trouxe à Sevilha quando a donzela andaluza fixou seus profundos olhos negros no centro da minha testa. Vinha como dama no cortejo de Carlota Joaquina, minha robusta esposa-menina de dez anos.

A minha consorte cheirava a trastes guardados ao sol. Pálida e com olheiras, com a cabeleira avermelhada dos temperamentos contumazes, a infanta parecia uma boneca de trapo abandonada. A seu lado, as pernas suculentas bordadas de encaixes que Dona Elvira deixou ver ao levantar o saião para descer a rampa do porto, me faziam pensar nas mil e uma noites de aconchego em alguma cama de certa câmara secreta do palácio reservada às minhas intimidades. Com os mesmos lençóis de seda que estendia a Mulata em outras manhãs.

Uma semana depois, enquanto a infanta dormia placidamente, Dona Elvira me despertava os convites do sexo oral e as formas irresistíveis das penetrações ardilosas.

Depois de ter zarpado a frota real, despertou-nos um temporal de madrugada. Então o mal foi o mar. Um rugido espantoso, como se o mesmo Diabo estivesse bramando debaixo da fragata. Depois veio a fúria. Altíssimas ondas de água levantavam-se como catedrais em torno à embarcação *Príncipe Real*, que deslizava violentamente como quem se desbarranca, quebrando-se algumas coisas. As velas sacudiam enquanto a tripulação desesperava. Eu sabia que, fizessem o que fizessem, tínhamos perdido o controle. Bastava observar a expressão vazia do capitão para descobrir que a *Príncipe Real* estava sob o governo do azar e do mal. Mais escuro que nunca ameaçava o ventre do mar, e me via fundando em um reino submergido a mil pés de profundidade, uma Nova Atlântida*, para o regozijo do finado compadre Francis Bacon, seu velho arquiteto. Mãezinha**, seguramente assustada pelos bocejos do demônio, me chamou. Quando o contramestre ordena à toda tripulação descarregar; quando caixotes saem pela borda; quando o vento uiva e os homens gritam e os escravos não podem dormir seu pesadelo com os grilhões pensados nos tornozelos, a tempestade uiva ainda mais.

* *O lorde Chanceler, barão de Verulam e visconde de Saint-Alban, enfrentou a prisão humilhante, como meu escriba argentino, e desde a masmorra concebeu a idéia de reformar o Organom aristotélico que considerava caduco para gerar a verdade. Até o século XVI apenas havia servido para especular sobre questões invisíveis, esquecendo-se de estimular o conhecimento do mundo tangível que nos rodeava. Desfez-se dos velhos silogismos que não conduziam a descobrir nada novo, já que estão fechados na tautologia como os penitentes dos círculos infernais de Dante. Todos os homens morrerão algum dia/ Jaime é um homem/ Jaime morrerá algum dia não ensina nada novo sobre os homens, a morte, nem Jaime. Por que não observamos as causas da morte para prevenir as mais comuns em vez de ocupar-nos exclusivamente da morte de Jaime?*

** *"Vivi tempos loucos e não me faltou ocasião de tomar exemplo deles".*

Agora que penso nos escravos, o Secretário da Fazenda, homem de comunhão diária, me diz: "não podem senão dormir, acorrentados como estão". E vê isso como algo justo.

Eles não podem ver o céu preto e o mar furioso, nem as tábuas agitadas que rangem; nem escutam o surdo bramido da poderosa baleia com as faces abertas perseguindo-nos como nunca; escutaram a voz do crocodilo de um Estado que jamais os escutou. Faço descer o contramestre aos fundos das bodegas onde, em leitos, dormem os negros ou velam com os olhos em branco. Empurra a porta com brutalidade. O medo do contramestre se transforma em cólera e se direciona aos pobres inocentes escravos. Que fazem deitados?, grita. Acordem! Caem dos seus leitos os negros. As correntes dos grilhões que os matam amarrados afrouxa-se pouco a pouco, alguém a tira e a faz rodar pelos aros fazendo sair faíscas. Vão saindo aos tropeções à cobertura, agarram-se e apóiam-se para olhar o mar.

Mas nesse momento pula uma onda, e outra, e depois outra. Sobem as ondas no barco e, não encontrando rapidamente o deságüe, bramam até que todos estão a ponto de afogar-se ainda a bordo. Em cima, a branca lua mostra sua face espantada pela escuridão do céu. Vejo sinalarem o alto para depois voltar a descer até a atormentada profundidade do abismo, onde sei que não vou cair para voltar, como Jonas.

Ao atravessar a ponte, tropecei em algo que depois me arrastou, com a brutalidade que só a mãe natureza conhece, contra uma parte da embarcação. Dona Elvira, pálida e em camisão branco, interpõem-se entre o mal e o mar. Quis escravizar o destino, mas a fatalidade veio. Abrindo os braços como alguém a ponto de perder o seu único bem, ficou crucificada contra o vento, à mercê do mar furioso que a seqüestrou sem que nada, nem ninguém, pudesse salvá-la. Caiu nas ondas e foi por um instante nos redemoinhos aquáticos, com a longa saia branca aberta como uma flor surgida desde o antro mal do mar. Ali ficou delicadamente aquela gardênia atormentada, num vai e vem final, flutuando entre as ondas, entre os bramidos da tormenta que continuava indiferente, cantando com aquele canto com que me despedia sem tempestade na sua cama, em outras madrugadas no palácio. Vi-a desaparecer lentamente sem que todo o meu desespero pudesse arrancá-la de um ápice da garganta do mar. Às vezes sonho com ela, no fundo oceânico, como uma nereida de grandes olhos escuros entre os bosques de corais avermelhados, escorrendo entre as dobras da saia branca um cardume de peixes-anjos alertas, formando um redemoinho ao redor da cintura. Indo e vindo por fossas e abismos marítimos sem achar nunca a saída para voltar a me ver.

Devolvamos ao tempo o que é do passado, leitor. Vem o tal com passos decididos, o rosto resplandecente por uma felicidade que ainda não entendo.

A ópera estreará esta noite, S.M., me anuncia. O almirante mandou a ordem de colocar as embarcações em círculo antes da meia-noite. No buraco do centro, o mestre regente prevê lançar a plataforma iluminada com telas, decoradas como o "inferno", já que a obra se dá no mundo dos condenados, aclara, saudando.

Estende um bilhete com o convite enquanto continua comentando. A Rainha fez levantar um palco na proa da sua embarcação para observar em detalhes o desenrolar da trama, S.M.

Que bom! Parabenizo-o, notoriamente fingindo. Não se esqueça, S.M., esta noite será. E retira-se. Até parece que estou pra isso! Anelo com saudades as noites de neblina com amanheceres nos braços de Dona Elvira. Cheiro a lembrança dessa mulher: agora que não está sei tudo o que está em mim. Dói-me no corpo tudo o que sinto da falta de Elvira. Quem me dará as doces carícias dos seus sorrisos flutuando sobre as misérias dos meus vassalos?

Seu encanto persiste, segue impregnado de tranqüilidade naquela noite de tempestade. Nunca se apagará desta má memória minha a ampla saia branca abrindo-se na superfície tenebrosa do mar, como uma magnólia. E as ondas abrindo suas faces sobre a inocente.

Interrompe meu conde-camareiro, que vem a mim vomitar algum boato dos que têm por costume, porque o bater das mãos, a agitação já prevê isso.

As gêmeas, S.M., outro prodígio! Outro portento que nem imagina! Ontem à noite, depois de dezessete anos, dormiram ao mesmo tempo, ambas simultaneamente.

Sonharam que toda a gentalha de Bordeaux linchava Napoleão Bonaparte, Senhor*. Sou acaso a governanta das duplicatas?, queixo-me pela quantidade de coisas que traz e leva inutilmente meu secretário em vez de ocupar-se dos assuntos do Estado. Não lembra S.M. o que havíamos dito?, faz como que se assombra abrindo as pálpebras. O tremor azulado de seus olhos copia o mar brilhante. Quando uma dormia, a outra em plena vigília revelava os sonhos da adormecida, que eram antecipações do futuro ou adivinhações do passado.

> * *Será Goethe que disse: "Que os grandes reflitam sobre o destino da França; e os pequenos com mais razão ainda reflitam. Os grandes sucumbiram e não houve quem pudesse proteger às massas das massas. E assim as massas tiranizaram as massas. Apenas mudou o tirano, não a tirania".*

Mas ontem à noite dormiram as duas. Os sonhos se cruzaram, S.M., e a marquesa de Aveiro anotou num oráculo tudo o que diziam em sonhos as gêmeas. Aqui estão as revelações, Excelência. E quero lê-las ao Senhor**.

> ** *"Consegui espiar um parágrafo da carta-sonho das gêmeas, parece que enviada de uma à outra, porque tanta proximidade aumenta a distância: "Estis num novo país que desconheces, nem ele te reconhece, porque somos forasteiras. Terá que voltar*

a nascer uma segunda vez, dessa vez, só a alma; deixar-me-ás no ventre as nove luas que faltam para que te siga. Impossível, somos uma só carne dividida entre duas almas. Igual, leva a alma se te faz falta, prefiro entrar desalmada em minha nova história antes do que arrastar a deformidade de uma duplicação monstruosa. Sobrará alguma alma de neonato vagando pelo mundo, buscando a quem se doar, e ali estarei esperando. Leva toda a alma. A paz de não ter consciência me deixará dormir um surto de nove, quinze ou vinte meses antes de acordar de novo. Devolve-te o amanhã que lia como se abrisse um velho livro onde estava escrita uma história sagrada, dessas que se cumprem inexoravelmente. Teu passado nunca me importou. Deixo-te então dona do tempo, já que verás as vantagens que terás numa terra sem memória. Espera-te o paraíso cheio de homens. Leva os oráculos, redige livros de adivinhação para dizer a essa terra tudo o que sofrerá até conseguir saber quem é. Todas as lutas, revoltas, sedições, desfalques, assassinatos e desventuras. Não esqueça o bem que está à frente. O Brasil está no futuro e ali não tem limites".

Depois, mais tarde, respondo com incômodo, misture-as com os delírios do argentino submerso na prisão da bodega, que todo o peso das escrituras caia sobre seu espírito perverso para ver se sara dessa mania de andar transformando a realidade em letrinhas. Vai embora baforando, malogrado seu plano de alterar meu ânimo com bilhetes.

Afundemos na espessura da noite, leitor*. Faz sentido vigiar outro lugar que não seja a nossa angústia? É o único destino que resta aos incrédulos: já fecharam a nós as portas dos céus. O anjo de Yahveh custodia as portas da fé usando uma espada flamejante. O inferno está enclausurado para os mornos, somente os inimigos de si mesmos podem alojar-se nas suas celas úmidas.

> * *"Esses homens estão loucos", dizem as pessoas dos oradores apaixonados que na França gritam nas ruas e mercados. Eu também acho que estão loucos; mas um louco em liberdade pronuncia sentenças sábias, enquanto, ai!, a sabedoria emudece no escravo. E o disse Goethe em Veneza.*

Nenhum purgatório poderá jamais limpar-nos a lepra de termos sido tão covardes para aceitar os temos da morte que acaba com tudo. O paraíso terreno ficará no Brasil, espelhado, reverberando como a promessa de um futuro que está no presente sem poder se mexer dali, confundindo os tempos siameses do antes e do depois com pesadelos de um estar quieto sendo eternamente o mesmo sempre; imutável, fóssil, casca do próprio ser roído pela mão sinistra do tempo que mesmo que nega, continua trabalhando para o ser. Até não ser. Essa conversão requer a mesma fé daquela que exige Deus. Em algo há que crer para crescer.

A carta, S.M., a carta do padre Islãs, S.J!, grita desde a popa o agitado secretário que Deus me deu como castigo *quo ad vitam*. Vem com outro papel na mão, lequeando como faz quando quer mostrar mais alguma das suas. A carta do padre, volta a indicar-me quando me vê, ao aproximar-se. Mantém correspondências banais, meu escudeiro agnóstico?, pergunto com ironia, mas ele continua a história como se eu nada houvesse dito. Se soubesse tudo o que os santos padres jesuítas sofreram quando o marquês de Pombal e o rei Carlos os expulsaram da península!, condóe-se. E o que faziam na península? Pregavam, S.M., levavam a mensagem de Cristo como missionários na Índia, Filipinas e América. De Portugal foram expulsos nos tempos do meu avô José I por instigar continuamente as pessoas contra o governo*. Faziam crer à população que o terremoto de Lisboa se devia ao adultério do meu coitado avô, cujo único consolo consistia em rasurar os dentes no monte de Vênus da condessa de Távora, como um velho carneiro. Tem isso alguma maldade intrínseca que estorve a par de Yahveh? Mas o padre Malagrida vai que vai a cada domingo desde o púlpito aventando a má fé da grei, atiçando-os contra o poder do rei. Até o imperativo Dom Sebastião José de Carvalho e Mello, marquês de Pombal, pois as coisas no seu lugar. Desde que assumiu como primeiro ministro declarou guerra à Companhia de Jesus por considerá-la má companhia para o rei.

> ** Antises me envia livros com estampas do escudo real onde constam as infinitas atas que encheu o marquês de Pombal redigindo escárnios, denúncias contra a Companhia de Jesus, sempre em má companhia de conjurados.*

Não se esqueça que em 1775 os irmãos se negaram a entregar várias missões espanholas em troca da Colônia do Sacramento a Portugal. Primeiro padres, depois irmãos, sempre remissos às ordens, esses jesuítas não são filhos de ninguém. À obediência ou partam, disse o marquês-ministro, destituindo o confessor real diante o mesmíssimo papa Benedito XIV. Quando o governo retirou-lhes as divisas e tributos que arrecadavam os amorosos diáconos com "mãos de ferro em luvas de seda", os piedosos padres-irmãos começaram a insurreição silenciosa com odor de incenso e mirra. No meio da minha imputação vejo vir a negra do acadêmico Boaventura Salgado de Ezquez, S.J. O que faltava: o filho de Inácio de Loyola intervindo no juízo imputado à Companhia em alto mar!

Dizia, S.M.?, saúda - intriga, o jesuíta.

Lembra-se o que aconteceu dia três de setembro de 1758, monsenhor, contra-ataco, pelas dúvidas. Bom, S.M., se escusa esfregando as mãos para cruzá-las depois em um rezo profano, não tenho tanta memória, isso foi há quase cinqüenta anos...

O rei João* voltava de uma visita à casa de sua amante, a condessa de Távora, quando três foragidos o atacaram com pistolas em plena noite ferindo-o no braço direito. Sua Companhia quase me deixa órfão de avô, monsenhor.

Como quem foi mordido pela serpente original, monsenhor separa as mãos, apóia-se com firmeza e renega mais de três vezes. Quer impugnar o calvário que lhe ofereço, salvar-se de carregar a pesada cruz do passado. Nada disso foi demonstrado, S.M., com respeito, tosse. Os conspiradores, continuou, foram detidos, o duque de Aveiro, a mesmíssima condessa de Távora e o confessor de ambos, o virulento padre Malagrida, superior da Companhia em Lisboa. Os marqueses de Távora e os duques de Aveiro foram condenados a morrer esquartejados e incinerados seus despojos como ignomínia. Seus bens se transformaram em males. Seus títulos foram apagados da heráldica. E quanto ao superior Malagrida, a Inquisição, não o governo, o sentenciou à morte. Um ano depois, o marquês de Pombal ordenou a expulsão da Companhia de Portugal** e dos domínios lusitanos na Ásia e América. Saíram os santos varões embarcados rumo ao Vaticano***, a intrigar na Corte pontifícia.

* De novo Antises, ex-eremita extraído de uma cova da Anatólia como um topo, me envia as folhas com a história da Companhia misojansenista.

** Pombal negociou junto ao papa Clemente XIII uma autorização para agir contra a Companhia acusada de 'lesa Majestade'. O papa não aceitou e então o marquês-ministro, com paz de consciência, decretou a expulsão lisa e plana no "estranhamento", como batizou Carlos III o mesmo assunto.

*** O rei José firmou o Decreto Real ordenando a expulsão e confiscando todos os bens temporais da Companhia de

*Jesus. A julgar pelo inventário, os santos varões haviam
conseguido enriquecer o Cristo, já que em vez de "pedras
onde apoiar suas cabeças", como diziam ter o Filho do
Homem, acharam mugidos orlados com encaixes de
Bruxas. Em dezenove de janeiro de 1759 o exército cercou as
casa e os colégios da Ordem, desapossando arquivos e
expulsando a todos os jesuíta de Portugal e seus domínios.
Os varões de Deus foram embarcados em Lisboa e as
embarcações, fretadas rumo ao Vaticano, onde o papa as
recebeu com desgosto.*

Mas Clemente não tinha ápice de panfílio e ordenou desembarcar
a perigosa carga-Companhia em *Civita Vecchia*, onde nem sequer os irmãos
italianos de Loyola os receberam com grande alegria. O pacote tornou-se
carga molesta.

De Espanha e França**** também fomos expulsos por atentar contra os reis?, faz como que pergunta ingenuamente o monsenhor. Cada um
atende seu jogo, monsenhor, respondo energicamente. Não me pergunte
que assuntos moveram Carlos III e Luís XV***** a expulsá-los de seus
respectivos territórios; há algo que se chama soberania, monsenhor. A Companhia de Jesus nunca quis entender******. A monarquia permanece no
poder, porque sempre o entendeu claramente, igual à Igreja*******.

*****Antises? Antises?, onde está o anatólio, pois preciso de
dados do arquivo real. Ah, é verdade; preciso dar ordem escrita.
Vai e vem o conde-camareiro, desce à bodega e volta com um
monte de documentos. A Companhia foi expulsa da Espanha
entre trinta e um de março e dois de abril de 1767, no que o
meu parente Carlos III chamou de "estranhamento" dos filhos
de Loyola. Previamente Carlos iniciou uma pesquisa entre
todos os bispos, instigado por um ditame do fiscal
Campomares e do presidente do Conselho Real de Castela,
conde de Aranda. À noite de trinta e um de março todas as
casas foram fechadas, os jesuítas, confinados nas salas
capitulares, inventariaram seus bens e males e ficaram
incomunicáveis os monges-reus. Em cada cidade, aldeia,
comarca de Espanha, onde havia casas da Companhia, se
apresentaram comissários e testemunhas para lavrar as atas
do inventário. Na Ata de Carlos III não se declara o motivo*

dessas medidas, exceto por um parágrafo: "pela autoridade econômica que o Todo-Poderoso há depositado em minhas mãos para a proteção dos meus vassalos". O ditame ordenava que o patrimônio da Companhia passasse à disposição do Estado para ser destinado a obras, como paróquias pobres, fundação de seminários e criação de casas de misericórdia e tolerância. Proibia-se sob severas penas manter correspondência com os expulsos e objetar publicamente o Decreto Real de Estranhamento. Os santos varões foram conduzidos a "caixas" de portos para serem embarcados, em péssimas condições, segundo escreveram os padres Idiáquez e Islãs. Enviados ao Vaticano como os portugueses, Clemente XIII mostrou-se inclemente à hora de recebê-los. Em vez de bandeiras, os canhões de Sant'Ângelo impediram à Companhia o desembarque. As tropas espanholas decidiram depositá-los em Bastia de Córsega. O "assunto francês" começou com a falência da companhia mercantil da Martinica, que presidia o monsenhor Lavalette, superior da Companhia nas Antilhas. Os danificados pediram indenização e monsenhor declarou-se insolvente. Os capitalistas concluíram que então a Companhia de Jesus teria que enfrentar a quebra. Os jesuítas levaram o pleito ao Parlamento de Paris e ao rastrear os antecedentes descobriram, com grande alvoroço, que a Companhia nunca havia legitimado seu estabelecimento na França; em outras palavras: era uma sociedade clandestina, ilegal. Não havia certificado seus regulamentos em nenhuma organização do Estado.

*****Pretende-se com exclamações ponderar o mérito da Companhia, e dever a sua fundação em especial a Santo Inácio e São Francisco Xavier, não obstante este último não ter professado nela. Mas ao mesmo tempo se omite o grande número de espanhóis virtuosos como o bispo Dom Frei Melchior Cano, o arcebispo de Toledo, Dom João Siliceo, o bispo de Albarracim Lanuza, o célebre Benito Arias Montano e outros sujeitos daqueles tempos que se opuseram constantemente ao estabelecimento desse Corpo, com presságios nada favoráveis a ele, e entre eles deve-se contar São Francisco de Borja, seu terceiro general, que começou a discernir o espírito da Companhia e no orgulho que lhe davam seus privilégios,

conseqüências muito perniciosas para o sucessivo; e na verdade,
esse é um testemunho irrepreensível e doméstico. (Dos 'conside-
rados' do Decreto Real de Estranhamento). A Companhia era
considerada "perversa, destruidora de todos os princípios
religiosos e incluso da honestidade, injuriosa para a moral
cristã, perniciosa para a sociedade civil, sediciosa, hostil aos
direitos da nação e do poder do rei" segundo o ditame do
Parlamento de Paris que ordenou sua expulsão.

*******"Seu sucessor, o general Cláudio Acquaviva, reduziu
a um total despotismo o Governo, e com o pretexto de
métodos de estudo abriu a porta ao relaxo das Doutrinas
Morais, ou o que se chama Probabilismo; tomou tanta
força que a meados do século anterior não a pôde remediar
o padre Tirso Gonzalez. O padre Luís de Molina alterou a
doutrina teológica apartando-se de Santo Agostinho e de
São Tomás, de quem se seguiram escândalos notáveis. O
padre João Harduino levou o ceticismo até duvidar das
Escrituras Sagradas; cujo sistema propagou seu discípulo o
padre Isaac Berruyer, estabelecendo a doutrina do
Arianismo. Na China, e no Malabar fizeram compatíveis
Deus e Belial" (Do Decreto Real do Estranhamento)

********"No Japão e nas Índias perseguiram os mesmos
bispos e às outras ordens religiosas com um escândalo que
não poderá se apagar da memória dos homens, e na
Europa têm sido o centro e ponto de reunião dos tumultos e
rebeliões. Estes fatos notórios não se vêem atendidos no Breve
Pontifício, nem nas Classificações dos Tribunais mais
solenes de todos os reinos, que os têm declarado cúmplices
neles. O mesmo padre João de Mariana escreveu um
tratado no qual manifestou a corrupção da Companhia
desde que se adotou o sistema do general Acquaviva e se
opôs a ele com os padres Sanchez, Acosta e outros célebres
espanhóis, mas sem outro fruto do que se fazer vítima da
verdade". (Do Decreto Real do Estranhamento)

Permanece, S.M.? É monsenhor ou a minha consciência que pergunta? Pela clarabóia entra um fulgor branco: o olho da lua balançando como

um filete nas águas noturnas do mar. Será que fiquei dormido? A monarquia de Portugal vaga à deriva e os jesuítas continuam em Portugal, França e Espanha como se nada tivesse acontecido. Expulsos como Adão e Eva do Paraíso, esperaram pacientemente que dormisse a serpente e voltaram aos seus antigos postos. Apenas a Monarquia foi desterrada entre os filhos de Eva. Não, João Maria José Francisco Xavier de Paula Luís António Domingos Rafael. Vosso reino não é deste mundo: o Napo-leão colocou sítio à vossa coroa por aliar-vos com os saxões. Não me diga!, discuto porque descobri o valor de ver as coisas de frente e inversamente ao mesmo tempo. Medito acima, no camarote luxuoso, enquanto na última bodega minha contra-alma animal, o argentino, trama e destrama o argumento da ópera que lhe enviei por meio de um escravo. Cada dia quero denegri-lo ainda mais, quero que o sofrimento, como dizia Jansen, sirva de purgatório nessa mesma terra, mesmo que flutuemos no mar incógnito. Por acaso somos livres, monsenhor Boaventura? Não está. Nunca está quando as perguntas urgem. Adão é todos os homens, dizia Jansen, porque deixado à deriva como estou eu, não pode senão pecar arrastado pelo desejo, como a mim arrasta a história. Viu que cada um é um Adão e uma Eva? Mas então o homem não é livre S.M. Que novidade, monsenhor! Somos tão livres como esse escravo que atravessa o corredor. Observe-o, pensa que serve com alegria? O senhor está submetido ao provincial, este ao procurador, este por sua vez ao general da Companhia que está submetido ao papa por juramento e pelo quarto voto. Veja que nessa larga cadeia de condenação ninguém é substancialmente livre.

Sempre há alguma cabeça humana por cima da própria ajustando as contas do mundo. Isso mesmo dizia como uma metáfora espiritual o bispo de Ypres, Cornelius Jansenius, monsenhor. Mas vossa Companhia teve que se opor a um argumento tão simples! Não só nossa Ordem, S.M., não se esqueça que as teses jansenistas foram condenadas pelos papas Urbano VIII, Inocêncio X, Alexandre VII e Clemente X. Não me venha com conversas de púlpito, monsenhor! As bulas e escritos não são mais do que trâmites buro-cráticos do Vaticano. Voe mais alto. Pense pelo menos, já que não pode obrar à vontade. Jansen dizia que Adão, por si mesmo, não podia abster-se do pecado, porque Deus já havia pré-determinado que deveria cair para desgra-ça da raça. A tentação terrestre era superior à graça celeste que Yahveh havia-lhe dado antes de semear a semente da árvore da ciência. Adão não podia escolher, porque apenas se elege quando se é livre, monsenhor.

S.M. é livre para ficar em Portugal em vez de fugir como uma ratazana?

Não fujo. Deixo o passado para fundar o futuro. Enquanto a Euro-pa se debate entre ratazanas, como o senhor diz, estendo a minha mão criadora ao paraíso do Brasil onde semearei a árvore que não castigará em suas consciências aos ousados e temerários que mordam a fruta da ciência. Ciência e consciência são a mesma coisa, monsenhor. A serpente da Vidente custodiará a Lei para evitar as tentações fáceis. A Lei é a graça celestial que se opõe às maquinações do crime. Não fujo covardemente, como dizem meus delatores: estou salvando a árvore da Lei para voltar a semeá-la no coração da selva virgem.

A água do mar parece mais profunda à medida que nos afastamos.

O passado vai se envolvendo nas trevas da desaparição.

Emerge a lua imensa.

Conclusão do capítulo catorze.

Em uma série de cartas que inicia em 1787, Jeremy Bentham*, utilitarista preocupado com as prisões britânicas, fundou um edifício a que batizou "Panótico" para vigiar apenas de um ponto um milhão de reclusos sem ser por eles vigiado. O guarda é o pastor Argos** de cem olhos; o convicto é Tiresias***, que tateia na escuridão: "A edificação – escreveu Dom Jeremy – é circular. Os apartamentos dos prisioneiros ocupam a circunferência – podes chamá-las, se assim quiseres, celas. Estas celas estão divididas umas das outras, e os prisioneiros, para afastá-los de toda comunicação, por repartições... O apartamento do inspetor ocupa o centro; podes chamar a este, se assim quiseres, a casa do zelador".

* Curioso, o amigo Jeremy Bentham. Em vida fez jurar a seu amigo, o cirurgião David Morley, que depois de morto este o mumificaria a cabeça mediante procedimentos químicos. Fez o fiel executor e depois encheu a roupa do finado com estopa, armando um manequim comodamente sentado em uma cadeira à que coroou com a verdadeira encéfalo-múmia. O fetiche nos espera hoje em dia na sua casa-museu.

** Justamente chamava-se "Argos panoptes" (Argos todo-olhos) E a cornuda de Hera lhe havia encomendado a vigilância de Ío, a donzela de quem se apaixonou perdidamente Zeus.

*** O vidente cego que revela a Édipo toda a verdade: por isso Édipo, que via, arranca os olhos que não puderam mostrar-lhe o evidente. Em Édipo Rei Sófocles nos mostra que os cegos vêem e os videntes estão sempre em trevas. Elogio da cegueira.

Quero chamá-los "celas" e "guarita do sentinela", já que o senhor Bentham me permite. As celas seriam devidamente iluminadas dia e noite para que o senhor sentinela, desde sua guarita situada ao centro do anel, pudesse patrulhar sem se mexer por toda a penitenciária. Um vidro devidamente polarizado permitiria ver sem ser visto, uma troca de imagem. O prisioneiro ignoraria quando, quem e como o escrutinam desde o nada. Como o "Olho de Deus", o prodigioso Teóftalmos que tudo vê sem ser visto, o olhar constante à vigília obraria como a consciência moral que só dorme nos nossos sonhos. Também a lei está convertida, na engenhosa arquitetura penal do senhor Bentham, em um sistema que ameaça desde sua invisibilidade.

Muito bem, estou de acordo com o conde-camareiro, onde nos leva esses artefatos de utilidade corretiva? Duvida um instante, leva a mão ao queixo, aperta como quem deseja espremer alguma coisa dele e depois balança os dedos para indicar seu descobrimento. O argentino, S.M., diz, é a lei que na profundidade da bodega não se vê mas se sente. É, ao mesmo tempo, o sentinela que está alerta. Nós, continua o conde, somos os reclusos que estamos sendo continuamente observados até nos mínimos detalhes como corresponde a qualquer poder, sempre suspeito. Estende uma folha, desamassando-a com certa parcimônia que deixa ver a letrinha pontiaguda do escrivão argentino, que pelo visto ainda sobrevive no sótão da última bodega purgando a pena com a qual o sentenciei.

"E a escritura, excelência, é o panótico do finado Jeremias Bentham: um instrumento, edifício, dispositivo, estrutura ou todas essas coisas juntas, a serviço da fiscalização do Estado. O escrito é o único que sobrevive e corrige a memória, volta sobre os fatos com os vários olhos de Argos já que não há um só cronista registrando os atos do governo. Há três, cinco, quarenta e em vez de semear confusão esses testemunhos se contrastam, um completa o outro, sobrepõem os dados necessários como os quatro Evangelhos que relatam a mesma vida do Cristo".

Responda ao argentino que encontro muitas palavras épicas em todo o assunto, e poucos heróis capazes de sustentá-las sobre seus ombros sem se desfazerem.

Majestade: quando a ordem se transforma em hábito, o caos vem salvá-lo

Minha última reposta ao argentino subversivo: Nunca estamos perto demais da verdade. Também não estamos muito longe. Não continue com suas sedições. O vício não consiste em entrar, senão em negar-se a sair. Por isso não ordeno sua exclusão. A reclusão o fará ver quão pernicioso significa ver as coisas desde um só ponto de vista.

Capítulo 15
O Rei Errante.

Os barcos se dispõem em círculos, aproveitando a calmaria da noite marítima. No alto vêem-se fitas vermelhas e azuis, tão compridas que roçam o mar. No meio da roda flutua a plataforma-cenário iluminada com mil faróis aumentados por tiras amarelas de seda. A luz se parece à do amanhecer, uma centelha de ferrugem, como de incêndio a ponto de extinguir-se. É uma luz suja, pouco nobre, que semeia dúvidas à medida que se mexe, como se a morte fosse um conto dentro do conto maior da vida à deriva. Assunto solucionado!, exclama o conde-camareiro ao meu lado. A freira acabou com as orgias na *Odemira*, S.M. Não me diga!, surpreendo-me realmente.

Colocou um cordão divisório, continua, de proa a popa, dividindo em dois a embarcação. As ex-cortesãs estão devidamente recatadas e resgatadas das garras da luxúria, segundo diz a Madre Soberana. À bombordo todos os machos, incluindo mancebos. Quem atravessa a linha divisória, recebe dez chicotadas nas costas.

Tem os que têm o lombo como zebra, principalmente todas as damas mais promíscuas que não se resignam à beatitude flutuante. Mas as demais recobraram a compostura, S.M.

A orquestra está situada em duas naves: flautas, clarinetes, violinos, violas contrabaixo, címbalos, tambores à direita do diretor. Não sei no que trabalhou tanto Nicolau Delerive, já que o cenário está quase vazio. Ao fundo, entre trevas, há o que parece ser uma torre, erguendo-se.

Num bote adornado com grinaldas mexe-se o coro: as coristas mais avermelhadas que já vi na minha vida. Seminuas, cobrindo-se os ombros, seios, ventres e cadeiras. Outro bote, de aspecto mais austero, gira ao redor carregando cantores vestidos com túnicas brancas. Com três explosões de canhões começa a peça. No palco instalado na *Príncipe Real*, presido a estréia.

O conde-camareiro, com o libreto à mão, vai lendo cada parágrafo do argumento. Atrás, dispostos numa bancada em forma de anfiteatro, me resguardam os acadêmicos, entre eles Otto von Güstrow, cuja cabeleira se evapora na brisa oceânica. A abertura insinua-se apenas no começo, mas depois vai ganhando intensidade até que se faz impossível distrai-la. Há uma calamidade no palácio, escuto o que lê o conde-camareiro, o rei Adamante está cercado pela peste que está assolando o palácio, a cidade e as fazendas. A calamidade levou-o à tristeza. Pensa na solidão de sua câmara.

Cena I

Ária de Adamante:
Oh, deuses, que ofensas
Agravam meu passado
Para merecer a desventura
Deste mal?
Em que opróbio*
Meu espírito foi achado?

> **Algo trazem na mão os lióforos da "Arcádia", apresentando-me na entrada como um penitente. Só pena quem tem culpas, e as culpas vêm do delito.*

Coro das nereidas:
Oh, rei Adamante, o fel envenena teu tálamo,
Os dois leões que pariu a Rainha**
Afiam suas garras na sombra do amo.
Os cachorros ferozes, as crias da loba,
Que mamaram o leite envenenado,
A estirpe só aguarda a hora.
Oh, rei Adamante, se voltassem os tempos
Da glória sem fim na paz dos prados
E não todo um palácio*** para teu sofrimento.

> ***Se não interpreto mal, refere-se aos meus filhos Pedro, o mulato, e o loiro Miguel, ariscos discípulos da escola epicurista de Calota. Aqui Du Bocage, ressuscitado pelos galopes da "Arcádia Lusitana", os faz aparecer como conspiradores atiçados pela ambiciosa rainha-mãe.*

> ****Não falta verdade ao parágrafo, o palácio de Passo da Ajuda derrubou-se com o terremoto; o reconstruímos em*

madeira mas o senescal me fez ver que facilmente poderia
arder num atentado real. Efetivamente, em novembro de
1794 ficou reduzido a cinzas. O palácio-convento de Queluz
converteu-se em madrigueira de conspiradores e somente
restou-me o palácio de Mafra com seus artilheiros.

Que vale a opinião da rainha, S.M.? Não é uma perfeita traidora?, indaga o conde-camareiro, querendo espremer meus pensamentos mais recônditos. Quando meus amigos são tortos, os olhos de re-olho, e nada mais, nada foge tão rápido como a vida, respondo tratando de impor-lhe silêncio porque a música me transfere. Entra o rei brilhando pelos quatro cantos.

Recitativo arioso de Adamante:
(Oferecendo diante de uma estátua de Palas Atenas)
O enigma, donzela imortal parida de
Uma chaga nos miolos do Pai, a inquietante pergunta
Não foi feita à medida do homem mortal.
O que fez meu povo para ser castigado
Duramente com açoites de pestes*?

> **A peste se referia primeiramente à revolta gascona e*
> *depois à Átila de Córsega, que açoitou muitos tronos.*

Sinto no perfume do ar que a declinação magnética das novas terras está perto. O Brasil me aguarda. Estará silencioso, com os olhos entreabertos começando a sonhar seu futuro cheio de gente de todo o planeta e todas as cores e odores; ruas ajardinadas dali pra cá com a mistura mais endêmica que se possa imaginar. O angolano cruzando com o germano, os velhos portugueses vendo passar pelas veredas tropicais o sarraceno e o judeu, conversando animadamente de coisas longínquas. O francês Antoine em promiscuidades com espanholas, inglesas, italianas e polacas: todo o povoado do velho mundo farto de guerras. Brasil é a terra prometida. Por isso, nada prometo. Sem dizer, nada cumpro, cruzo o rio sem dizer uma palavra como os que prometem.

Coro das náiades:
Os deuses furiosos reclamam vingança,
Bramidos do mar e rugir dos vulcões
A Rainha tramou uma coisa pérfida,
Fazer dos seus filhos faca do pai!

Os deuses não dormem velando a terra
Sacode-se o solo, o sol é a chama
O olho divino como uma consciência,
que vê o profundo detrás da montanha.
Viram as iníquas intenções da Rainha*
Os deuses não dormem, nem o mar nas praias.

> ** Até um cego seria capaz de perceber a infatigável paixão de todas as formas de conspirações, golpes de Estado. Motins.*

Recitativo da Rainha:
O poder não foi feito para um coração fraco;
Para um homem que foge de uma ameaça.
Quem pode manter o respeito,
Se a si mesmo falhou?
Os filhos sucedem aos pais segundo a lei natural
Às vezes, faz falta uma mão para apressar o destino**,
E na mão, um punhal.

> *** Se ela soubesse que o destino nem se apressa nem se detém. Já está escrito como esta ópera cujos atos acontecem segundo o plano do compositor, ou como esta história que um leitor tenta torcer ao seu bel prazer mas só sairá transformada por um escuro desconhecido que viaja escrevendo na pança de uma nave.*

E agora, o que me diz desta mulher, S.M.?, insiste de novo o conde, querendo revelar o que a minha alma esconde, apontando para a soprano Dea Ciffaroni no seu rol de rainha. Os homens fazem as leis, respondo, e as mulheres fazem os homens. Depois, como querendo acalmar uma ferida que causei sem querer pensando em Dona Elvira, sussurro-lhe o provérbio de Algarves: onde está a mulher, sobra; e onde não está, falta.

Compreendo; o escrivão argentino que jaz na última bodega tomou a obra de Du Bocage e a torceu à sua vontade somando aqui, subtraindo lá, tesourou alguns nomes originais e colocou uma rainha conspiradora como minha querida Carlota de Bourbon.

Algum outro malandro convenceu Marco António Portugal para musicar a obra argentino-gascona que me difama e a todo Portugal e, entre todos, armaram a música.

Não importa muito: outro cadáver a mais que será pasto do mar. De qualquer forma o assunto da ópera está tão dissimulado pelas distorções retóricas que não haverá uma alma entre o povo capaz de interpretar cabalmente a fundo este segundo *Rei Errante*, fugitivo. Por exemplo, esses negros angolanos pensando enquanto a orquestra prossegue.

O que não seria capaz de atropelar um funcionário brasileiro quando se sentir dono de um poder que antes estava reservado aos portugueses?

Em vez de *Lusíadas* inventarão seu Camões para as "Brasilíadas", uma vez que tenham as rédeas do poder. Abertura de portos ao livre comércio. Indústrias aqui e lá. O Banco do Brasil. Academia Militar. Biblioteca Real...

Comércio Internacional: Bahia de Todos os Santos será Bahia de Todos os Mercadores. Sinto que estou fundando o império dos sentidos, dando-lhe sentido ao império.

A velha fortaleza de Santiago, alçada contra as invasões estrangeiras, será agora transformada na mais ofensiva de um império que se despreza lentamente do letargo do passado. A Casa do Trem e o Arsenal de Guerra serão meu Versalhes amazônico. Vou ao encontro de uma cidade de tijolos e juro que deixarei outra de mármore. Cresci solitário e essa condição me permite estar só em meio à multidão. Melhor assim: sempre o pior inimigo é o melhor amigo porque conhece todos os recantos do nosso ânimo e sabe como manipulá-los. Não cometerei o erro do meu avô José, que deixou em mãos do marquês de Pombal toda a soma do poder público. Os válidos podem ser inválidos, como o demonstrou Manuel Godoy, o enteado de Maria Luísa de Parma. Já virão em seu turno Luís Pintos de Sousa Coutinho, o marquês de Ponte de Lima, o marquês de Aguiar, o conde de Subserra, desfilando sem saber quem tem as regras e sem poder seguir o jogo enquanto Dom Luís de Vasconcelos e Souza, sem poder fazer-se o poder, maneja as contas do Estado na penumbra. Vejo-me aqui em alto mar, miserável como quase toda a condição humana que nos condena a necessitar sempre dos demais. Não mais adúltero do que a desgraçada Carlota Joaquina que já me há dado tantos bastardos que no dia de amanhã nem eu serei capaz de pôr apelido à dinastia que me segue. Diz-se que o mulato Pedrinho é filho de um escravo; e o loiro Miguel nasceu nos tempos em que Carlota tinha um escolta húngaro*.

Quando mencionei, respondeu: ter a memória é saber esquecer o insano. Que é como dizer que para remediar uma escrófula, o melhor é esquecer a escrófula e o remédio ao mesmo tempo. Mas a corrente das lembranças segue

seu próprio curso; sempre estou relembrando o que quero
esquecer e me esqueço do que quero evocar com nostalgia,
como já se queixava o cunhado Cícero.

Há algo mais além, fora deste mundo que cria e recria nossa imaginação, leitor? Desde que Dona Elvira se afundou nas profundidades do mar cada vez me custa mais e mais sair da armadilha desses sentidos. A união com Carlota me deu nove filhos. Ignoro se são todos meus; sei que nunca foram dela, são filhos do poder. Sempre senti uma simpatia natural pelo infante Pedro, ele tem os recursos de um governante em mente. Miguel sempre esteve mais inclinado à mãe, má declinação natural porque a imantação do ódio atrai desgraças. O que é mais real? A tensão instintiva entre meus cachorros ou as sutis divergências da minha Corte? Catorze homens da câmara tramam sem cessar a tela invisível para agarrar entre suas malhas qualquer descuido. Mais de um já terminou em mãos do verdugo pela denúncia de seus pares, porque alguém que "molhava o pão em seu prato" o delatou.

O poder busca entre as Trevas.

Rastreia suas vítimas como esses galgos lânguidos que farejam na espessura da erva até dar com os filhotes tenros de perdiz no ninho. O trono correspondia a meu irmão José, mas a varíola o levou a governar os baixos fundos do Hades no fatídico 1788. Três anos mais tarde Mãezinha começou a mostrar os sintomas da loucura que a alienou por completo na noite de *Orfeu e Eurídice*, no Teatro de São Carlos. A morte e a loucura cingiram repentinamente a coroa, que nunca busquei, em minha cabeça. Sete anos esperei que Mãezinha voltasse a si; ultimamente, a loucura a afunda cada vez mais nas turbulências do delírio.

Quis conhecer a verdade do fugitivo, bem que jaz nas leis, e concertei um triunvirato de ministros que votavam e vetavam ordens e circulares: o ativo duque de Lafões, Dom João de Almeida e Melo e o visconde de Anadia, obsessivo e meticuloso autor de compilados. Deles aprendi a difícil arte de legislar considerando os cem rostos de uma lei, escrita com a matéria miserável das palavras. Nunca fui amigo de viagens: se for verdade que a Terra gira, como dizem meus astrônomos, jamais permaneceremos no mesmo lugar. Muda o ar ao nosso redor e a direção da luz. O que mais se pode pedir ao espaço? Lisboa, Queluz, Mafra? Nunca um mesmo lugar onde os conspiradores estão buscando a minha carne. Nesse triângulo encerrei toda minha vida até que o Corso me sitiou.

Cena II

Recitativo e ária de Adamante:
(Junto ao oráculo, na cova da Vidente)
Chamo às tuas portas Apolo, deus clemente
Humildemente prostrado, ungido de cinzas
Para saber por que meu povo está gemendo
Ferido pelas fúrias desta peste.

Coro de soldados:
Por que nos castigaram, imortais,
Que leis transgredimos que não vimos?
Que leis que não vimos transgredimos?

O que são as leis, S.M.!, queixa-se o conde-camareiro, foram feitas para a paz e não dão trégua ao homem! Temos paz apenas quando podemos suportá-las. Vejo que os soldados, como penitentes, mexem os cabelos, gemem, sofrem. A culpa não está no sentimento, mas sim no consentimento, como disse o padrinho São Bernardo.

Adamante:
Toso minha cabeleira como oferenda, verto amargura
Sofro no mais profundo do ser, Loxias*,
Quero saber a história do meu crime
Que dano irreparável nos condenou?
Bastante pagamos sem saber**. Não há mal
Tão miserável como o que se ignora, ajuda
Este povo que te ama, aqui me tens
Disposto a escutar até o final,
A voz que desde o antro da terra
Retumba a garganta a teu vestal.

*Loxias: outro dos nomes de Apolo.

** Ignorar já é seu próprio castigo, nada é mais vexatório que desconhecer o que jaz sob a superfície das coisas. Vivemos entre reflexos. Sombras que a luz da razão projeta às vezes contra o fundo da cova onde estamos acorrentados.

A Vidente:
Os deuses iracundos* se adiantam aos funestos crimes humanos
Levantaram a lei** como resguardo, as leis que nos fazem soberanos,
Que nos livram do império da força, porque foram escritas nos sonhos.
Como uma mãe, a seus próprios filhos ordena da morte fazerem-se donos?***
Como instiga a cachorra à cachorrada!
E os deuses, advertem este empenho
Levantam o sinal de seu castigo, essa a peste que açoita os micélios.

* Os vilões escrevem a História, os mansos a padecem.

** A perfeição da lei reside na sua antecipação. Está escrita
antes que se cometa a injustiça, planejou suas conseqüências e por essa contingência a proíbe.

*** Os vícios sustentam-se uns aos outros. A virtude
sempre está só.

Adamante:
Horrível pesadelo me revela
Os deuses sobre-humanos e distantes
Que posso fazer para evitar,
Um mal que não está em minhas mãos?

A Vidente:
Que fujas do fatídico destino, te ordenam
Os deuses majestosos, Adamante.
Que longe da cadela, fugitivo,
Evites do teu crime esse encontro.
Não busques a morte, senão foragido****
Mantém-te longe do teu reino.

**** Até os sonhos me condenam à fuga, a fugir, ao
ostracismo degradante.

Adamante:
Que tempos tão estranhos os nossos dias:
As vítimas do mal devem fugir*****
E os criminosos dormem em suas casas!

***** Começam sendo crimes e acabam sendo costumes.

Cada vez que reunia o Conselho de Estado, o cardeal-patriarca de Lisboa queria sentar-se na ponta da mesa, como símbolo de sua autoridade sagrada por cima do poder temporal, que acreditava ceder-me como dádiva.

Não estaria mais cômodo junto ao conde de Amarante, Monsenhor?, perguntei-lhe uma de tantas vezes. Nosso Senhor Jesus Cristo tomou a cabeceira durante a última ceia, respondeu-me, com o olhar escorregadio. Que bom, respondi, mas nesse cenário o cabeça sou eu e o senhor é o apóstolo. Sigamos a tradição, monsenhor, já que o costume é a terceira pessoa de nossa personalidade.

Como é isso, Majestade?, quis saber enquanto eu aproveitava a distração para correr sua cadeira para o lado. Bem, temos um corpo, uma alma e um costume: aí tem a trindade humana, monsenhor. O tema do Conselho do Estado eram as sucessivas inconfidências de Minas, Bahia e Pernambuco. Em pleno tremor das monarquias alentadas pelos gascões, o Brasil queria desmembrar-se em repúblicas copiadas do modelo iluminista. Sem duvidar, enchi de clientes políticos as prisões e um ou outro cemitério marinho. Prisões, desterros e execuções se ordenavam e nunca faltou tinta do meu lado nem sangue do lado dos sediciosos. Como se fosse pouco, gascões e anglófolos trançados no eterno fio de ódio do qual estão feitos, como se não fossem causa e efeito da mesma coisa, fizeram a conspiração dos "Sete Tebanos" de Mafra para ver quem ficava com o meu poder, ao não poder comigo*. A trapaça consistia em depositar a coroa na cabeça oca da minha consorte, sempre primeira em linha de conjurados. Dessa vez os maçons do Oriente Lusitano, não o Conselho do Estado, me advertiram do assunto. Fiz pendurar os Sete contra Tebas em um imenso pinheiro na noite de Natal, para que as pessoas soubessem que terminam em noites péssimas até os que começam em noites boas. Rígidos, os cadáveres pendiam oscilantes enquanto a neve caía suavemente tornando-os brancos como pastores de presépio. Carlota nunca me perdoou esse presente natalino com os seus sete comparsas congelados.

> * *Depois do outono de 1805, quando se descobriu a conspiração de Mafra, o único lugar seguro para minha cabeça foi o palácio-convento de Mafra, já que o palácio de Queluz só inspirava-me suspeitas. O prior de Mafra, frei Joselino de Jesus Macias, me teve desde menino. Dispôs uma guarda pretoriana-religiosa para custodiar-me. Cada monge tinha a obrigação de carregar seu rosário. Nunca as hostes de Cristo estiveram armadas esperando o Armagedon.*

Coro:
Adamante, o rei fugitivo, escapa para a montanha
Como a águia trasmontana se alimenta
Da altura. Come, com ervas e raízes,
A amargura do seu estado: a impaciência
Que nos faz desejar a justiça quando falta*.

* Muitas matérias e até corpos se fazem amar quando não estão. Que diríamos do ar tão insignificante mas vital quando nos falta um minuto? E a água? Basta perguntar a quem atravessou um deserto. A mesma luz, na sua ausência, faz falta. A alma humana quer viver sem perturbação; longe de ser uma utopia oriental, o nirvana existe em estado puro dentro da alma que busca permanentemente a calma do equilíbrio onde tudo está em seu lugar e nada sobra e nem falta. A paixão do mundo vai em sentido contrário: seguindo os passos da mãe natureza desnaturada, nos arrasta às carências e aos buracos do sentido. Que faço navegando um mar que nunca me fascinou? Obrigam-me as tropas do cornudo Junot.

Viu, S.M., a força é a dona do mundo, sorri canalhamente meu conde-camareiro. Sei que está pensando no Corso, sonha vendo-o dono da Europa e comandante do mundo imundo. Não sabe que as guerrilhas corróem pouco a pouco, e entre suas próprias forças incuba-se a reação. Quando falta a razão, replico, a força é dona; mas sem razão, não há força dona de si mesma. Ou está no princípio ou acaba sendo o fim, mas o poder sempre tem a última palavra. Continua a ópera. Uma melodia refrescante invade o espaço. A magia da música instalou um vale com fauna e brisa suave entre as copas dos altos álamos. Não é difícil imaginar o clima bucólico.

Um pastor:
Oculto nas profundezas de uma caverna,
O Rei sonha sua desventura.
Sonha o punhal que seu filho menor
O loiro Aristeu afunda entre suas carnes
Derramando sangue do seu sangue.
Por que, filho meu? Pergunta**
Sem saber que a morte*** não responde.

Dói-lhe ver por última vez
O filho convertido em homicida.
E em vez de sombras depois da agonia
Desperta do seu sonho em outro sonho****.

** *A única pergunta que lhe cabe; também a formulou*
Caio Júlio César ao seu bastardo.

*** *A morte não pode ser um mal já que vem nos livrar*
de todos os males. Do mesmo modo, não pode ser um
bem, já que nos tira tudo de bom que temos. O que é
então esse mistério?

**** *Quem garante o nosso passo a outro sono? Quem,*
onde começa a realidade? Quem te assegura, leitor, que não
estás sonhando?

Adamante:
(Desperta dum longo sono numa estância no Hades)
Onde estou?, que novos pesares enviam-me os deuses?
Estou vivo? Meu filho me tirou meu último suspiro?
Apolo, não é justo***** que um homem que cumpriu
O desterro que me ordenaste pereça igualmente******.
Por acaso os deuses não têm mais poder
Do que o de profetizar as desgraças?
O destino é mais forte que Apolo?

******O juiz é a lei que fala, e a Lei, o juiz mudo.*

*******Apenas os escravos da lei são homens livres.*

Onde termina a lei, começa a ditadura, S.M. me diz ao ouvido como quem não quer nada o acadêmico José Correia de Serra, que quem saberá como deslizou até meu palco real. Algo mastiga fazendo barulho entre os dentes; serão amêndoas ou alguma semente dessas que estimulam a próstata, porque a apalpa enquanto espera uma resposta da minha parte.

Por mim, pode empanturrar-se de nozes e avelãs. Nada direi da lei e muito menos da ditadura.

Que pense o que quiser.

Perséfone:*
Não blasfemes, mortal, cessa de jogar pedras ao céu!
Ao Hades chegaste, meu reino subterrâneo, ainda
Pendurando os fiascos da tua vida, estás em agonia.

> *Imponente Hebe Fiorita Nuncicattaro com essa textura pesada e côncava da sua voz, como se alguém falasse desde o fundo da boca dum morto. A extrema magreza da fulana ajuda a imaginá-la como a matriarca dos defuntos.*

Adamante:
Como cheguei até aqui?
Sou a vítima de um filho cruel?
Vi o punhal com o que me feria**
Vi o sangue que escorria.

> **Enganosa, a mente nos arma ciladas: se Adamante apalpasse a pele, comprovaria que está íntegra. Nem uma ferida ou arranhão afetou-lhe o corpo.*

Perséfone:
Tudo foi um sonho***
Antegosto da morte
Altas febres dum mal desconhecido
Tiveram-te postado em desvarios
A mesma enfermidade
Acertou-te o golpe.
O delírio de ver-te ameaçado
Por um filho inocente...

> ***Asilo da alma, o sonho nos mostra a verdade como um peixe que só a rede de uma reta consciência pode pescar de vez em quando. Tenho quarenta anos, passei treze anos sonhando. De que monstros não me teriam livrado sem a trégua do sonho?*

Adamante:
Horrível armadilha da mente
Quando não diferencia****
Pesadelos, invenções e fatos,

E tudo o reduz a uma mesma coisa
Feita de fumaça, como o homem.

> **** *É incrível a ansiedade que no desperta a segurança*
> *material do conforto e do luxo. Finalmente tudo é efêmero e,*
> *unicamente, a sossegada paz do espírito chega de mãos*
> *dadas às velhas carícias recebidas quando ainda não*
> *tínhamos o dom da palavra. O amor de Mãezinha, de*
> *Dona Elvira e da governanta Idalina me deu mil vezes*
> *mais força que todas as minhas Forças Armadas reunidas.*

Perséfone:
Em vão o homem procura conhecer fora,
*A ciência toda se chama consciência*****.*

> ***** *E está dentro como o conhecimento físico está fora, mas*
> *se reflete em abstrações que unicamente a mente pode construir*
> *e derrubar constantemente. Toda verdade é provisória.*

Poderemos sair da armadilha da mente, que tudo cria e recria sem respeitar as leis de Deus?, perguntei ao cardeal-patriarca de Lisboa. Pense que Deus fez o homem à sua imagem e semelhança, respondeu-me, portanto, tudo o que inspira o homem tem origem divina, prosseguiu enquanto comia, limpando os lábios com um guardanapo. Os crimes também?, quis saber.

Que carga luminosa e ignominiosa levo ao Brasil? Somemos diplomacia, uma chancelaria real que não terá espelho na América Hispânica cheia de marujos que não sabem nada da arte da tática. Somemos a suntuosidade das mentes fracas que vivem de aparências. Uma ou outra guerra, cultura, burocracia, modernização do Estado, impostos, mercados abertos, cultura de trabalho que boa falta faz aos negros, papel moeda. Somemos as ciências, o vinho e o azeite de oliva, os portos.

O Corso fica com o carnaval da Europa. Desde que decretou o bloqueio continental à Inglaterra******, ordenando fechar todos os portos e cortar todo o comércio com os ingleses, selou sua desgraça.

> ****** *No dia vinte e um de novembro de 1806 enviou um*
> *decreto a todas as chancelarias européias ordenando o*

bloqueio continental. Em julho de 1807 voltou a reiterar a ordem: fechar todos os portos de comércio com a Inglaterra, nossa principal aliada e freguesa. Em agosto chegaram seus diplomatas com um ultimatum corsário, ordenando-me declarar guerra à Grã-Bretanha. Então consumei um velho plano de Pombal: cortar a Corte, exilar o governo. O olho do Pombal, que jamais saiu da Europa, viu a potência da Amazônia e quis transformá-la em fato, o ministro peripatético. Eu executo sua visão com minha ambição.

Enquanto enviava meus plenipotentes a tratar um acordo com os gascões, entre outubro e novembro preparamos o embarque da Corte enquanto o Corso me dividia o mapa de Portugal segundo sua vontade com seu Tratado de Fontainebleau*. Em vinte e sete de novembro partimos, desde Restelo, com a esquadra portuguesa de quinze navios e a Real Armada Inglesa como escolta até chegar em alto mar, livre das vigílias dos corsários. Quando o cornudo Junot chegou a Lisboa, no dia trinta de novembro, deparou-se com um palácio sem governo. A cavalo chegou com uma pequena guarda até São Julião da Barra, desde onde avistou nossas naves diminuídas pela distância.

* Tratado intratável assinado dia vinte e nove de outubro de 1807 entre Espanha e França. Bonaparte suprimiu a dinastia Bragança e dividiu em três partes Portugal: entre o Douro e o Minho fundou o efêmero reino de "Lusitânia Setentrional" para o duque de Parma e rei de Etrúria, Luís II. Alentejo, convertido em principado para o "Príncipe da Paz", Manuel Godoy, casado à força com a marquesa do Chinchom para desfazer os comentários entre as relações horizontais entre o enteado Godoy e a rainha Maria Luísa de Parma. Por último, o principado de Algarves sob o "protetorado" do rei da Espanha, o inútil Carlos IV, incapaz até de governar os serviçais de sua casa.

A Rainha
(Vem resgatá-lo do Hades)
Amado esposo, luz da minha vida,, por que me abandonastes nas trevas?
Só procurando-te, pelo palácio, meus passos ressoavam no oco.

Enquanto jazia teu corpo moribundo, seu cálido tremor era meu amparo
Mas veio a morte sigilosa* e te arrancou com fúria das minhas mãos.

* Esposa fiel: não há bem no mundo que se compare.

Adamante:
E até o antro do Hades arriscaste,
A buscar-me no reino das sombras?

A Rainha:
Mais faria: minha vida, vim trocar pela tua ventura.

Adamante:
É triste ver que vivi equivocado.
A mulher que diziam ser minha feroz inimiga
Custodiava minha vida.
Como é isso? que negócios trataste com os reis da morte?

A Rainha:
Ofereci minha vida pela tua.
Aqui ficarei se necessário, aqui esperarei tua volta.

Coro de almas:
Tenha piedade, Hades, clemência para uma esposa afligida!
O que não pode o espírito humano
Quando implora humildemente aos deuses do Averno!**
Tenha piedade, abranda tua guarida subterrânea.
Tenha piedade, Caronte, volta a travessar
Tua barca pela Estige, feita de lágrimas humanas.

*** Letárgicas como por soníferos, as vozes dessas defuntas
combinam as notas graves com os sombrios tremidos da
voz solista que invoca o Hades, relembrando-me que
chegarei tremendo às portas da morte a pedir refúgio.*

A Rainha:
Ofereço o que me resta de vida,
Em troca da volta do pai com seus filhos!

Perséfone:
Tal não farias porque Hades,
O supremo governo deste reino
Concede-lhes a graça do retorno.
Hades, meu amo, meu raptor, meu esposo
Abriu para vós um instante as portas da morte.

A Rainha:
Celebremos com júbilo esta hora
Já que a felicidade é passageira!

Perséfone:
Há uma condição que impõem as sagradas leis divinas
Que não convêm desconsiderá-las

A Rainha:
Dispostos à obediência aqui nos tem.

Perséfone:
Voltará Adamante entre os vivos
Mas longe da sua pátria*,
Exilado terminará os dias de sua vida
Contando os que faltam ainda
Para voltar a estas profundidades.

> ** Agora entendo o trabalho dos que travestem o texto do pobre finado Du Bocage: não se detêm, contentam-se a vagar os reis pelos corredores do Averno como Édipo, expulso de suas Tebas.*

Adamante:
Ai de mim!, mas que desgraçada é minha sina:
Os dias são penosos carcereiros
Quando se espera retornar a outro passado.

A Rainha:
Não há forma de atenuar esta condenação,
Sem transgredir as leis sempiternas?

Já em alto mar, não cedo ao mandato. É preciso levantar um império desde seus alicerces e a mão invisível do poder irá acomodando muitos nas contas do mundo americano. *Monsieur* Secondat, barão de Montesquieu, vivia viajando para estudar governos como um botânico que explora um bosque de idéias. E o que encontrou o barão? Que era preciso dividir o poder! Um poder executivo nas mãos do rei, um poder legislativo a cargo do povo e um poder judicial integrado pela aristocracia, concluiu o barão. Tivesse ficado em casa. Suas explorações são deploráveis. Se tiver que escolher, fico com François Arouet, que optou pelo sistema monárquico forte, tal como dita o sentido comum. Se o rei está entre os plebeus que regulamentam e uma aristocracia que processa leis, o rei está preso como os Borbões com o Napo-leão.

Perséfone:
Se o filho ocupa o lugar do pai,
A graça ficaria concedida.
Uma vida troca-se pela outra.

A Rainha:
Meu filho, exilado, desterrado sem culpa?
Ai de mim, crueldades sobre-humanas,
Impõem-me este reino dos mortos!

Adamante:
Jamais permitirei que nesse truque
Invertam-se os signos dos tempos!
O príncipe segue-me no caminho,
É a continuidade do meu destino.
Não farei torcer o curso do tempo,
Voltando ao passado o que não foi.

A Rainha:
Por que o nó da dor
Paira sobre uma alma até asfixiá-la?

Um pastor:
Terrível noite,
A cova misteriosa na sua penumbra
Abriga a maldade sobre a terra
O rei despertou de um sono

Mas tem as mãos ensangüentadas.
Ao seu lado jaz nu, frio, esfaqueado
Seu filho mais amado, o príncipe adorado.

Segundo pastor:
No sonho, antegosto da morte,
As parcas implacáveis, que sabiam
O pouco que restava de vida ao infante
Dispuseram a arma homicida
Para cortar o fio do rebento.
A tesoura de Átropos, funesta,
Cortou de um só golpe sua garganta
Estando o padre profundamente
Sumido no lombo dos sonhos.

Terceiro pastor:
Ao despertar crerá ser o que não é
Não saberá que ações cometeu
Estando nos sonhos.
Assim provam os deuses misteriosos
A contemplação dos heróis.

Adamante:
Amarga noite,
que empunhou esta adaga mortífera,
Que deus poderá ter um pouco de piedade
Para um padre com o coração bestial?
Quem sonhou o que? Eu sou esta desgraça?
Eu sou esta desgraça, Loxias?
Por isso castigaram a todo um povo?
Cessa já de martirizar os inocentes:
Aqui tens a minha carne para ressarcir.

As três Fúrias:
Bala o lamento do sangue,
Rogando aos pés de Diké!
Que levante a espada da justiça
Para castigar eternamente
O pai que assassina seus brotos.

E é um tear a eternidade
Costurando com o fio da angústia
As penas sucessivas, sem desmaio.
Voem irmãs!, vejam o assassino
Retorcendo-se nas chamas da culpa.

Quando tinha oito ou nove anos, o preceptor, seguramente alentado por Mãezinha, ensinou-me a indiferença frente à dor da morte. No pátio do palácio de Queluz agonizava um escravo jovem que caiu de um andaime por algum descuido. O doutor Jacques P. Ratton o desenganou, e ele se retorcia de dores. O preceptor tomou uma vara e a atravessou pelo pescoço do agonizante pisando um dos extremos. Ordenou-me pisar com firmeza a outra ponta para comprimir pouco a pouco a garganta do pobre infeliz que se retorcia, com o rosto roxo pela constante asfixia, até que abandonou seu espírito. A natureza, ensinou-me o preceptor com tom frio, não conhece a compaixão, como o poder. Foi a única vez que o fulgor percorreu minhas costas como um raio. Na segunda vez que executei uma vida, o costume já me fez indolente.

Adamante:
Eu sou esta desgraça?
Por querer saber
Mais do que os deuses nos revelam
Rasguei os véus do mistério.

As Parcas:
Foge sem saber, o rei fugitivo, errante,
Que o destino é uma ronda sinistra cujo final não vê!
Foge mas está sempre no mesmo lugar
O mundo sob seus pés gira há milênios, sem poder escapar.

Coro de marinheiros:
Fatal destino, o homem, em vão
Agita-se entre tuas redes!

Adamante:
Não mereço a graça da minha casa.
Nenhuma pátria me daria albergue,
Minhas mãos manchadas com o crime
Que estava escrito desde sempre.

Onde estou? Em que momento
Abandonaram os deuses minhas forças?
Não há mais do que pedras e uma praia,
E o mar inclemente que nunca deixa
De respirar sua fúria ameaçante.

Apolo:
(Aparecendo no alto, num carro de fogo)
Adamante, rei de Micenas
Encurralado entre o mar e a areia
Ao final compreendeste
Que ninguém pode fugir do seu destino.

Adamante:
Loxias: assim caças daquele que encheu
Teus altares?, de quem guardou tuas festas
E honrou teu nome?!
Deuses perversos!, tudo podem me tirar:
Riquezas, honra, descendência,
Mas nunca poderão furtar a liberdade
Para morrer por minhas próprias mãos.

Apolo:
Não amaldiçoes a quem antes
Adoravas! seguirás vivo
Porque o sangue de teu filho te fez imune
À morte. Serás imortal espelho dos que ambicionam o poder
Que é só sombra de uma sombra.
Aceita: querendo fugir
Não encontrarás senão dunas e o mar.
Querendo morrer terás de voltar uma e outra vez
A ressurgir na memória
De todos os tiranos da terra.

Adamante:
Infeliz de mim!, purgo no tempo
Um delito sonhado.
O que é o poder senão o sonho de um delito?
Aqui estarei esperando a condenação.

Eternamente.
Coro de nereidas:
Ah, se voltassem os tempos de Odisseu,
Quando o mar não tinha mais confim que o desejo!
O desejo de Odisseu, o desejo de Odisseu...
Volta, tempo, teus passos
Devolve o que é nosso!

FINAL DA MELODRAMÁTICA MÚSICA

Vê lá longe essa espessura esverdeada, consulta o almirante. É o Brasil, S.M., já avistamos as costas de Salvador da Bahia de Todos os Santos.

Majestade, estamos chegando!, vem gritando de alegria o conde-camareiro. Fala das tarefas das embarcações para o desembarque.

O ar vem carregado de essências perfumadas com ervas nunca cegadas pelas sombras do frio, maldades que não conhecem outra coisa do que a luz transparente. Lá vai a Biblioteca Real que Joel Mozom voltará a considerar volume a volume, imantado pelo magnetismo dessas terras onde até os rios ascendem. Já terão descanso as oito negras sodomizadas que passaram a viagem realizando banhos de assento para se aliviarem.

Refrescarão os suspeitos os que estavam no fogo das caldeiras.

Encontrará as verdadeiras mulatas, Antoine, nas verdadeiras praias do Brasil. Os olhos de Antises seguramente estão vigiando a índole do terreno para acomodarem-se com o documentário em um novo canto da Amazônia onde chegue a luz para resguardo dos velhos escritos.

E o que dizer da serpente que na última bodega palpa o ar com a língua, entendendo-se com os negros que dançaram naquela noite pela fecundidade desta terra prodigiosa que brotou esperando-nos.

Longas palmeiras e foscas matas de folhas pontiagudas se avistam.

Apesar do calor fazer com que o ar pareça o tufo de um vulcão, vejo que a marquesa de Aveiro, Dona Luzia-Luísa, se galanteou como se fosse às festas de gala do São Carlos.

As filhas repetidas, uma pendurada na outra, permanecem quietas na proa, como uma duplicação.

Desde a *Ora pro nobis* hinos se ouvem, e a partir da *Odemira* respondem as ex-cortesãs aparentemente curadas dos seus problemas genitais.

O incansável conde-camareiro esqueceu-se dos peixes voadores, médiuns dos finados marinheiros, e está atento ao que se abre diante de seus olhos, mais abertos do que nunca.

A terra frutifica em nosso olhar.

Entre os gritos dos mordomos, do senescal, e de todo o serviço que carrega bagagens, escutam-se os nove canhões da Guarda Real, apostada para receber-me.

Não sei se é emoção. Há muitos anos nada se agita no imóvel tanque da minh'alma. Um tremor finíssimo como o de um beija-flor sobe pelo meu corpo. Já resolvi o fundamento do passado. Agora me espera determinar o futuro. Nunca estou no meu tempo; o presente do poder é o poder presente, que sempre está ausente.

Dou o último passo do passado, que é o primeiro passo do Brasil.

Fim do Diários de um Rei Exilado.

Impressão e Acabamento
Com fotolitos fornecidos pelo Editor

EDITORA e GRÁFICA
VIDA & CONSCIÊNCIA

R. Agostinho Gomes, 2312 • Ipiranga • SP
Fonefax: (11) 6161-2739 / 6161-2670
e-mail:grafica@vidaeconsciencia.com.br
site: www.vidaeconsciencia.com.br